国家社科基金
后期资助项目
GUOJIA SHEKE JIJIN HOUQI ZIZHU XIANGMU

深入推进东北全面振兴研究

林木西　等著

中国财经出版传媒集团

经济科学出版社
Economic Science Press
北京

图书在版编目（CIP）数据

深入推进东北全面振兴研究／林木西等著 . -- 北京 ：经济科学出版社，2024. 11. -- ISBN 978 - 7 - 5218 - 6035 - 1

Ⅰ. F127. 3

中国国家版本馆 CIP 数据核字第 20240E6S05 号

责任编辑：卢玥丞　赵　岩
责任校对：刘　昕
责任印制：范　艳

深入推进东北全面振兴研究

SHENRU TUIJIN DONGBEI QUANMIAN ZHENXING YANJIU

林木西　等著

经济科学出版社出版、发行　新华书店经销

社址：北京市海淀区阜成路甲 28 号　邮编：100142

总编部电话：010 - 88191217　发行部电话：010 - 88191522

网址：www. esp. com. cn

电子邮箱：esp@ esp. com. cn

天猫网店：经济科学出版社旗舰店

网址：http://jjkxcbs. tmall. com

北京季蜂印刷有限公司印装

710 × 1000　16 开　18.5 印张　340000 字

2024 年 11 月第 1 版　2024 年 11 月第 1 次印刷

ISBN 978 - 7 - 5218 - 6035 - 1　定价：75. 00 元

（图书出现印装问题，本社负责调换。电话：010 - 88191545）

（版权所有　侵权必究　打击盗版　举报热线：010 - 88191661

QQ：2242791300　营销中心电话：010 - 88191537

电子邮箱：dbts@ esp. com. cn）

国家社科基金后期资助项目
出版说明

后期资助项目是国家社科基金设立的一类重要项目，旨在鼓励广大社科研究者潜心治学，支持基础研究多出优秀成果。它是经过严格评审，从接近完成的科研成果中遴选立项的。为扩大后期资助项目的影响，更好地推动学术发展，促进成果转化，全国哲学社会科学工作办公室按照"统一设计、统一标识、统一版式、形成系列"的总体要求，组织出版国家社科基金后期资助项目成果。

全国哲学社会科学工作办公室

目　　录

第一章　擘画新时代推动东北全面振兴发展的新蓝图

　　东北地区包括东北三省（辽宁省、吉林省、黑龙江省）和内蒙古自治区东部五盟市（呼伦贝尔市、兴安盟、通辽市、赤峰市和锡林郭勒盟），总面积约145万平方千米。东北地区是新中国工业的摇篮，是我国重要的工业和农业基地，在国家发展全局中举足轻重，在全国现代化建设中至关重要。

　　长期以来，党中央高度重视东北地区发展。2003年作出实施东北地区等老工业基地振兴的重大战略决策，出台了一系列支持、帮助、推动东北地区振兴发展的政策措施。党的十八大以来，习近平总书记先后10次赴东北地区考察、3次召开东北振兴座谈会，多次对东北全面振兴作出系列重要讲话和指示批示，这充分体现了以习近平同志为核心的党中央对东北全面振兴的高度重视和殷切期望，为新时代推进东北全面振兴提供了根本遵循。

第一节　加快东北老工业基地振兴发展

　　2015年7月，习近平总书记在长春召开部分省区党委主要负责同志座谈会，听取对振兴东北地区等老工业基地和"十三五"时期经济社会发展的意见和建议，强调加大支持力度增强内生动力，加快东北老工业基地振兴发展。这是习近平总书记第一次主持召开东北振兴座谈会，对东北老工业基地振兴发展提出一系列重要指示。

一、历史背景

　　东北地区是新中国成立后国家最早建立的重化工业基地。"一五""二五"时期"全国支援东北"，国家集中力量在东北地区布局建设了一批关系国民经济命脉的战略产业和骨干企业，为我国形成独立完整的工业体系和国民经济体系，作出了历史性重大贡献。特别是"一五"时期，苏联援建的 156 项重点工程，东北占了 54 项，诞生了第一炉钢水、第一架飞机、第一辆汽车等诸多"新中国第一"。"二五"之后"东北支援全国"，为大小"三线"建设，调整全国生产力布局作出了应有贡献。但随着改革开放的不断深入，东部沿海地区率先发展，东北老工业基地的传统优势不断弱化，体制性机制性结构性问题日益显现，部分骨干企业生产经营困难，历史包袱沉重、民生保障压力较大，与沿海发达地区的差距不断扩大。

为有针对性地解决这一问题，2002 年，党的十六大报告首次提出"支持东北地区等老工业基地加快调整和改造，支持以资源开采为主的城市和地区发展接续产业"。2003 年，党中央作出实施东北地区等老工业基地振兴战略的重大决策，出台《中共中央 国务院关于实施东北地区等老工业基地振兴战略的若干意见》，明确提出"支持东北地区等老工业基地加快调整改造，是党中央从全面建成小康社会全局着眼作出的又一重大战略决策，各地区各部门要像当年建设沿海经济特区、开发浦东新区和实施西部大开发战略那样，齐心协力，扎实推进，确保这一战略的顺利实施"。

2003～2013 年是东北振兴"前十年"。在党中央的坚强领导下，东北振兴取得阶段性成果。一是经济总量迈上新台阶。东北三省地区生产总值从 1.17 万亿元增加到 4.05 万亿元，年均增长 10.3%，高于全国平均增速两个百分点；二是体制机制改革初见成效①。国家一系列重大改革在东北地区先行先试，90% 国有工业企业完成产权制度改革，国有企业竞争力增强；三是产业竞争优势逐渐显现。大型发电设备、特高压输变电设备、高档数控加工中心、重型数控机床等一批重大装备成功研制，一批龙头企业重塑行业竞争力，能源原材料、食品工业等产业规模大幅提升；四是支持资源型城市可持续发展的政策体系逐步建立。资源枯竭城市面临的产业衰退、群体性失业等问题有效缓解，接续替代产业发展态势良好；五是民生改善成效明显，社会矛盾大大缓解。棚户区改造和基本养老保险试点率先在东北地区展开并大规模推进，累计改造各类棚户区面积超 3 亿平方米，约 1500 万名困难群众受益。②

---

① 根据国家统计局数据计算而得。为研究方便起见，本书主要以辽宁、吉林、黑龙江三省数据为准。

② 国家发展改革委. 党领导东北地区振兴发展的历史经验与启示［EB/OL］. "学习强国"学习平台，2021－07－15.

2014 年以来，由于长期形成的深层次体制性机制性结构性问题，叠加周期性因素和国际国内需求变化的影响，东北地区经济下行压力增大，部分行业和企业生产经营困难，发展面临新的困难和挑战。正是在这一紧要关头，2015 年 7 月 16 日至 18 日，习近平总书记到吉林调研，并在长春主持召开第一次东北振兴座谈会。

二、加快东北老工业基地振兴发展的基本思路

1. 加快东北老工业基地振兴发展的重要意义

在吉林调研期间和加快东北老工业基地振兴发展座谈会上，习近平指出，党中央对东北地区发展历来高度重视。东北地区人口、资源、产业、人才、基础设施、区域等支撑能力很强，发展空间和潜力巨大。实现东北地区等老工业基地振兴战略十多年来，中央采取了一系列支持、帮助、推动东北地区发展的专门措施，各级各有关方面做了大量工作，促使东北老工业基地经济社会发展迈上新台阶。实践证明，党中央作出的实施东北地区等老工业基地振兴战略的重大决策是正确的，东北老工业基地振兴的前景是广阔的。

习近平强调，事物发展总是与各种矛盾相伴相生①。目前东北地区发展遇到新的困难和挑战，这其中有全国"三期叠加"等共性方面的原因，也有东北地区产业结构、体制机制等个性方面的原因。无论从东北地区来看，还是从全国来看，实现东北老工业基地振兴都具有重要意义。振兴东北老工业基地已经到了滚石上山、爬坡过坎的关键阶段，国家要加大支持力度，东北地区要增强内生发展活力和动力，精准发力，扎实工作，加快老工业基地振兴发展。

2. 加快东北老工业基地振兴发展的目标

根据《中共中央 国务院关于全面振兴东北地区等老工业基地的若干意见》（2016 年 2 月 6 日），东北地区振兴发展的目标是，到 2020 年，东北地区在重要领域和关键环节改革上取得重大成果，转变经济发展方式和结构性改革取得重大进展，经济保持中高速增长，与全国同步实现全面建成小康社会目标。在此基础上，争取再用十年左右的时间，东北地区实现全面振兴，迈进全国现代化建设前列，成为全国重要的经济支撑带，具有国际竞争力的先进装备制造业基地和重大技术装备战略基地，国家新型原材料基地、现代农业生产基地和重要技术创新与研发基地（以下简称"一

---

① 习近平召开部分省区党委主要负责同志座谈会 ［EB/OL］. 共产党员网，2015－07－19.

带五基地")。

3. 加快东北老工业基地振兴发展的主要任务

对此，习近平总书记就推动东北老工业基地振兴提出了"四个着力"的要求，即着力完善体制机制、着力推进结构调整、着力鼓励创新创业、着力保障和改善民生，为此要做到"四个聚焦"：

（1）着力完善体制机制，聚焦"深化改革"。

习近平总书记指出，坚持破除体制机制障碍，形成一个同市场完全对接、充满内生活力的体制机制，是推动东北老工业基地振兴的治本之策①。要大力推进体制机制改革，全面深化改革，坚持社会主义市场经济改革方向，努力形成充满活力和体制机制。归根结底，要深化改革，坚决破除体制性障碍，把老工业基地蕴含的活力激发出来、释放出来。

聚焦"深化改革"的前提是转变政府职能，推进地方政府制度创新，进一步理顺政府和市场关系，积极发现和努力培育"大市场""强市场"。为此必须大力发展商品市场和要素市场，同时进一步实行简政放权、放管结合、优化服务。针对东北地区的特殊情况，国企改革是聚焦"深化改革"的重中之重。东北国企多、大企业多，但也"得之于大、失之于大"。新一轮东北振兴要打好"国企牌"，深化国企改革，坚持把国企做大做强做优不动摇，增强企业内在活力、市场竞争力、发展引领力，提高竞争力和抗风险能力。与此同时，应切实改善民营经济发展环境，坚决摒弃"重国有轻民营""重大轻小"等观念，消除影响民营经济发展的体制机制性障碍，将发展和壮大民营经济作为聚焦"深化改革"的重要内容，形成国企、民企、外企一起上的新局面。与此同时，以开放促改革、促发展，主动融入、积极参与"一带一路"建设，对接京津冀等经济区构建区域合作新格局。

（2）着力推进结构调整，聚焦"加减乘除"。

习近平总书记强调，东北老工业基地的振兴发展，不能再唱"工业一柱擎天，结构单一"的"二人转"，要做好加减乘除②。2015 年 3 月 9 日，习近平总书记在参加十二届全国人大三次会议吉林代表团审议时指出"加法—投资、需求、创新，减法—淘汰落后产能，乘法—创新驱动，除法—市场化程度"。为此要着力优化产业结构，做好改造升级"老字号"、深

---

① 习近平召开部分省区党委主要负责同志座谈会［EB/OL］. 共产党员网，2015 - 07 - 19.
② 习近平参加吉林代表团审议，在肯定吉林一年来工作后指出　要适应经济发展新常态深入推进老工业基地振兴［EB/OL］. 新华社，2015 - 03 - 10.

度开发"原子号"、培育壮大"新字号"这三篇"大文章"。东北老工业基地要通过创新实现优化升级、脱胎换骨，进行深化改革创新、实现适应经济新常态的战略性调整。在促进装备制造业等优势产业提质增效的同时，要积极培育新产业新业态，大力发展以生产性服务业为重点的现代服务业，加快发展现代化大农业，不断提升基础设施水平。

（3）着力鼓励创新创业，聚焦"创新驱动"。

习近平总书记指出，要深入实施创新驱动发展战略，把推动发展的着力点更多放在创新上，发挥创新对拉动发展的乘数效应①。抓创新就是抓发展，谋创新就是谋未来。不创新就要落后，创新慢了也要落后。要激发调动全社会的创新热情，持续发力，加快形成以创新为主要引领和支撑的经济体系和发展模式。要积极营造有利于创新的政策环境和制度环境。要大力推进创新驱动发展，下好创新这步先手棋，激发调动全社会创新创业活力。

聚焦"创新驱动"包括技术创新和制度创新两个方面，二者犹如"车之两轮、鸟之两翼"，缺一不可。技术创新尤其是自主创新对新一轮东北振兴殊为重要，为此应完善区域创新体系，促进科教机构与区域发展紧密结合，加快培育技术创新主体，加大人才培养和智力引进力度，加大政府、市场和社会结合的力度。还应看到，由于东北地区的特殊体制，通过制度创新解除传统体制的制度约束，比通过技术创新解除传统产业的技术约束，似能带来更大的边际收益，为此应加快正式制度创新和非正式制度创新。而在经济增长由高速转向中高速的大背景下，技术创新、制度创新还要与"双创"结合起来，即实行大众创业、万众创新，以不断拓展就业空间，这对东北乃至全国社会稳定十分重要。

（4）着力保障和改善民生，聚焦"惠民富民"。

习近平强调，抓民生也是抓发展。要大力做好保障和改善民生工作，注重关心生活困难群众、让群众得到看得见、摸得着的实惠。② 做好经济社会发展工作，民生是"指南针"。要全面把握发展和民生相互牵动、互为条件的关系，通过持续发展强化保障和改善民生的物质基础，通过不断保障和改善民生创造更多有效需求。民生工作离老百姓最近，同老百姓生活最密切。要持之以恒把民生工作搞好，做到件件有着落、事事有回音。

---

① ② 习近平召开部分省区党委主要负责同志座谈会［EB/OL］. 共产党员网，2015 – 07 – 19.

聚焦"惠民富民"必须坚持把保障和改善民生作为出发点和落脚点。在保障基本公共服务有效供给的基础上,积极引导群众对居家服务、养老服务、健康服务、文体服务、休闲服务等方面的社会需求,加快生活服务业的发展,培育新的经济增长点;着力保障民生建设资金投入,全力解决人民群众关心的教育、就业、社会、医疗卫生、食品药品安全等问题,保障民生链正常运转;针对东北地区城镇居民人均可支配收入低于全国平均水平的实际情况,努力做到城镇居民收入与经济增长同步或高于经济增长,争取通过中央转移制度等弥补收支缺口。同时,要切实解决好社保、就业等重点民生问题,全面实施棚户区、独立工矿区改造等重大民生工程,促进资源型城市可持续发展,打造北方生态屏障和山青水绿的宜居家园。

第二节　以新气象新担当新作为深入推动东北振兴

2018 年 9 月,距第一次东北振兴座谈会召开 3 年,习近平总书记在东北三省考察并在沈阳召开"深入推进东北振兴座谈会"。这是党的十八大以来围绕这一重大区域战略召开的第二次座谈会。习近平强调新时代东北振兴,是全面振兴、全方位振兴,并提出以新气象新担当新作为推进东北振兴。从"加快"到"深入推进",从"东北振兴"到"东北全面振兴、全方位振兴",两场座谈会主题一以贯之,措辞变化昭示着新形势、新气象、新担当和新作为。

一、东北地区在维护国家"五大安全"方面的重要战略地位

习近平总书记强调,东北地区是我国重要的工业和农业基地,维护国家国防安全、粮食安全、生态安全、能源安全、产业安全的战略地位十分重要,关乎国家发展大局①。新时代东北振兴,是全面振兴、全方位振兴。要从统筹推进"五位一体"总体布局、协调推进"四个全面"战略布局的角度去把握,瞄准方向、保持定力,扬长避短、发挥优势,一以贯之、久久为功,撸起袖子加油干,重塑环境、重振雄风,形成对国家重大战略的坚强支撑。

---

① 习近平在东北三省考察并主持召开深入推进东北振兴座谈会 [EB/OL]. 中华人民共和国中央人民政府,2018 – 09 – 28.

1. 从维护国防安全的角度看，东北地区是维护国防安全的重要地区和军工生产的重要基地

东北地区包括辽吉黑三省和内蒙古东部的 5 盟市，绵延数千公里的边境线和大陆海岸线，与俄罗斯、蒙古国和朝鲜接壤，与韩国、日本隔海相望，战略地位殊为重要。在东北亚地缘关系变化的大背景下，东北地区保障国防安全任重道远，只有推进兴边富民、稳边固边，才能实现边境地区长治久安，为东北亚区域合作提供坚实支撑。同时，东北地区的军事工业历来发达，被称为"中国军工企业的摇篮"，新中国的第一架飞机、第一艘巨轮等都诞生在东北。"三线"建设后虽有一部分企业转入西部地区，但至今仍是战斗机、航母、核潜艇、大型驱逐舰等"杀手锏"的生产研发基地，在"上天、入地、下海"等方面具有不可替代的重要作用。

2. 从维护粮食安全角度看，东北地区是维护国家粮食安全的商品粮生产基地、绿色食品基地和农产品加工基地

东北地区以全国 1/9 的土地面积、占全国 1/13 的人口，为全国提供了 20% 的粮食产量、40% 的商品粮、45% 的粳稻和 38% 的大豆，东北三省粮食产量占全国 1/5 以上①。2023 年，黑龙江省已实现粮食生产"二十连丰"，粮食总产量连续 14 年位居全国第一、占全国 1/9，粮食播种面积、总产量、商品量、调出量、储备量、绿色食品面积、农业机械化率等均居全国第一②。内蒙古的牛奶、羊肉、细羊毛、山羊绒产量也排名全国第一位。目前，东北已成为解决全国 14 亿人吃饭的"天下粮仓"。习近平总书记在视察三江平原时曾双手捧起一碗东北大米，意味深长地说道"中国粮食、中国饭碗"。③

3. 从维护生态安全的角度看，东北地区是我国北方生态安全的重要屏障

东北地区自然环境优越，生态环境秀美，森林面积、湿地面积、自然保护区面积占比均占全国前列，这里有闻名遐迩的大草原、大森林、大湖泊、大界江、大冰雪、大湿地，有碧海、青山、温泉等丰富的旅游资源。通过近年来的生态保护和环境治理，松花江、辽河等重点流域水质明显好转，长白山、大小兴安岭生态保护和经济转型稳步推进，天然林商业性采伐有序停止，林业已实现从"全国林业采伐基地"到"祖国北方生态屏

---

① 根据国家统计局数据计算而得。
② 资料来源：黑龙江省 2024 年政府工作报告。
③ 双手捧起一碗米，总书记说：中国粮食，中国饭碗 [J]. 人民日报，2018 - 09 - 26.

障"的历史转变，2022 年辽宁、吉林、黑龙江三省地级及以上城市空气质量优良天数比例分别达到 90%、93.4%、95.9%，辽河流域水质达到良好水平，辽宁近岸海域优良水质比例达 85.7%，并在加强草原生态保护、土地沙化荒漠地防治和水资源保护方面迈出了坚实的步伐①。

4. 从维护能源安全角度看，东北地区是维护能源安全的重要生产基地和重要能源通道

东北地区是我国重要的能源和战略资源基地。石油资源有大庆油田、辽河油田和吉林油田，截至 2023 年 3 月 26 日，大庆油田累计已为国家生产原油 25 亿吨，占全国陆上原油总产量的 36%②。煤炭资源遍布东北三省和内蒙古大地。内蒙古煤炭实际产能、外送煤炭、外送电量均居全国第一③。中石油、中石化在东北建立了一批大型炼厂。尤其值得指出的是，中俄东线天然气管道正式通气，使东北成为我国第三大油气通道，这是中俄能源合作的标志性项目，不仅首先惠及东北三省，而且将使河北、天津、山东、江苏和上海等 9 省区市获益，辐射东北、环渤海和长三角等区域 4 亿多人口。

5. 从维护产业安全角度看，东北地区是维护产业安全的先进装备制造业基地和重大技术装备基地

装备制造业是大国兴衰的重要标志，重大核心技术装备是各国竞争的焦点。东北地区具备完备的现代化产业体系，在装备制造、石化、冶金、医药等领域拥有一批战略性产业，近年来持续做好"三篇大文章"，进一步提高产业链供应链韧性和安全水平。当下，东北的发电设备、高精数控机床产量占全国的 1/3，内燃机产量占全国的 1/5，大型数控机组、大型风电机组、大型邮轮、高速动车组等在东北已实现国产化。辽宁的高精数控机床、新型船舶、新松机器人，吉林的轨道客车、商用卫星，黑龙江的燃气机组、工业机器人等居于全国领先水平。

二、维护国家"五大安全"所面临的主要问题

1. 在军工生产方面，应注意解决军民融合度不高的问题

东北的军工企业大部分都是央企，具有垄断性的特征。以前由于重视国防军事性而忽视市场经济性，造成军转民成果的产业化程度较低，军转

---

① 贾若祥. 东北，新征程上如何重振雄风 [J]. 光明日报，2023 – 11 – 23.
② 资料来源：中国石油大庆油田官网.
③ 为天下"储" 为国家强——内蒙古为国家经济高质量发展贡献澎湃力量 [EB/OL]. 新华每日电讯，2023 – 12 – 25.

民成果的市场开拓不够，军工业与民用工业融合发展滞后。核心产品区域内配套率低，央企与地方经济融合度不高。

2. 在粮食安全方面，主要应解决好集约发展、绿色发展和现代化农业发展的问题

随着经济转型、城镇化与工业化进程加快，东北地区的耕地与建设用地之间争夺加剧，优质耕地数量持续减少，存在占优补劣现象。同时随着人民生活水平的提高，从吃得饱到吃得好再到吃得健康，对于东北粮食消费的总量和种类有了多样化的需求。为了深入贯彻新发展理念，要求加快建设现代化大农业、大基地，并充分发挥土地在粮食增产中的作用。

3. 在生态安全方面，迫切要求加强生态和环境保护

长期以来的重生产轻保护，以牺牲生态环境为代价发展经济，使大量的资源过度消耗和开采，对东北地区的生态安全造成了不同程度的破坏。高强度大规模的开发造成东北平原西部地区土地荒漠化严重、黑土区质量退化、大城市空气颗粒物污染严重。长期的"重采轻育"和"重取轻予"使森林采育失调短期内难以解决，部分资源型城市转型和矿山环境问题治理突出。

4. 在能源安全方面，应进一步加强对能源生产和消费结构的调整

东北地区由于受气候条件和能源消费结构单一的影响，煤炭在能源消费中占比高，冬季集中使用煤的数量大，造成空气污染严重。在工业生产中由于用能粗放、技术水平不高，导致能源效率较低，加之能源体制改革相对缓慢，造成能源经济效益差。由于替代能源开发不足，新能源技术发展程度低，使能源结构多元化进程缓慢。

5. 在产业安全方面，重点应加强技术创新和产业结构调整

当前存在的主要问题：一是自主创新能力不强。主要表现在科研人才流失，研发投入不足，创新产出水平不高和科技成果转化率低；二是产业结构不合理。主要体现在新型工业化和信息化"两化融合"度不高，装备制造业和生产性服务业互动发展程度不够，造成中低端产能过剩、高端产能不足，在优质高端市场上缺乏足够的竞争力。

三、维护国家"五大安全"、推动东北地区实现全面振兴的举措

"十四五"时期维护国家"五大安全"推动东北全面振兴需要补上观念、体制、开放和产业四块"短板"，扎实做好改革、创新、协调、发展、开放和民生六项重点工作，具体如下。

1. 维护国防安全推动全面振兴

一是促进央地融合，推动央地交叉持股，形成利益共同体，完善现代企业制度，提高央企效率；二是结合东北产业发展方向，规划央地合作项目，以带动就业和经济增长；三是以央企为主导，积极推进产业链配套发展，支持民营企业发展，加强民企配套生产军品能力；四是坚持以国家利益为重，促进军工企业与区域经济融合发展；五是对接创新驱动发展战略，优化区域军民资源配置体制机制，提高军用技术成果民用转化率。

2. 维护粮食安全推动全面振兴

一是实现粮食生产特色化、规模化和集约化发展。按市场化原则配置土地资源，在现有的土地上通过科学种田进一步增加粮食产量，提高粮食质量，提高产品综合加工转化率；二是实现绿色发展。大力发展绿色种植业、养殖业和食品加工业，增加绿色食品认证面积，建立绿色循环产业体系，更好地满足广大人民群众对绿色健康食品的需求；三是实现科学发展。高质量发展离不开农业现代化，要把发展农业科技放在更加重要的位置，大力发展农业机械化、智能化和现代化。

3. 维护生态安全推动全面振兴

一是深入贯彻"绿水青山就是金山银山，冰天雪地也是金山银山"的理念，充分利用东北地区独特的生态资源和区位优势，加快开发冰雪资源、森林资源、草原资源、湿地资源和温泉资源等，大力发展旅游产业；二是保护和涵养土地资源，坚持用养结合、精准施策，确保黑土地不减少、不退化；三是加强生态文明建设，加快统筹山水林田湖泊治理，使东北地区"天更蓝、山更绿、水更清、土更净"，打好污染防治攻坚战；四是加快资源型城市转型发展步伐，降低资源型城市的经济性、体制性、社会性和生态性的沉淀成本。

4. 维护能源安全推动全面振兴

一是调整优化能源生产结构和消费结构。改造提升传统能源产业，打造现代煤化工示范基地，推进煤、电、化、冶等产业上下游通过整合重组形成全产业链优势；二是打造现代能源经济示范区，实现煤电油气风光并举，构建智慧能源体系；三是提高能源综合利用率和精细加工度，拉长产业链，提升价值链，扩大供应链；四是充分利用中俄东线天然气管道正式通气的契机，全力保证东北油气通道畅通无阻，确保国家能源安全。

5. 维护产业安全推动全面振兴

一是以技术创新促进装备制造等产业创新。主要是实行自主式创新、购并式创新、集团式创新等相结合，并与引进创新、消化吸收再创新有机结合；二是技术创新与制度创新相结合。主要是与实行组织创新、管理创新、模式创新、业态创新等相结合；三是擦亮"五大"字号。主要是改造升级"老字号"、深度开发"原字号"、培育壮大"新字号"、巩固提高"大字号"、做优做强"国字号"；四是实行装备制造业与生产性服务业互动发展。向"制造业服务化"的方向发展，实现由"传统制造商"向"工业服务商"的"华丽转身"。

第三节　新时代新征程推动东北全面振兴

2023 年 9 月，距第二次东北振兴座谈会召开 5 年，习近平总书记赴黑龙江考察，这也是党的十八大以来他第 10 次踏上东北大地，并在哈尔滨主持召开新时代推动东北全面振兴座谈会，这是第三次主持召开东北振兴座谈会。他强调，新时代新征程推动东北全面振兴，要贯彻落实党的二十大关于推动东北全面振兴取得新突破的部署，完整准确全面贯彻新发展理念，牢牢把握东北在维护国家"五大安全"中的重要使命，牢牢把握高质量发展这个首要任务和构建新发展格局这个战略任务，努力走出一条高质量发展、可持续发展的新路子，奋力谱写东北全面振兴新篇章①。

一、东北全面振兴取得的成效和面临的重大机遇

习近平总书记开门见山地指出"今年是东北振兴战略实施 20 周年。在这个重要节点，召开新时代推动东北全面振兴座谈会，总结成绩，分析形势，明确新时代新征程推动东北全面振兴的思路和举措，非常必要"②。

习近平强调，"2018 年 9 月在沈阳召开深入推进东北振兴座谈会以来，东北三省及内蒙古在推动东北振兴方面取得新进展新成效"③。总的来说，主要有以下几点。

1. 国家粮食安全"压舱石"作用进一步夯实

东北三省及内蒙古粮食产量占全国 1/4，商品粮占全国 1/3，调出量占全国 40%④。当好国家粮食稳产保供"压舱石"，是东北的首要政治担当。东北黑土地是我国重要粮食生产基地，是保障我国粮食市场供应的重

---

①③　习近平主持召开新时代推动东北全面振兴座谈会强调：牢牢把握东北的重要使命　奋力谱写东北全面振兴新篇章［EB/OL］. 中华人民共和国中央人民政府，2023－09－09.
②　记者手记：东北全面振兴，总书记布局一盘大棋［EB/OL］. 新华网，2023－09－13.
④　根据国家统计局数据计算而得。

要来源。五年来，东北牢记习近平总书记关于牢牢端住"中国粮仓、中国饭碗"的殷切嘱托，深入实施"藏粮于地、藏粮于技"战略，重点保护黑土地这一耕地中的"大熊猫"，牢牢守住耕地红线，确保粮食综合生产能力持续提升。

2. 产业安全基础不断巩固

以培育壮大新动能为重点，东北地区认真做好改造升级"老字号"、深度开发"原字号"、培育壮大"新字号"这"三篇大文章"，激发产业创新内在动力。辽宁努力打造先进装备制造业等三个万亿级产业基地，陆续推出国产首艘航母、航母舰载机、超音速风洞压缩机、水下滑翔机等"大国重器"。吉林全力打造现代新型汽车和零部件等3个万亿级大产业，包括36颗"吉林一号"卫星在内的41颗卫星刷新了我国一次发射卫星数量最多的纪录。黑龙江的大型电站成套机组、核电装备、重型数控机床、支线客机和直升机以及精密轴承、量具刀具等达到国内领先或国际先进水平。

3. 能源安全保障作用不断深化

五年来，东北地区持续加大油气资源勘探开采，加大能源科技投入，持续推进能源供给革命，确保"能源饭碗必须端在自己手里"。辽宁海上风电、新型储能等六大千万瓦级能源基地加快建设；吉林重点实施"陆上三峡"工程，2023年底全省新能源装机容量超过煤电成为第一大电源；大庆油田三次采油年产量连续21年超过1000万吨；内蒙古地区新能源和新能源装备蓬勃发展。

4. 生态安全屏障不断筑牢

五年来，东北地区以整体观念持续推进生态保护和修复，生态治理效果显著。聚焦"蓝天、碧水、净土"三大保卫战，生态环境质量持续改善。依托良好生态资源大力发展冰雪经济、避暑经济取得良好效益，冰雪旅游、冰雪文化、冰雪装备等产业不断发展壮大，"冰天雪地也是金山银山"折射出东北地区五年生态蝶变。国家重点生态功能区、自然保护地得到重点保护和发展。

5. 改革开放呈现新气象

国企改革不断深化，鞍本钢成功并购凌钢，北方重工、哈尔滨轴承完成破产重组，以吉化集团公司为代表的国有企业破旧立新，央地结合取得新进展，国企国资改革创新砥砺前行。营商环境持续优化，辽宁编制《办事不找关系指南》，解决群众"该咋办"的难题；吉林建成标准规范统一的数据共享交换体系，为企业数字化升级创造空间；黑龙江推出"振兴发展民营经济45条"等措施，推动政策通达、免申即享。对外开放水平逐步提升，沈抚改革创新示范区成为新的区域增长点，辽宁自贸区、黑龙江自贸试验区、中韩（长春）国际合作示范区等高端开放平台作用凸显，对俄罗斯以及东北亚开放格局初步形成，对外开放通道不断完善，对俄贸易发展迅速。东北正着打造我国向北开放的重要窗口、面向东北亚的对外开放新前沿。

从长远看，东北资源条件较好，产业基础比较雄厚，区位优势独特，发展潜力巨大。当前，推动东北全面振兴面临三个新的重大机遇：一是实现高水平科技自立自强，有利于东北把科教和产业优势转化为发展优势；二是构建新发展格局，进一步凸显东北的重要战略地位；三是推进中国式现代化，需要强化东北的战略支撑作用。

二、新时代新征程推动东北全面振兴的主要任务

1. 以科技创新推动产业创新，加快建设具有东北特色优势的现代化产业体系

新时代新征程推动东北全面振兴，必须实行科技创新与产业创新有机结合。科技创新是推动东北全面振兴的关键，产业创新是推动东北全面振兴的载体，科技创新是"牛鼻子"，产业创新必须以实体经济为根基。具有东北特色优势的现代化产业体系是谱写东北全面振兴新篇章的物质技术基础，建设以实体经济为支撑的具有东北特色优势的现代化产业体系，是东北维护国家"五大安全"的重要任务。

2. 以发展现代大农业为主攻方向，加快推进农业现代化

当好国家粮食安全的"压舱石"是东北的首要担当，是"国家粮仓"的重大政治责任。为此必须以现代化大农业为主攻方向，加快建设现代化农业大基地、大企业、大产业，率先实现农业物质装备、科技、经营管理三个"现代化"、农业信息化、资源利用可持续化。优先把黑土地保护好建设好，把发展农业科技放在更加突出的位置，加快推进乡村振兴，让农村具备现代化生产生活条件。

3. 加快建设现代化基础设施，提升对内对外开放合作水平

把东北构筑成我国向北开放新高地，形成全方位对外开放新格局，必须加快建设重要陆路通道、河海航道、能源管道等基础设施，完善面向东北亚开放的交通运输网络。发挥东北在加强东北亚区域合作、联通国内国际双循环中的战略地位和作用，必须深度融入"一带一路"高质量发展，主动对接国家战略需求，积极参与区域合作，加强自贸试验区综合保税区等开放平台创新发展。

4. 提高人口整体素质，以人口高质量发展支撑东北全面振兴

新时代新征程推动东北全面振兴，关键在技术创新，基础在教育，出路在人才。既要注重人口规模，更要提高人口素质。充分发挥东北教育优势，加大对东北高校支持力度。加强人力资源开发利用，打造更多创新创业平台，引育结合发挥各类人才作用。推进科教融合、产教融合，把东北的科教优势和产业优势转化为发展优势。

5. 进一步优化政治生态，营造良好营商环境

加强党的领导和建设是东北全面振兴的根本保证，营造良好营商环境是东北全面振兴的体制机制保证。为此必须全面提升营商环境建设水平，加大法治环境、政务环境、市场环境、人文环境建设力度，完善产权保障、市场准入、公平竞争、社会信用等市场经济基础制度，深化国资国企改革，促进民营经济发展壮大。

第二章　高质量发展、可持续振兴的新时代东北全面振兴道路

习近平总书记强调，东北全面振兴实现新突破必须"牢牢把握东北在维护国家'五大安全'中的重要使命，牢牢把握高质量发展这个首要任务和构建新发展格局这个战略任务""努力走出一条高质量发展、可持续振兴的新路子，着力谱写东北全面振兴新篇章"①。习近平总书记的重要讲话，为新时代推动东北全面振兴指出了明确的发展道路。

应当看到，从第二次东北振兴座谈会召开五年以来，东北全面振兴取得新突破虽然取得了新进展新成效，推动东北全面振兴面临一些新的重大机遇，但仍存在一些较为明显的弱项和短板，面临不少困难和挑战。如产业体系特色不明显，农业农村现代化水平不高，支撑现代化建设的基础设施不完善，国有经济核心竞争力不强，民营经济发展不充分，高水平对外开放存在弱项，市场发育不充分，人口流失比较严重等。在新一轮全面振兴中，必须采取有效措施加以解决。

根据中共中央政治局审议的《关于进一步推动新时代东北全面振兴取得新突破若干政策措施的意见》，新时代推动东北全面振兴，一是要以科技创新推动产业创新，改造提升传统制造业，积极培育战略性新兴产业和未来产业，增强发展新动能；二是发展现代化大农业，提高粮食综合生产能力，加强粮食保产保供；三是加强生态保护，树立增绿就是增优势、护林就是护财富的理念，积极发展林下经济、冰雪经济，筑牢北方生态安全屏障；四是要加快发展风电、光电、核电等清洁能源，建设风光火核储一体化能源基地；五是要加强边境地区基础设施规划布局建设，积极发展特色产业，促进兴边富民、稳边固边；六是大力发展基础教育，加大对东北高校办学支持力度，提高人口整体素质，以人口高质量发展支撑东北全面振兴。

---

① 习近平主持召开新时代推动东北全面振兴座谈会强调：牢牢把握东北的重要使命　奋力谱写东北全面振兴新篇章［EB/OL］. 中华人民共和国中央人民政府，2023 – 09 – 09.

第一节　加快构建具有东北特色的现代化产业体系

现代化产业体系是现代化经济体系的重要组成部分，是加快构建新发展格局、着力推动高质量发展的必然选择。新发展格局以现代化产业体系为基础，现代化产业体系是现代化国家的物质技术基础，加快建设以实体经济为支撑的现代化产业体系，关系我们在未来发展和国际竞争中赢得战略主动。对东北地区来说，以科技创新推动产业创新，加快构建具有东北特色的现代化产业体系，是新时代推动东北全面振兴的必由之路。

一、加快构建以实体经济为根基的现代化产业体系

习近平总书记指出"中国式现代化不能走脱实向虚的路子，必须加快建设以实体经济为支撑的现代化产业体系"① "推动东北全面振兴，根基在实体经济"②。以实体经济为支撑的现代化产业体系，是现代化经济体系的基础和核心，是我国迈向现代化的关键因素。加快构建以实体经济为支撑的具有东北特色优势的现代化产业体系，是维护国家产业安全的重要使命。

1. 现代化产业体系内容丰富

现代化产业体系主要包括：一是以高端化、智能化、绿色化为主要特征的产业结构体系；二是大中小企业融通发展、产业链供应链协作配套和产业集群效应明显的产业组织体系；三是创新性强、技术先进的产业技术体系；四是统筹发展和安全的产业政策体系；五是系统完备、高效实用、智能绿色、安全可靠的现代化基础设施体系等。

2. 实体经济是东北经济的命脉

新时代东北振兴根基在实体经济、优势在实体经济、出路也在实体经济。目前，我国制造业增加值占全球比重接近30%，我国制造业80%集中在传统产业，传统产业转型升级直接关系现代化产业体系建设全局③。实体经济尤其是装备制造业是东北的看家本领。因此，加快构建现代化产

---

① 习近平在广东考察时强调　坚定不移全面深化改革扩大高水平对外开放　在推进中国式现代化建设中走在前列 [EB/OL]. 新华网，2023 – 04 – 13.

② 习近平主持召开新时代推动东北全面振兴座谈会强调：牢牢把握东北的重要使命　奋力谱写东北全面振兴新篇章 [EB/OL]. 中华人民共和国中央人民政府，2023 – 09 – 09.

③ 制造业规模连续13年全球第一 [N]. 经济日报，2023 – 03 – 31.

业体系必须改造提升传统制造业。在此基础上，发展集战略性新兴产业和先进制造业于一身的高端装备制造业，以科技创新推动产业创新，把实体经济做实做强做优，把发展经济的着力点放在实体经济上，扎实推进新型工业化，加快形成多点支撑、多业并举、多元发展的产业发展新格局。

3. 新时代、新征程、新举措

"十四五"时期，东北地区围绕加快构建具有东北特色的现代化产业体系做出一系列重要部署。辽宁在"全面振兴新突破三年行动"计划中提出加快数字辽宁、智造强省建设，加快建设先进装备制造、石油化工、冶金新材料3个万亿级产业基地，做大做强集成电路、航空装备、数控机床、新能源汽车等22个重点产业集群，持续做好结构调整"三篇大文章"。吉林提出大力发展实体经济特别是先进制造业，促进转型数字化、服务智能化、社会共享化、产业高级化，加快构建具有吉林特色的现代化产业体系。黑龙江提出构建以数字智能、生物技术、航空航天、高端装备等为代表的现代化产业体系，打造产业集群，做大做强实体经济。

二、加快构建以科技创新为关键的现代化产业体系

习近平总书记指出，"推动东北全面振兴，根基在实体经济，关键在科技创新，方向是产业升级。要牢牢把握自主创新的'牛鼻子'，在巩固存量、拓展增量、延伸产业链、提高附加值上下功夫""主动对接国家战略，整合和优化科技创新资源，加大研发投入，掌握更多关键核心技术"①。习近平总书记关于科技创新与产业创新关系的重要论述，强调指出科技创新在构建具有东北特色的现代体系中的关键作用。

加快构建具有东北特色的现代化产业体系必须发挥科技创新的作用，主要有以下几点。

1. 建设创新引领、协同发展的产业体系

习近平总书记在中共中央政治局第三次集体学习时强调要建设"创新引领、协同发展的产业体系"，这是现代化产业体系的重要特征，也是加快建设现代化产业体系的必由之路。强调创新引领，主要是通过科技创新实现产业发展的动能转换。世界发达国家都经历过从引进创新到自主创新的演变过程，并最终依靠科技创新形成掌握核心技术的优势产业。我国要在国际竞争中掌握主动权，必须着力推动科技创新与产业创新的深度融

---

① 习近平主持召开新时代推动东北全面振兴座谈会强调：牢牢把握东北的重要使命 奋力谱写东北全面振兴新篇章［EB/OL］. 中华人民共和国中央人民政府，2023－09－09.

合，发挥创新在现代化产业体系建设中的引领作用。强调协同发展，主要是解决产业发展所面临的"有要素、不协同"问题，其关键是通过提高要素配置的质量和效率，提升产业发展的整体效应。

2. 着力加快建设实体经济、科技创新、现代金融、人力资源协同发展的产业体系

党的十九大报告提出"着力加快建设实体经济、科技创新、现代金融、人力资源协同发展的产业体系"①，主要从要素协同的角度赋予产业体系新的内涵，明确了高质量发展阶段加快建设现代化产业体系的发展方向。实体经济、科技创新、现代金融、人力资源协同发展的产业体系，进一步凸显了高质量发展对核心要素协同发展的要求。四大要素相互关联、相互促进。其中，实体经济是现代化产业体系的根基，加快建设现代化产业体系必须坚持以实体经济为支撑；科技创新是产业创新的关键，无论是传统产业改造升级，还是新兴产业培育壮大，都离不开先进技术的加速迭代；现代金融是构建现代产业体系的血脉，具有高度适应性、竞争力和普惠性特征，能够为产业发展的重点领域和薄弱环节提供金融支持；人力资源是加快建设现代化产业体系的动力，主要通过增加人力资源积累和促进技术进步提高生产力水平。

3. 加快建设产业智能化、绿色化、融合化的现代产业体系

习近平总书记强调，加快建设以实体经济为支撑的现代化产业体系，关系我们在未来发展和国际竞争中赢得战略主动。要把握人工智能等新科技革命浪潮，适应人与自然和谐共生的要求，保持并增强产业体系完备和配套能力强的优势，高效集聚全球创新要素，推进产业智能化、绿色化、融合化，建设具有完整性、先进性、安全性的现代化产业体系②。加快建设以"三化"为特征的现代化产业体系，是新形势下的一项重要任务。其中，产业智能化是顺应新一轮科技革命和产业变革趋势的必然要求。以信息化、智能化为杠杆培育产业发展新动能，支持和推动产业智能化，充分发挥智能制造对产业变革的引领作用，有助于进一步释放和发展生产力。产业绿色化是解决资源环境约束问题、塑造国际竞争新优势的重要抓手。新时代东北全面振兴面临新的约束条件，产业绿色转型成为实现高质量发展的关键环节。通过发展绿色低碳技术，推动传统产业绿色化改造，发展

---

① 习近平：决胜全面建成小康社会 夺取新时代中国特色社会主义伟大胜利——在中国共产党第十九次全国代表大会上的报告［EB/OL］. 中华人民共和国中央人民政府，2017－10－27.

② 习近平主持召开二十届中央财经委员会第一次会议［EB/OL］. 中华人民共和国中央人民政府，2023－05－05.

壮大绿色环保战略性新兴产业，有利于在落实"双碳"目标中锻造新的产业竞争优势。产业融合化是提升全要素生产率、形成产业综合优势的有效途径。通过产业渗透、产业交叉和产业重组等形式，打破行业之间界限，实现产业融合化发展，可以更好地推动东北地区现代服务业同先进制造业、现代农业深度融合。

4. 科技创新推动传统产业转型升级、战略性新兴产业发展、主动对接国家战略需求和将科教优势转化为发展优势的现代化产业体系

东北地区产业优势明显、科研优势雄厚、教育资源丰富，但也存在产业结构单一、产学研用脱节、科教创新资源缺乏整合等问题。在实现高水平科技自立自强的战略要求下，新时代东北全面振兴应实施产业融合化发展战略。一是科技创新推动传统产业转型升级。充分发挥大院大所、高等院校和企业（集团）的科研优势加大研发投入，推动技术改造特别是高端装备制造业发展，促进传统产业发展壮大。二是科技创新推动战略性新兴产业和未来产业发展。提升原始创新、集成创新、开放创新能力，在关键核心技术上实现重大突破，加快科研成果落地转化，推动产业升级和产业发展。三是科技创新推动农业农村现代化发展。东北自然资源禀赋优越，广袤的东北大平原和优势的黑土地，使东北的农业发展具有巨大的比较优势。为加快农业强国和现代化大农业发展，必须以农业科技创新推动现代化大农业发展。四是科教融合推动东北把科教优势转化为发展优势。努力打造国家重大技术创新策源地、重要人才高地和产业、粮食、能源战略高地。

三、加快形成新质生产力、增强发展新动能的现代化产业体系

1. 全面把握新质生产力的内涵和特征

习近平总书记在新时代推动东北全面振兴座谈会上明确提出加快发展新质生产力，强调"积极培育新能源、新材料、先进制造、电子信息等战略性新兴产业，积极培育未来产业，加快形成新质生产力，增强发展新动能。"[①] 2023 年中央经济工作会议提出"要以科技创新推动产业创新，特别是以颠覆性技术和前沿技术催生新产业、新模式、新动能，发展新质生产力。"[②] "新质生产力"这一重要论断是对马克思主义生产力理论的创新

---

① 习近平主持召开新时代推动东北全面振兴座谈会强调：牢牢把握东北的重要使命 奋力谱写东北全面振兴新篇章 [EB/OL]. 中华人民共和国中央人民政府，2023-09-09.

② 全力以赴发展战略性新兴产业和未来产业 [N]. 科技日报，2024-01-30.

和发展，进一步丰富了习近平经济思想的内涵。习近平总书记在东北首次提出"新质生产力"这一重要论断，对新时代东北全面振兴具有重要的理论和现实意义。

"新质生产力"既有"新"又有"质"的基本特征。一是"新"。主要是指具有不同于传统生产力的一些特征，如新时代、新经济、新技术、新产业、新模式、新能源、新材料、新动能、新赛道、新体制等，具体可以通过新劳动者、新劳动对象、新劳动工具、新型基础设施等维度进行考察，拓展开来还包括适应生产力发展的新生产关系。根据中央财办有关负责同志对中央经济工作会议精神的解读，新质生产力是由技术革命性突破、生产要素创新性配置、产业转型升级而催生的当代生产力，它以劳动者、劳动资料、劳动对象及其优化组合的质变为基本内涵，以全要素生产率（TEP）提升为核心标志。加快培育新质生产力主要把握打造新型劳动者队伍，用好新型生产工具、塑造适应新质生产力的生产关系三个方面来把握。二是"质"。主要是指新质生产力具有高质量发展的特征。形成新质生产力的关键是提高全要素生产率。党的二十大报告强调，我国在由高速增长转向高质量发展的关键时刻要"着力提高全要素生产率"。也就是说，要实现科技高附加值、高成长性、高效能和高质量。

2. 加快形成新质生产力的核心在于创新、载体在于产业

习近平总书记在黑龙江考察时首次提出"整合科技创新资源，引领发展战略性新兴产业和未来产业，加快形成新质生产力"①。战略性新兴产业是成熟的未来产业，未来产业是成长的战略性新兴产业。与传统生产力相比，新质生产力具有数字化、网络化、智能化等特征，是更加突出创新驱动、更加符合加快建设现代化产业体系要求的生产力。战略性新兴产业和未来产业为形成新质生产力、增强发展新动能提供重要载体。

"十四五"时期，我国聚焦发展新一代信息技术、生物技术、新能源、新材料、高端装备、新能源汽车、绿色环保以及航空航天、海洋装备等战略性新兴产业；前瞻谋划类脑智能、量子信息、基因技术、未来网络、深海空天开发、氢能与储能等前沿科技和产业变革领域的一批未来产业。中央经济工作会议进一步提出打造以生物制造、商业航天、低空经济等若干战略性新兴产业，开辟量子、生命科学等未来产业新赛道，广泛应用数智技术、绿色技术加快传统产业转型升级。

---

① 第一观察｜习近平总书记首次提到"新质生产力"［N］. 经济日报，2023－09－12.

3. 加快构建具有东北特色优势的战略性新兴产业和未来产业

一是积极培育战略性新兴产业和未来产业。辽宁大力发展航空制造、新材料、机器人等战略性新兴产业，充分围绕人工智能、细胞治疗、元宇宙、深海、深地开发等领域发展未来产业；吉林全力打造现代新型汽车和零部件、农产品及其深加工和食品细化工、冰雪和避暑休闲生态旅游 3 个万亿级大产业，以及若干千亿元级规模产业；黑龙江积极培育新能源、新材料、先进制造、电子信息等战略性新兴产业，加快形成新质生产力。二是推进产业基础高级化、产业链现代化。聚焦产业基础高级化，主要是利用现有资源实施好关键核心技术攻关，突破一批核心基础零部件、基础元器件、基础材料、关键基础软件和先进基础工艺，为产业迈向中高端提供动态的全方位支撑。全面提升产业链现代化水平主要是努力形成产业链优势，协同推动短板产业补链、优势产业延链、传统产业升链、新兴产业建链。三是把推进新型工业化作为加快发展新质生产力的重要抓手。在新发展理念的引领下，新型工业化以科技创新为核心驱动力、以绿色低碳循环为生态底色、以高水平开放为基本依托，以数实融合为主要特征。推进新型工业化可以为培育战略性新兴产业和未来产业，推动产业升级，构建具有东北特色优势的现代化产业体系提供重要支撑。

第二节　加快推进东北农业农村现代化

一、坚持新粮食安全观，当好国家粮食稳产保供"压舱石"

习近平总书记指出"当好国家粮食稳产保供'压舱石'，是东北的首要担当。要始终把保障国家粮食安全摆在首位"①。党的十八大以来，坚持把粮食安全作为治国理政的头等大事，提出"确保谷物基本自给、国粮绝对安全"的"新粮食安全观"，实施"以我为主、立足国内、确保产能、适度进口、科技支撑"的国家粮食安全战略，为牢牢把握粮食安全主动权指明了战略方向，也为东北牢牢把握、维护国家粮食的重要使命提出了根本遵循。

1. 保护好黑土地"耕地中的大熊猫"

东北是保障国家粮食安全的"压舱石"。东北地区作为世界上仅有的

---

① 习近平主持召开新时代推动东北全面振兴座谈会强调：牢牢把握东北的重要使命　奋力谱写东北全面振兴新篇章 [EB/OL]. 中华人民共和国中央人民政府，2023 - 09 - 09.

三大黑土区之一，是我国重要的粮食生产优势区、最大的商品粮优势基地。东北三省粮食产量占全国 1/5 以上。黑龙江的黑土面积超过东北黑土地面积的一半，2022 年粮食总产量占全国 1/9①。习近平总书记在东北视察时提出"确保黑土地不减少、不退化"②"要把黑土地保护作为一件大事来抓"③，"像保护大熊猫一样保护耕地"④。为此，要采取一系列措施"藏粮于地"，建立健全黑土地保护技术模式和长效机制，坚决防止耕地"非农化""非耕化"。

2. 持续提高粮食供给生产能力

习近平总书记强调"提升产能关键还是抓耕地和种子两个要害"⑤。种子是农业的"芯片"，良种对提高粮食产能具有关键作用。因此，一方面要加大黑土地保护力度，另一方面要深入实施种业振兴行动。同时，加快高标准农田建设，坚持农业科技自强自立，真正实现"藏粮于技"。把发展农业科技放在更加突出的位置，加快高端智能农机装备推广，统筹推进科技农业、绿色农业、质量农业、品牌农业，建设现代农业大基地、大企业、大产业。

二、坚持大食物观，筑牢食物安全底线

"食为政首、粮安天下"。粮食安全是"国之大者"，"大食物观"就是构建多元化食物供给体系，为新时代保障国家粮食安全，让中国饭碗更牢"端在中国人手上"作出更大贡献。

1. 充分发挥科技创新的引领作用

解决吃饭问题根本出路在于农业科技创新。践行大食物观，必须加大农业科技支撑，全面落实"藏粮于地、藏粮于技"战略，开辟新领域新赛道，增强农业发展新动能。为此，应加快推进农业关键核心技术攻关，大力发展生物技术，运用生物育种、合成生物学等现代技术，培育战略性新兴生物产业，实现从传统农作物和富余资源向更丰富的生物资源拓展，延伸农业产业链，提升价值链，把农业建成大产业，筑牢食物安全底线。

2. 因地制宜拓展多样化的食物来源

充分发挥东北地区潜在的资源禀赋，大力培养具有东北地区特色优势

---

① 根据国家统计局数据整理而得。

② 双手捧起一碗米，总书记说：中国粮食，中国饭碗［N］.人民日报，2018－09－26.

③⑤ 习近平出席中央农村工作会议并发表重要讲话［EB/OL］.中华人民共和国中央人民政府，2022－12－24.

④ 习近平李克强就做好耕地保护和农村土地流转工作作出重要指示批示［EB/OL］.中央政府门户网，2015－05－26.

的现代化农业体系。坚持向森林、草原、江河、湖泊、设施农业要食物，宜粮则粮、宜经则经、宜牧则牧、宜林则林，加快构建粮经饲统筹、农林牧渔结合、植物动物微生物并举的多元化食物供给体系，形成适应市场需求、与资源环境承载力相匹配的现代农业生产结构和区域布局。

三、发展乡村特色产业，促进乡村全面振兴

1. 推动三次产业融合发展

新时代全面推进东北地区乡村振兴，发展乡村特色产业必须发挥资源禀赋和市场优势。一是延伸产业链。大力发展农产品深加工，支持龙头企业做大做强，与农户形成紧密的利益共同体，推动产业链条向精深加工、储藏运输、产品营销延伸，提升农产品附加值。二是贯通供应链。完善农产品流通设施建设，畅通农产品电商网络，促进农业增效、农民增收。三是提升价值链。充分发挥农村特色产业的经济、文化、生态功能，增强其多种价值，把特色资源转为富民资源。

2. 加强农业特色品牌建设和管理

特色产业是乡村振兴的重要渠道，涵盖特色种养、特色食品、特色手工业和特色文化等丰富内涵。加强农村特色产业建设必须创响一批"乡字号""土字号"优秀品牌，解决一些特色产品"散而不强、多而不响、优质低价"甚至鱼龙混杂"砸牌子"的现象。加强品牌管理是质量兴农、绿色兴农、价值兴农的重要环节。为此要把好准入关、认证关、标识关和追溯关等，提高消费者对品牌的辨识度和认可度，增加农村特色产品的"含金量""含绿量"，以更好地实现品牌价值。

第三节　加快建设现代化基础设施体系，
提升对内对外合作开放水平

习近平总书记指出"东北是向北开放的重要门户，在我国加强东北亚区域合作、联通国内国际双循环中的战略地位日益凸显"。① 提升对内对外开放合作水平、联通国内国际双循环，必须加快建设现代化基础设施体系，形成全方位开放新格局。

---

① 习近平主持召开新时代推动东北全面振兴座谈会强调：牢牢把握东北的重要使命　奋力谱写东北全面振兴新篇章［EB/OL］. 中华人民共和国中央人民政府，2023-09-09.

一、积极推进现代化基础设施体系建设

1. 充分发挥东北地区全方位对外开放的区位优势

从对外开放看，东北地区地处东北亚区域的中心地带，向北与俄蒙接壤，是我国向北开放的重要门户；向东与朝鲜半岛相联，与日韩隔海相望；向南通过辽宁 6 个港口城市连接太平洋，与亚太国家和地区相互联系。从对内开放来看，与京津冀、环渤海和东部沿海地区相互依存。规划建设中的东北海陆大通道是"一带一路"海上、陆上、空中、冰上"丝绸之路"的重要通道，是我国沿海地区和日韩"北上西进"与俄罗斯"东进欧洲"的便捷通道。良好的区位优势和地缘优势，使东北地区在我国对外开放、沟通国内外双循环中具有不可替代的重要作用，这既是东北的现有优势，也是未来发展的巨大优势。

2. 加快推进东北海陆大通道建设

一是依靠辽宁丰富的港口资源优势和东北三省一区口岸、公路铁路网资源，构建连通我国东南沿海、东北亚、东南亚等地区与俄蒙、中亚、欧洲等国家和地区的海陆联运大通道，打造共建"一带一路"高质量发展的重要节点，强化在畅通国内大循环、联通国内国际双循环中的战略地位和枢纽作用。二是优化港口群布局与资源配置，完善港口集疏运体系，推动沿海港口高质量发展。推动港口经济与腹地经济协调发展。三是拓展俄远东地区以及日韩、东南亚、欧美等航线，提升通航和商品中转集拼能力。四是加快论证和建设油气管道、高铁网和铁路网、新型电网和电力外送通道、新一代移动通信和数据网，助力东北与其他区域发展战略更好对接，融入全国统一大市场，在扩大制度型开放中发挥更大作用。

二、提升对内对外开放合作水平

1. 推进高水平对外开放

增强前沿意识、开放意识，实施全方位对外开放：一是全力推进向北开放。完善政府间沟通协调机制，加强与俄罗斯贸易、产业、科教、旅游、人文等领域交流合作，谋划建设境外合作园区，鼓励企业开拓蒙古国市场。二是持续推进向东开放。深化与日本、韩国等在高端装备、电子信息等领域合作，进一步扩大服务贸易合作规模。三是扩大与欧美合作。巩固高端装备、新材料等传统领域合作，积极拓展生物医药、新能源等新的合作领域，保持对北美市场出口规模稳定。四是促进外贸新业态新模式发展。加快建设国家跨境电子商务综合试验区，鼓励企业布局建设海外仓。

推进国家进口贸易促进创新示范区建设，扩大先进技术、重要设备、关键零部件和能源资源等产品进口。五是广泛开展对外人文交流。全方位扩大和深化文化、教育、体育、医疗、养老等领域对外交流合作，全面拓展友城合作，进一步提升辽宁国际影响力和知名度。

2. 积极对接国家重大战略

主动对接京津冀协同发展、长江经济带发展、长三角一体化发展、粤港澳大湾区建设、西部大开发等国家重大战略，加强产业发展、科技创新、人才交流等方面的务实合作，更好融入全国统一大市场。深化与北京、上海、广东、江苏、深圳等对口合作，探索"飞地经济""园中园"等共建模式，增强产业链供应链内外衔接能力。深耕京津冀地区、长三角地区、粤港澳大湾区，持续打造东北招商引资品牌。加强东北三省一区交流合作，推进东北地区一体化发展。

第三章　以创新发展深入推进东北振兴

第一节　创新驱动发展战略背景与内涵

习近平总书记2018年9月28日在"深入推进东北振兴座谈会"上对东北振兴提出六个方面的要求，其中五个方面涉及新发展理念。2023年9月7日，在"新时代推动东北全面振兴座谈会"上强调"新时代新征程推动东北全面振兴，要贯彻落实党的二十大关于推动东北振兴实现新突破的部署，完整准确全面贯彻新发展理念"。坚持新发展理念是关系我国发展全局的一场深刻变革。新时代新征程推动东北全面振兴，必须以创新发展、协调发展、绿色发展、开放发展和共享发展深入推进东北振兴、推动东北振兴取得新突破。本章首先分析以创新发展深入推进东北振兴。

一、创新驱动发展战略实施背景

习近平总书记指出，深入推进东北振兴要"以培育壮大新动能为重点，激发创新驱动内生动力"①。党的十八届五中全会第一次提出实施创新驱动发展战略。创新是引领发展的第一动力，是中国迈向现代化强国的动力支撑，也是深入推进东北振兴的关键性因素。

改革开放以来，我国经济发展取得了举世瞩目的成就。经济总量从1978年的3678.7亿元增长至2021年的114.4万亿元；人均GDP从1978年的385元增长至2021年的80976元；GDP占全球经济总量比由1978年的1.75%上升至18%，经济总量稳居世界第二②。但自2010年起，我国

---

① 习近平在东北三省考察并主持召开深入推进东北振兴座谈会 [EB/OL]. 中华人民共和国中央人民政府，2018 – 09 – 28.
② 根据国家统计局数据计算而得。

经济增速明显放缓、产能结构性失衡、民间投资乏力、劳动人口红利下降、资源环境约束硬化。我国经济增长依靠要素驱动、投资驱动的粗放式增长模式难以为继，转变经济增长方式寻找驱动经济持续高质量发展的新动能迫在眉睫。2012 年，党的十八大首次提出实施创新驱动发展战略，坚持自主创新发展道路，强调科技创新是提高社会生产力和综合国力的战略支撑。2016 年 5 月《国家创新驱动发展战略纲要》出台，明确提出了我国建设创新型国家的"三步走"目标：到 2020 年实现我国进入创新型国家行列；到 2030 年，跻身创新型国家前列；到 2050 年，建成世界科技创新强国。2017 年，党的十九大报告再次强调了创新是驱动我国经济当前与未来发展的第一动力，是我国建设成为现代化国家与实现中华民族伟大复兴的新动能。2022 年，党的二十大提出高质量发展是全面建设社会主义现代化国家的首要任务，必须完整、准确、全面贯彻新发展理念。

与此同时，2013 年以来东北经济增速出现断崖式下跌，尤其是辽宁省 2015 年 GDP 增速仅为 3%，居全国末位①，"新东北现象"引发热议。2014 年国务院出台《关于近期支持东北地区振兴若干重大政策举措的意见》标志着新一轮老工业基地振兴发展战略启动。相关举措陆续出台为重振东北老工业基地、实现创新驱动发展提供了指南。2015 年 6 月，发布了《关于促进东北老工业基地创新创业发展打造竞争新优势的实施意见》，2015 年 10 月，出台了《东北地区培育和发展新兴产业三年行动计划》。2015 年 12 月，中央政治局会议通过的《关于全面振兴东北地区等老工业基地的若干意见》中重点强调东北振兴的着力点是努力培育创新动能、充分发挥创新动能对经济社会发展的引领作用。2018 年 9 月 28 日，习近平总书记在深入推进东北振兴座谈会上指出："以培育壮大新动能为重点，激发创新驱动内生动力。"② 习近平总书记重要讲话精神指出，创新是引领发展的第一动力，居于国家发展全局的核心位置，更是东北老工业基地振兴的根本出路。

回顾过去，东北地区主要依靠丰富的自然资源和廉价的劳动力等要素投入以及粗放式的规模扩张拉动经济增长。如今，东北经济走到了一个新的历史关口，长期以来粗放式发展积滞的问题不断凸显。东北经济不仅面临日益趋紧的生态资源和环境保护约束，要素资源短缺约束也不可忽视。

---

① 资料来源：国家统计局数据。
② 习近平在东北三省考察并主持召开深入推进东北振兴座谈会［EB/OL］. 中华人民共和国中央人民政府，2018 - 09 - 28.

东北经济"重重轻轻"的产业结构过于依赖"原初产业"且产品附加值低，极易受市场需求波动影响。在低端产能过剩以及出口需求不足的情况下，东北企业整体的效益低且竞争力不足。破解以上东北经济发展中的现实问题，就必须推动经济发展方式转型，由粗放型向集约型转变，由要素驱动、投资驱动向创新驱动转型。与 2003 年首轮东北振兴相比，新一轮东北振兴不能再走要素与投资拉动经济增长的老路，而应该重点打好"创新牌"，才能打赢东北振兴发展的攻坚战，解决东北经济发展中的瓶颈问题，实现新一轮东北老工业基地振兴。

二、创新驱动内涵

1. 创新驱动的含义

1990 年，美国学者迈克尔·波特在其著作《国家竞争优势》中首次提出了创新驱动概念。他指出国家经济发展类型按照阶段性特征可以划分生产要素驱动型、投资驱动型、创新驱动型和财富驱动型。世界经济论坛在其发布的《全球竞争力报告》中也对经济发展阶段进行了划分，提出经济发展包括要素驱动、效率驱动和创新驱动三个阶段。

自 2012 年我国开始实施创新驱动发展战略以来，国内学者也从不同的角度对创新驱动的内涵进行了有益的探索。刘志彪（2011）指出创新驱动不是依靠模仿创新、引进创新而是以自主创新驱动经济增长。洪银兴（2013）明确指出创新驱动发展战略不仅强调在科技方面创新，也包括制度、管理等多方面创新。任保平等（2013）提出了我国经济从要素驱动向创新驱动转型的必要性，并指出创新内容体系不仅包括科技创新，也包括制度创新；不仅体现在产业创新，也包括产品创新；不仅是战略层面创新，也是管理创新；文化创新也是创新驱动的重要着力点。陈勇星等（2013）从创新系统视角提出了创新驱动的具体过程，以人财物等创新资源集聚开发为起点、创新成果产业化、市场化为纽带，以驱动经济社会发展为目标。吕薇（2014）提出从要素驱动到创新驱动的本质是转变我国的经济发展方式，即从资源高消耗、高投入的粗放增长转向依靠自主创新、人力资本的集约式增长。王芳（2015）从创新系统的视角提出创新驱动是综合性、多维度的系统性创新体系建设过程。在创新驱动体系中，企业、政府、科研机构等均是重要的创新能动者，人、财、物等是创新驱动的必备基础要素，科技创新是创新驱动体系的主要成果。同时，创新系统的良好运作离不开必要的制度创新、管理创新保障，建立协调互补、共建共享的创新体系才能够充分发挥创新对于经济社会发展的驱动力。

在已有研究的基础上，本章对创新驱动的内涵进行如下阐述：创新驱动是一种以内生创新、科技创新为主要驱动力的经济发展方式。经济增长方式由要素驱动转向创新驱动，其实质是经济发展方式转型和动力结构调整，即由资源高投入、高消耗为代价换来经济增长向以创新为主要驱动力，着力提高全要素生产率从而提高经济增长率的转换过程。创新驱动的本质是指依靠自主创新，充分发挥科技对经济社会的支撑和引领作用，大幅提高科技进步对经济发展的贡献率，实现经济社会全面、协调、可持续发展。

2. 创新驱动发展的特征

要素驱动和投资驱动是粗放式经济增长模式，而创新驱动则体现为集约式的经济增长模式。在创新驱动阶段，经济增长呈现以下特点。

（1）经济增长目标。要素驱动与投资驱动是对经济增速目标的回应，在追求增速的目标导向下，加大资源要素、资金要素投入能够实现粗放式的经济增长。创新驱动发展是对集约式高质量发展目标的回应，高质量发展目标是以效益优先为原则，追求经济发展的高质量、高效益。创新驱动通过技术进步、制度创新、管理创新等，提高要素使用效率来提高经济发展的质量效益，从而实现集约式增长和高质量发展。

（2）经济增长动力。要素驱动与投资驱动阶段经济增长的动力来自劳动、资本、土地等生产要素的大规模持续性投入，生产要素投入数量对经济增长具有直接而决定性的作用。在创新驱动发展阶段，创新是经济增长的主要动力，其中科技创新是推动经济增长的核心，技术的不断革新可以提高劳动生产率、资本使用效率等，从而促进经济集约式增长。值得注意的是，创新驱动阶段仍然需要传统要素的必要投入，但对其规模扩张拉动经济增长模式的依赖程度有所降低，而更多依靠技术进步、人力资本等创新要素来推动经济增长。

（3）经济增长过程。要素驱动与投资驱动的粗放型经济增长模式主要依赖的是大量传统要素的投入产生总供给，因此容易受到资源稀缺性制约，影响经济发展的可持续性；同时该种增长方式还使总需求产生周期性的扩张与收缩，造成经济运行不稳定，易造成通货膨胀、产业结构失调等问题。相对来说，创新驱动发展的集约型经济增长能够协调区域间、产业间与供求间的不平衡，使得经济增长过程更趋于平稳，经济结构更加合理。

（4）经济增长代价。要素驱动与投资驱动的粗放型经济增长是以对资源的过度开采和利用、对环境的坏和污染为代价，不仅破坏了生态系统的平衡，也已经危及了人类自身的长期生存与发展。与之相比，创新驱动发展的集约型经济增长则注重提高各种资源的配置效率，能够有效节约自然资源、保护生态环境，从而实现人口、经济、环境和社会全面、协调、可持续的发展。

3. 创新驱动发展的影响因素

在区域创新系统中，创新活动的主要参与者包括企业、政府、高校和科研院所等。创新驱动发展的过程可以概括为两个阶段：第一阶段为创新主体开展创新活动，进行知识生产、专利发明；第二阶段是创新成果的产业化、市场化，从而实现创新推动经济社会发展。在创新驱动发展的第一阶段，创新系统中各微观主体内部自身的创新基础是关键影响因素，主要包括创新资本、创新人才以及创新载体。在创新驱动发展的第二阶段，创新主体所面临的区域外部创新环境是主要影响因素，其中最具有代表性的环境因素是创新的政策环境与创新的文化环境。

（1）创新驱动发展的内部影响因素。

创新资本。萨伊（1803）提出的生产三要素论指出资本、劳动与土地是任何社会生产活动的三种基础要素。资本要素投入、流动直接影响产出水平和效率，在经济增长和区域科技发展中发挥至关重要的作用。创新始于技术，成于资本。适度规模的科技创新投入是开展创新活动，实现创新驱动经济社会发展的基本保障。随着人们对科技创新重要性认识的不断提高，资本要素的内涵不断扩展，广义的资本不仅指投入于产品生产、开展创新等经济活动中的物质资本和实物资本，也包括以新知识、专利技术为代表的知识资本，这些知识资本是重要的创新基础和创新来源，与物质资本一样是进一步创新不可缺少的基础要素。东北老工业基地要实现由要素驱动、投资驱动发展转向创新驱动发展，同样也离不开必要的资本要素投入。

创新人才。熊彼特（1912）创新理论认为，创新人才始终是创新活动最重要的因素。人才要素是具有能动性的经济主体，创新驱动发展首先是依靠人才进行创新，人才要素是创新的核心要素。在熊彼特的创新理论中，企业家相比于其他劳动力要素的主要不同是具备企业家精神，并将创新视为使命，因此熊皮特认为企业家是创新的主体。扩展开来，创新人才不仅包括资本家、企业家，其内涵可定义为具有创新意识、创新精神、创新能力与创新人格的人。因此，一般意义的创新人才还包括直接从事一线科研工作的科技研发人员，以及从事科技工作相关的教师、研究人员等。

创新载体。创新载体是创新资源、创新成果集聚、整合、共享和交易的平台。包括科研机构、大学等开展创新活动的场所机构、也包括公共技术资源共享、交易的虚拟网络平台。创新载体是连接创新主体的纽带，能够降低创新资源和成果的交易成本、降低不同主体间信息搜寻成本、提高创新资源配置效率，有利于创新活动的开展，创新成果转化从而促进创新驱动经济发展。

（2）创新驱动发展的外部影响因素。

创新资本、创新人才和创新载体是影响创新驱动第一阶段的内部影响因素，而在创新成果转化、市场化从而驱动经济发展的第二阶段，区域创新环境建设是重要的外部保障，其中两个主要方面是创新政策和创新文化。

创新政策。创新成果市场化、产业化一定是在政策法规下开展且受其约束和促进。创新政策是政府为了影响创新速度、方向和规模而采取的一系列公共政策的总称。从创新政策的层级看，包括国家层面的创新战略总规划以及地方区域性的创新规划；从创新政策的效力上看，既包括与创新活动有关的法律，如专利法、著作权法等，也包括政府出台的行政措施、工作方案；从创新政策的内容看，既有涉及创新成果的规划也有支持创新活动开展的配套政策如科技财政政策、政府创新成果采购政策、人才引进培育政策、科创板建设相关政策等；从创新政策的方向看，既包括鼓励创新的投入型激励政策，也包括对创新成果与产出的保护性政策。

创新文化。创新的文化环境是确保区域创新系统高效运转的柔性保障。创新投入具有高风险性、创新成果转化具有高不确定性、创新项目持续期长、资金规模需求大、创新活动具有正外部性等特征，决定了创新活动不同于一般意义上的经济生产活动。它需要创新主体具有冒险精神以及承担创新失败的勇气，也需要社会文化对于创新活动的鼓励和对创新失败的包容。而区域文化环境具有复杂的多重属性，从是否有利于区域创新的角度，可以大体划分为两类，即创新鼓励型文化与创新抑制型文化环境，其中具有主导性地位的主流文化是否鼓励创新活动开展、保护创新成果以及宽容创新失败对于区域创新动能培育具有重要影响。企业家精神和创客文化是典型的创新鼓励型文化，是实现创新驱动经济发展的柔性激励。

第二节　创新发展推进东北振兴的必要性

一、创新发展推进产业结构优化

习近平总书记指出，深入推进东北振兴要"以壮大新动能为重点，激发创新驱动力"①。创新是促进产业结构优化与升级最重要的推动力。其作用机制，一方面，体现为技术创新从供给侧促进产业结构升级，即技术创新引起产业部门间生产效率发生相对变化，引起经济资源在产业部门之间流动和重新配置，从而实现产业结构由低效率产业部门向高效率产业部门升级。该观点的主张者之一，迈克尔·波特（1980）指出"技术创新是产业结构变动的一个重要来源"。另一方面，则体现为创新从需求侧促进产业结构升级，也即是新产品、新业态等创新活动能够引起市场需求的变动，市场份额变动进一步引起产业规模变动，从而动态改变原有的产业结构。熊彼特在 1912 年出版的《经济发展理论》一书中提出的垂直创新所引起的"创造性毁灭"过程可视为对该机制的具体阐述。技术进步创造出新工艺、新产品，规模逐渐扩大后发展成为新的生产部门和行业。由于市场份额扩大，这些部门迅速集聚资源组织生产，市场势力快速扩大甚至发展成为经济中的主导产业。相对而言，由于技术更新速度慢、生产要素流失、市场份额下降，传统部门逐步退出市场，从而实现了产业结构升级与优化。

新中国成立以来，东北地区是我国重要的老工业基地，具有完备且实力雄厚的工业体系，但整体产业结构单一、过于依赖"原初"产业，产品科技附加值低是东北工业发展的主要问题。其整体表现为东北工业企业效益差、竞争力弱。增强自主研发和创新能力，发展智能制造、高端装备制造业，建设"工业 4.0"，是实现东北工业价值链升级的立足点。为此，通过实施创新驱动发展战略，促进传统产业升级，培育壮大战略性新兴产业，使其成为东北振兴发展的重要支撑。

二、创新发展缓解资源环境约束

改革开放以来中国经济取得了举世瞩目的成就，一系列制度变迁释放了大量的生产力，由此带来的大规模要素投入创造了我国巨大的经济增长红利。然而，中国经济在历经 40 余年快速发展后的今天，自然资源日趋紧张、社会环境约束日益严峻，依靠传统的大规模生产要素驱动经济增长的逻辑已经不适应新时代人们对可持续发展、科学发展和高质量发展的需要。

从生态资源与环境约束来看，过去 40 余年粗放式要素驱动型经济增

---

① 习近平在东北三省考察并主持召开深入推进东北振兴座谈会［EB/OL］. 中华人民共和国中央人民政府，2018 - 09 - 28.

长方式造成了资源的大量浪费以及环境不可修复的破坏，粗放式发展方式难以为继。对于东北地区而言，经济发展面临的资源与环境问题更加突出。东北地区是我国资源型城市最为集中的地区，2008～2009年国家发展和改革委员会确定的44座资源枯竭型城市中，东北三省就有16座城市，包括辽宁的"钢都"鞍山、"煤都"抚顺、"铁煤之城"本溪、"煤电之城"阜新等。如今，这些因资源而兴的城市都已经度过了"资源青春期"，面临资源枯竭、产业结构单一、接替产业缺乏、经济转型举步维艰的困境。长期以来，这些城市的经济发展模式就是依靠对自然资源的开采以及进行简单的初级加工，发展过程中暴露了资源投入产出效率低、产品附加值低、产业创新含量低的问题。随着资源储备优势的减少，东北地区资源型城市急需转型。实施创新驱动发展战略，能够通过科技创新提高资源使用效率，能够提高东北地区资源开发类产品的附加值，提高企业竞争力，打破资源型城市粗放的发展方式；资源转型城市转型要充分利用有利条件，依靠新经济，培育新动能，扩大发展空间。只有坚持创新驱动，不断加大科研投入才能实现弯道超车。

从人口资源来看，中国人口结构呈现高老龄化与低出生率的劳动力人口不足现象，长期以来我国经济增长依靠的廉价劳动人口红利日渐退坡，劳动力供需矛盾日益突出。一些研究认为，中国已经进入了"刘易斯拐点"。对于东北地区而言，人口资源短缺问题更为严重。首先，东北人口自然出生率常年低于全国平均水平，其次，东北老龄化人口占比高于全国平均水平，不仅造成了东北可用劳动力供给不足，也加重了企业社会保障负担和社会优抚等公共财政支出压力。除此之外，近年来东北人口持续外流，尤其是高技能劳动力人才的持续外流，引发了社会各界热议。实施创新驱动发展战略，一方面，能够通过集约型增长方式的转变，通过创新提高人力资本产出效益，减少经济增长对于劳动力投入数量的依赖；另一方面，实施创新驱动发展战略也是人才引育体系建设的过程，有助于东北地区吸引高技能劳动力人才，缓解东北人口资源约束，提高人力资本水平。

三、创新发展应对技术贸易战

当前，全球经济处于缓慢复苏态势，各国为尽快从金融危机的阴霾中彻底走出，贸易保护主义抬头且新贸易保护措施层出不穷。当前贸易保护主义呈现以下三种特点：其一是各种非关税贸易壁垒层出不穷，绿色环保贸易壁垒是当前我国出口贸易面临的主要障碍之一；其二是技术性贸易壁垒明显增加，各主要经济体都将信息技术、生物技术、节能环保、新能源等新兴产业作为本国经济的新增长点，加大核心知识产权保护力度，占领未来产业发展制高点；其三是技术性贸易壁垒的影响范围越来越广，部分新兴国家为保护本国战略性产业也开始实施技术贸易壁垒。

长期以来，东北地区出口贸易品科技附加值含量低，处于国际产业链、价值链分工中低端位置，议价能力低，竞争力不足，极易受到市场需求波动的影响。因此，东北老工业基地在贸易领域的振兴，需要通过大力投入科技创新资源，提高出口贸易品附加值，提高出口产品的科技竞争力，积极抢占产业制高点，实现由"东北制造"向"东北智造"转变，以此突破当前技术贸易壁垒围堵。

四、小结

培育壮大新动能，激发创新驱动内生动力，是东北老工业基地振兴的根本出路。创新驱动能够实现经济发展方式由粗放型向集约型转变、由规模数量型向质量效益型转变。实施创新驱动发展战略是破解长期以来制约东北经济发展关键问题的着力点，更是助推东北经济实现高质量发展的必然要求。

第三节 东北地区创新驱动力评价

一、相关文献综述

1. 创新驱动力的评价方法

创新驱动是以科学发现、知识创新、技术孵化和应用等科技创新为基础，研究其对于经济集约发展方式转变的贡献和推动力。

对区域创新驱动力的测度与检验，是实业界与学术界普遍关注的热点问题。部分研究直接使用区域专利申请数量或者发明专利授权数量衡量区域创新能力。这种方式数据获取较为容易，具有一定的合理性，但我国科技成果转化率低，很大一部分专利不能实现有效的产业化、市场化，并未对经济发展起到有效的驱动作用。因此，简单以专利申请授权数量来衡量区域创新驱动力存在与实际情况偏离的问题。也有学者认为科技创新驱动力体现为生产效率的提升，对此部分学者采用数据包络分析（DEA）和随机前沿分析方法（SFA）测度全要素生产率作为区域创新驱动力的衡量指标。这种方法存在一定的解释力，但仍存在不足。创新驱动力的增强体现为全要素生产率的提高，但全要素生产率提高并非全部来自创新驱动力的提升，采用全要素生产率方式不能够有效分离出创新对于经济发展的实际驱动能力。因此，对创新驱动力水平的评价应既要避免将其简单地概括为某一方面，也要避免笼统模糊的测算，而应该从更加全面的角度有针对性地衡量区域创新驱动力。基于此，一些学者如任保平等（2014）、易平涛等（2016）、于凡修（2017）从多方面、多环节、多角度构建了反映区域创新力的综合指标体系并运用熵值法、因子分析法对其进行综合打分以测度区域创新力。

2. 创新驱动力评价指标体系

迄今为止，国家政策层面和学者并未对创新驱动力评价指标体系构建达成共识。科技部2016年的《国家创新指数报告》从企业创新、创新绩效和创新环境三个方面构建了国家层面的创新指数。国家统计局发布的《中国创新指数》（CII）从创新投入、产出、成效和环境四个方面构建了中国创新指数。上海财经大学课题组从创新投入、创新效果以及人力资源建设三方面，构建了测度上海市创新驱动评价指标体系。首都科技发展战略研究院基于北京发展的实际情况，从创新资源、环境、服务以及创新绩效四个维度构建了测度北京市的创新发展评价指标体系。大量学者也从不同的角度构建了创新力评价指标体系，如蒋玉涛（2009）的研究从知识创造、创新投入、创新产出和技术应用的创新驱动过程视角构建了评价区域创新力的指标体系。宋河发等（2010）以评价城市创新力水平为目标从创新基础、创新效率以及创新支撑等七个维度构建了评价指标体系。表3-1列示了部分代表性评价指标体系的具体指标。

表 3-1　　　　　　　　关于区域创新力评价指标体系研究概览

相关研究	一级指标	二级指标
《国家创新指数报告（2016-2017）》	企业创新	研发（R&D）经费；R&D人员；高等教育论文数；万人专利数；高技术/知识服务业增加值；人均GDP；技术自主率；能耗等
	创新绩效	
	创新环境	
《中国创新指数2016》	创新环境	人均GDP；科研支出；R&D经费；R&D人员；研发机构；专利；商标；技术成果成交额；新产品占比；劳动生产率；科技贡献率；能耗等
	创新投入	
	创新产出	
	创新成效	

相关研究	一级指标	二级指标
《中国区域科技创新评价报告 2016 - 2017》	科技创新环境	科技人力资源；科研物质条件；科技意识；科技活动人力投入；科技活动财力投入；科技活动产出水平；技术成果市场化；高新技术产业化水平；高新技术产业化效益；经济发展方式转变；环境改善；社会生活信息化
	科技活动投入	
	科技活动产出	
	高新技术产业化	
	科技促进经济技术发展	
《中国区域创新能力监测报告 2016 - 2017》	创新环境	大专以上学历人数；国家级孵化器管理机构从业人数；地区生产总值；研发经费内部支出；高新技术企业减免税额；企业技术改造经费支出；发明专利申请数；高技术产品出口额等
	创新资源	
	企业创新	
	创新产出	
	创新绩效	
张艾莉等 （2016）	创新投入	R&D 经费；R&D 人员；教育经费支出；国内专利申请授权数；技术市场成交额；国外技术引进合同金额等
	创新产出	
	创新环境	
	创新扩散	
易平涛 （2016）	创新基础	科技活动人员数；在校大学生数；R&D 经费；R&D 人员；发明专利数；人均 GDP 等
	创新投入	
	创新产出	
隋艳颖 （2018）	创新基础	人均 GDP；规上工业企业数；图书馆馆藏数量；货运量；全社会固定资产投资；科研支出；R&D 经费；R&D 人员；研发机构；每万人授权专利量；技术成果成交额；新产品占比等
	教育基础	
	经济投入	
	创新投入	
	创新绩效	

二、东北地区创新驱动力评价与分析

1. 评价指标体系构建

创新驱动本质上是一个动态过程，是创新主体在一定的创新驱动环境下，以创新驱动基础条件为支撑，通过一系列的创新活动最终实现驱动经济社会全面发展目标的过程。参考任保平在《中国经济增长质量发展报告（2014）》构建的评价创新驱动力指标体系，本章按照创新驱动要素、创新驱动过程以及创新驱动环境三大类一级指标，构建创新驱动力评价指标体系。

创新驱动要素指标是指创新驱动的基础和主体，可以概括为人、财、物三方面。创新活动的主体是从事研究开发的机构和个人，代表性指标包括 R&D 人员全时当量和 R&D 项目数。创新需要大量的资金投入，地区科研投入支撑能力的大小直接决定了创新驱动能否顺利进行，该类指标包括：R&D 投入经费强度，政府来源 R&D 经费内部支出。创新活动的开展需要载体要素的支撑，是创新的物力要素，具体可包括科技馆建筑面积、众创空间数量等。

创新驱动过程包括知识创新、技术创新、市场创新、产业创新以及创新扩散（见图 3 - 1）。知识创新是创新驱动过程的起点，包括：研究与开发机构发表的科技论文以及专利申请数；技术创新是通过改进现有或创造新的产品、生产过程和服务方式将知识创新的科研成果转化为现实生产力的技术活动，因此技术合同引进情况能够反映域外创新对区域技术创新能力的影响。技术创新对于经济增长的核心意义在于扩展了生产可能性边界。一方面企业和产业在技术创新条件下进行新融合形成产业创新，产业创新可以体现为产业结构的变化与产业转型升级；技术市场技术流向地域合同规模越大，表明产业创新能力越强；另一方面技术创新提高了高技术产业的投入与产出，从而反映了市场创新情况。整个创新过程的顺利转化需要创新扩散机制连接，创新扩散可以通过科技企业孵化器实现。因此，在孵科技企业数量及其获得的风险投资数量是创新扩散情况的体现。

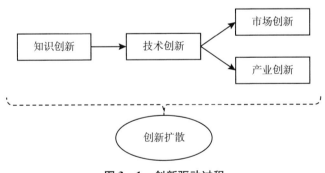

图 3 - 1　创新驱动过程

创新驱动环境反映了政策导向和社会意识对实施创新驱动发展战略的支持和促进程度。一方面，充足的财政支持和资金筹集能够使政府更好地发挥作用，赋予市场更加稳定可靠的支持，促进经济发展活力与科技创新。另一方面，社会大众对于创新驱动的观念与意识是影响创新活动不可或缺的软环境，商标意识与科普意识是这一软环境的重要体现。

综上，本章构建评价区域创新驱动力的具体指标体系如表 3-2 所示。

表 3-2   创新驱动力评价指标体系

一级指标	二级指标	三级指标	变量名	单位
创新驱动要素	创新人力要素	R&D 人员全时当量	X1	人年
		R&D 项目数	X2	个
	创新财力要素	R&D 经费投入强度	X3	%
		政府来源 R&D 经费内部支出	X4	万元
	创新物力要素	科技馆建筑面积	X5	万平方米
		众创空间数量	X6	个
创新驱动过程	知识创新	研究与发展机构发表科技论文数	X7	篇
		研究与发展机构申请专利数	X8	项
	技术创新	技术引进合同数	X9	项
		技术引进合同金额	X10	亿美元
	市场创新	技术市场技术流向合同数	X11	项
		技术市场技术流向合同金额	X12	万元
	产业创新	高技术产业新产品开发经费支出	X13	万元
		高技术产业新产品开发销售收入	X14	万元
	创新扩散	科技企业孵化器在孵企业数	X15	个
		科技企业孵化器当年获得风险投资数	X16	千元
创新驱动环境	政策导向	财政资金支持数	X17	万元
		年度经费筹集额	X18	万元
	社会意识	商标核准注册数	X19	件
		专职科普人员数	X20	人

2. 指标处理与数据说明

下面以全国 31 个省份（中国港澳台地区除外，下同）2013～2019 年的数据为样本，对其创新驱动力进行评价和对比分析。数据来源于历年《中国统计年鉴》《中国科技统计年鉴》以及国家统计局官网数据库。由于构建的创新驱动力评价指标均为正向指标，与总体创新驱动能力作用方向一致，故不需要对其进行特殊处理。由于各指标的原始计量单位不尽相同，因此对所有指标进行无量纲化处理，计算公式为 $x_i^* = \dfrac{x_i - \min(x_i)}{\max(x_i) - \min(x_i)}$。

三、评价结果与分析

1. 因子模型适用性检验

这里使用 SPSS 软件对 2013~2019 年全国 31 个省份进行创新驱动能力评价。具体做法是：首先对创新驱动要素、创新驱动过程和创新驱动环境分别做因子分析，得出综合评分，在此基础上再进行因子分析得出各地区的创新驱动力水平。在进行因子分析之前，必须检验原始变量是否适合进行因子分析。对此，本章首先使用 SPSS 软件计算变量的相关系数矩阵，并进行 Barlett 检验和 KMO 检验，各分项指标的 KMO 统计量均在 0.676~0.824。因此，可以判断各初始变量适合做因子分析。

2. 评价结果与分析

表 3-3 为对 31 个省份及区域 2019 年创新驱动力的评价结果，图 3-2 为 2019 年东北三省创新驱动力分项指标情况。辽宁、吉林、黑龙江三省的创新驱动能力排名分别为 16 名、22 名、28 名，均低于全国平均水平，与东部发达地区相比有较大差距。从创新驱动力的各项评分来看，创新驱动环境是东北三省共同的短板，对创新的扶持力度以及社会意识营造的不足成为制约东北三省创新驱动力的重要因素。具体来看，东北三省的创新驱动力呈现出不同的特征：辽宁省的创新驱动要素指标高于全国平均水平，但创新驱动过程和创新驱动环境指标均略低于全国平均水平。继续巩固并发展在创新驱动要素方面的优势，不断补齐创新成果市场化、产业化过程中的不足之处，尤其注重加强营造尊重创新参与创新的社会氛围建设

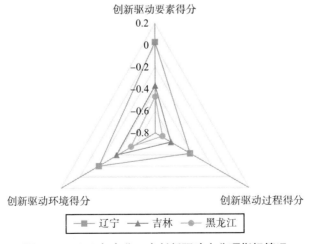

图 3-2 2019 年东北三省创新驱动力分项指标情况

是辽宁省在未来发展中要注重的主要问题。吉林省和黑龙江省各项指标水平较低，均低于全国平均水平。加大对于创新资本以及高端人才引进力度，营造相适应的创新基础是黑龙江和吉林两省实施创新驱动发展战略的重点方向。

表3-3　　2019年31个省份（港澳台除外）的创新驱动力评价

地区	创新驱动要素得分	位次	创新驱动过程得分	位次	创新驱动环境得分	位次	创新驱动力得分	位次
北京	1.47	2	3.29	1	1.25	1	2.50	1
天津	-0.20	18	-0.24	14	-0.46	27	-0.45	20
河北	-0.02	14	-0.96	17	0.21	10	-0.02	12
山西	-0.41	21	-0.27	25	-0.36	22	-0.61	23
内蒙古	-0.42	22	-0.41	28	-0.35	21	-0.63	25
辽宁	0.02	12	-0.43	12	-0.20	17	-0.17	16
吉林	-0.38	20	-0.63	18	-0.39	26	-0.57	22
黑龙江	-0.46	26	-0.73	21	-0.55	28	-0.71	28
上海	0.60	6	2.42	4	0.84	5	1.26	5
江苏	1.25	3	2.26	3	0.96	3	1.84	3
浙江	1.08	4	1.43	5	1.00	2	1.33	4
安徽	0.08	10	-0.52	11	-0.04	15	-0.03	13
福建	0.17	8	-0.33	16	-0.14	16	-0.11	15
江西	-0.31	19	-0.27	19	-0.20	18	-0.42	19
山东	0.67	5	0.28	6	0.45	7	0.74	6
河南	-0.11	15	0.17	13	0.54	6	0.18	9
湖北	0.35	7	0.92	7	0.45	8	0.52	7
湖南	-0.12	16	-0.08	15	0.16	11	-0.07	14
广东	1.81	1	-0.76	2	0.91	4	2.31	2
广西	-0.43	23	-0.43	22	-0.37	23	-0.61	24
海南	-0.59	29	-0.53	29	-0.67	29	-0.92	29
重庆	-0.18	17	-0.06	20	-0.23	20	-0.38	17
四川	0.09	9	-0.36	9	0.26	9	0.22	8
贵州	-0.53	28	-0.35	26	-0.38	25	-0.69	27
云南	-0.44	25	-0.48	24	0.03	12	-0.40	18

地区	创新驱动要素得分	位次	创新驱动过程得分	位次	创新驱动环境得分	位次	创新驱动力得分	位次
西藏	-0.84	32	-0.68	32	-0.77	32	-1.11	32
陕西	0.06	11	0.14	8	0.02	13	0.12	10
甘肃	-0.43	24	-0.67	23	-0.22	19	-0.53	21
青海	-0.70	31	-0.46	31	-0.69	31	-0.99	31
宁夏	-0.60	30	-0.60	30	-0.68	30	-0.93	30
新疆	-0.48	27	-0.67	27	-0.37	24	-0.67	26
全国平均	0	13	0	10	0	14	0	11

图 3-3、图 3-4、图 3-5、图 3-6 分别为 2013～2019 年东北三省和各部分发达地区的创新驱动要素指标变化趋势。从时间维度来看，2013～2019 年，东部发达省份的创新驱动力较高，是全国创新驱动力提高的主要动力，但在 2014 年后呈现出缓慢下降趋势。东北三省的各项创新驱动力指标始终保持在较低水平波动。但同时也注意到，在 2014 年国务院出台《关于近期支持东北地区振兴若干政策举措的意见》和 2018 年习近平总书记主持召开深入推进东北振兴座谈会并做出重要讲话这两个时间节点后，东北三省的创新驱动环境指标发生了比较明显的上升。政策上的倾向性极大地改善了东北三省的创新驱动发展的软环境，增强了地方政府和民间对于创新的重视感、认同感和参与感。但囿于其他方面指标的波动，未能强力促进创新驱动力提高。

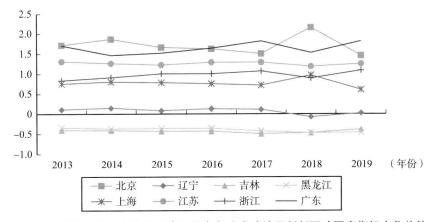

图 3-3 2013～2019 年东北三省以及各部分发达地区创新驱动要素指标变化趋势

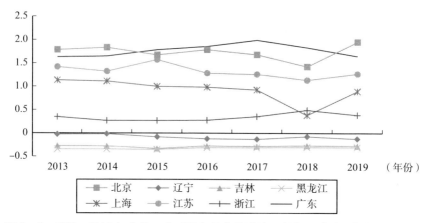

图3-4 2013~2019年东北三省以及各部分发达地区创新驱动过程指标变化趋势

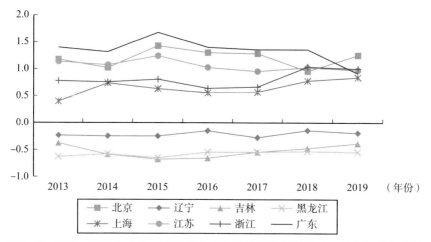

图3-5 2013~2019年东北三省以及各部分发达地区创新驱动环境指标变化趋势

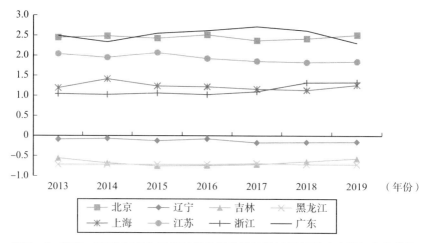

图3-6 2013~2019年东北三省以及各部分发达地区创新驱动力指标变化趋势

四、小结

本节从创新驱动要素、创新驱动过程以及创新驱动环境三方面构建了评价区域创新驱动力的指标体系。通过实证测度了东北三省及其他省份2013～2019年创新驱动水平，研究发现东北三省创新驱动力水平较低，与全国平均水平相比仍然存在较大差距，且2013～2019年并未呈现较大幅度改善。东北三省中，辽宁省和吉林省的创新驱动力呈现"过程薄弱型"特征，黑龙江省则呈现"要素薄弱型"特征。

第四节　东北地区创新资本要素分析

一、东北三省与江苏、浙江、广东三省研发经费内部支出投入强度对比

创新资本是创新驱动第一阶段的必备投入，企业创新投入水平的高低直接决定了区域创新产出能力。依据中国科技统计年鉴数据，建立研发经费内部支出投入强度指标衡量各地区创新资本投入情况。从全国整体情况看，2003～2019年该指标逐年增加，从2003年的0.0112增长到2019年的0.0224，年均增长率达到4.44%。东北三省年均增速均低于全国平均水平，辽宁为2.38%、吉林为-0.16%、黑龙江为1.12%，而江苏、浙江、广东三省均高于全国平均水平，年均增长率分别为5.43%、8.08%、6.02%（见图3-7）。

从各个发展时期看，2003～2013年首轮东北振兴期，辽宁研发经费内部支出投入强度从2003年的0.014增长到2013年的0.023，均高于同期全国平均水平，但年均增速5.15%，低于同期全国平均增速。而吉林省研发经费内部支出投入强度从2003年接近0.013下降至2013年的0.0127，年均增速为-0.23%。黑龙江省2003年研发经费内部支出投入强度仅为0.009，低于全国平均水平，在此期间以4.39%的年均增速增长，2013年为0.0139，显著低于全国平均水平。同期对比江苏、浙江、广东三省研发经费内部支出投入强度，江苏和广东两省在2003年与辽宁和吉林两省的投入强度相近，分别为0.012、0.011，浙江省2003年研发经费内部支出投入强度仅为0.0077，甚至低于黑龙江省投入水平。但是在2003～2013年，江苏、浙江、广东三省研发经费内部支出投入强度以年均7.56%、

11.00%、7.45%的增速高速增长，2013年研发经费内部支出投入强度均超过了吉林和黑龙江两省，与辽宁省水平相近。

2014年开始实施新一轮东北振兴战略，培育创新动能是新一轮东北振兴的着力点。但在全国经济增速放缓、经济下行压力持续加大、产业结构调整的大背景下，东北三省面临着工业失速、需求不足、投资低迷的艰难局面，东北经济进入"寒冬期"。在此背景下，如表3-4所示，2014～2017年东北三省研发经费内部支出投入均呈现下降态势，2014年辽宁、吉林和黑龙江三省的研究经费内部支出投入强度分别为0.0217、0.013、0.0133，而2017年已经下降至0.0198、0.0117、0.0119，低于全国平均水平0.0212。从增速上来看，在此期间，辽宁、吉林和黑龙江为负增长，分别为-3.03%、-3.68%、-3.52%，而全国平均增速虽下降但仍然保持1.52%的增速，浙江、广东两省表现较为突出，在此期间增速保持在2%以上。

2018年习近平总书记考察东北时强调创新是引领发展的第一动力，是东北老工业基地振兴的根本出路。2018年至今，东北三省研发经费内部支出投入强度大幅增长，辽宁和黑龙江两省增速从负增长提高至4.54%、2.97%，吉林省的表现更为突出达到23.8%的年均增速。2019年，辽宁、吉林、黑龙江三省研发经费内部支出投入强度达到0.0205、0.0127、0.0108，仍然低于全国平均水平0.0224，明显低于江苏、浙江、广东三省0.28左右的投入强度。

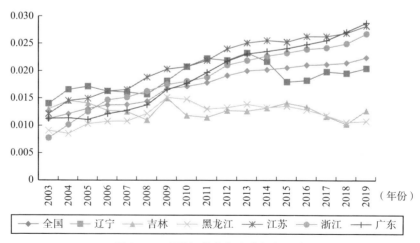

图3-7　研发经费内部支出投入强度

表 3 -4   各时期研发经费内部支出投入强度年均增长率   单位：%

地区	2003～2013 年	2014～2017 年	2018 年至今	2003 年至今
辽宁	5.15	-3.03	4.54	2.38
吉林	-0.23	-3.68	23.80	-0.16
黑龙江	4.39	-3.52	2.97	1.12
江苏	7.56	1.07	4.85	5.43
浙江	11.00	2.13	7.26	8.08
广东	7.45	2.78	6.03	6.02
全国	5.95	1.52	4.86	4.44

2003 年以来，辽宁、吉林和黑龙江三省的研发经费内部支出投入强度变动情况呈现"低增速、负增长、高反弹"的三阶段变动特征。2003～2013 年首轮东北振兴战略实施期，对比江苏、浙江、广东三省，东北三省研发经费内部支出投入强度不高、增速较低，江苏、浙江、广东三省在此期间大幅提高研发经费支出，获得了创新驱动发展的"先发优势"，奠定了其后发展的相对优势地位，此期间可称为东北三省"创新驱动的差距形成期"。2014～2017 年虽然提出以创新发展推动新一轮东北振兴，但是面临东北经济失速、需求减少、投资下降的局面，东北三省创新投入呈现负增长，与江苏、浙江、广东三省差距加大，此期间可以成为东北三省"创新驱动的转型阵痛期"。2018 年以来，东北三省全面推动创新发展，研发经费内部支出投入强度大幅提升，概括为东北三省"创新驱动的发展加速期"。

二、东北三省与江苏、浙江、广东三省研发经费内部支出来源对比①

上文从总量规模上比对了东北三省与江苏、浙江、广东三省研发经费内部支出的变动特征，本节将进一步从经费支出来源的角度进行比较分析，以此探寻东北三省与江苏、浙江、广东三省创新资本投入的典型差别。

科技部、国家统计局的统计数据显示，我国研发经费内部支出主要来自政府资金和境内企业资金，两者之和占比超过 95%。从 2009～2019 年的趋势来看，企业的研发资金投入比例持续增加，体现了我国加强以企业

① 由于数据统计始于 2009 年，故本部份分析仅从 2009 年开始。

为主体的创新体系建设取得了一定成效。

整体上看，东北三省呈现"政府相对强势型"，江苏、浙江、广东三省为"企业绝对强势型"的研发资金投入模式。如图3-8所示，东北三省中吉林和黑龙江省政府资金投入占比在2009～2019年平均达到38.42%、36.9%，明显高于全国平均水平21.26%。且从2016年起，吉林省政府出资占比持续大幅提高，2019年达到57.76%。2014年之前，辽宁省政府出资占比与全国平均水平相近，2014～2016年政府资金占比大幅提升至29.15%，此后逐年下降，但仍高于全国平均水平。而江苏、浙江、广东三省从2009年至今政府资金占比平均为10.02%、8.15%、9.18%，远低于全国平均水平。

从企业研发资金支出占比情况看，如图3-9所示，浙江省从2009年的88.68%持续增加至2016年的91.39%，此后始终保持在90%以上。而东北三省相比于2009年，2019年企业资金占比均呈现一定程度的下降态势，吉林省2019年的企业研发资金投入仅为38.55%。

分阶段来看，2009～2013年东北三省始终保持"政府相对强势型"的研发资金投入模式；在2014～2017年东北经济失速、市场投资低迷的背景下，为实现东北地区创新动能培育，政府研发资金投入大幅提高，"政府相对强势型"的研发资金投入模式得以强化；2018年至今，吉林省"政府强势型"研发资金投入成为绝对主导。

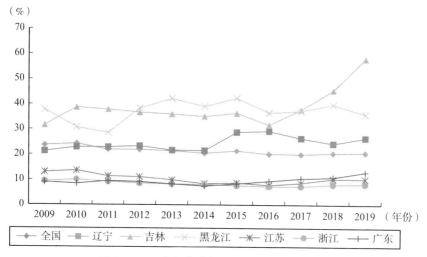

图3-8　研发经费内部支出中政府资金占比

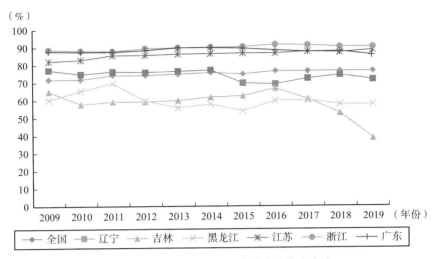

图 3-9　研发经费内部支出中企业资金占比

三、东北三省与江苏、浙江、广东三省研发经费内部支出用途对比

科技部、国家统计局统计的研究与试验发展经费支出统计指标，主要是指全社会实际用于基础研究、应用研究和试验发展的经费支出，包括实际用于研究与试验发展活动的人员劳务费、原材料费、固定资产购建费、管理费及其他费用支出。基础研究指为了获得关于现象和可观察事实的基本原理的新知识（揭示客观事物的本质、运动规律，获得新发展、新学说）而进行的实验性或理论性研究，它不以任何专门或特定的应用或使用为目的。应用研究指为了确定基础研究成果可能的用途，或是为达到预定的目标探索应采取的新方法（原理性）或新途径而进行的创造性研究。试验发展指利用从基础研究、应用研究和实际经验所获得的现有知识，为产生新的产品、材料和装置，建立新的工艺、系统和服务，以及对已产生和建立的上述各项作实质性的改进而进行的系统性工作。

从基础研究、应用研究和试验发展经费支出占比情况看，整体上看我国以试验发展经费支出为主，基础研究和应用研究投入极少。2009～2019年全国试验发展经费占研发经费支出比重平均达到83.69%，应用研究经费支出占比为11.26%，基础研究经费支出占比仅为5.06%。在此期间，我国基础研究经费略有上升，但提升幅度较小，试验发展经费支出仍占据主导地位。

对比东北三省和江苏、浙江、广东三省的研发经费内部支出用途可见，东北三省呈现"基础研究相对强势型"而江苏、浙江、广东三省呈现"应用研究绝对主导型"。从图3-10可知，2009年吉林、黑龙江两省基础研究占比分别为 9.91%、10.46%，远高于同期江苏、浙江、广东三省和全国平均水平。此后，2017 年开始，两省基础研究占比进一步提升，2019 年分别达到 14.1%、18.07%。

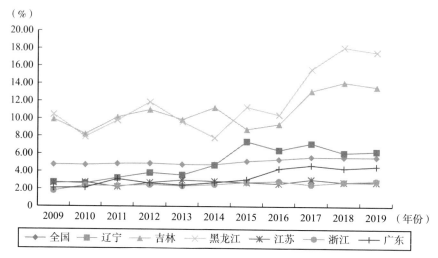

图 3 – 10　研发经费内部支出中用于基础研究比重

四、小结

　　本节从研发经费投入强度、研发经费投入来源和支出用途的角度对比分析了东北三省和江苏、浙江、广东三省的创新资本要素特征。2003 年以来，东北三省研发经费内部支出规模呈现"低增速、负增长、高反弹"的三阶段变动特征，先后经历了 2003~2013 年创新驱动的差距形成期、2014~2017 年创新驱动的转型阵痛期、2018 年至今创新驱动的发展加速期。目前，东北三省研发经费内部支出投入强度虽然仍低于全国平均水平，但呈现高速增长态势。从研发经费内部支出结构来看，对比于江苏、浙江、广东三省，东北三省研发经费内部支出的来源呈现政府投入相对强势的特征，而经费支出中基础研究、应用研究占比相对高于江苏、浙江、广东三省。

第五节　东北地区创新人才要素分析

　　人才是创新活动的能动主体，创新驱动的实质是人才驱动，实施创新驱动发展战略其实质是依靠人才驱动经济发展，只有真正落实到人才驱动上，才能形成最具持续性的发展优势。因此，实现从要素驱动向创新驱动转型，要充分重视人才在创新驱动发展中的关键作用，加大力度引育人才，构建适宜人才全面发展的体制环境。

一、东北三省与江苏、浙江、广东三省人口规模变动趋势

从第六次全国人口普查和第七次全国人口普查的统计结果看，2020 年辽宁省人口占全国比重为 3.02%，吉林和黑龙江分别为 1.71% 和 2.26%。2020 年东北三省人口占全国比重仅为 6.99%，与 2010 年相比减少了 1.19%。而同期来看，江苏、浙江、广东三省总人口占全国比重从 2010 年的 17.72% 提升到 2020 年的 19.5%。而 2020 年常住人口中，东北三省 65 岁以上人口占比均超过了 15%。相比而言，广东省 65 岁以上人口占比仅为 8.58%，是一个具有"年轻活力"的人口大省（见图 3－11）。

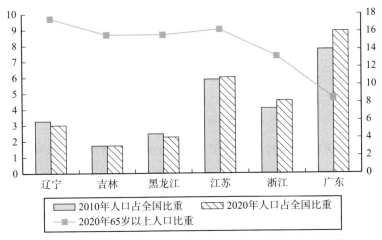

图 3－11　东北三省与江苏、浙江、广东三省人口变动趋势

长期以来，东北三省人口自然出生率低，老龄人口占比高，劳动人口短缺。近年来，东北三省人口外流现象引发热议，而其中高技能劳动力人口外流现象不容忽视。第七次全国人口普查数据显示，辽宁省为东北三省中唯一人口净流入省份，黑龙江和吉林为人口净流出省份，东北三省合计人口净流出近 500 万人。

二、东北三省与江苏、浙江、广东三省人才培养情况对比

1. 高校人才培养规模

从图 3－12 可知，东北三省中辽宁省和吉林省每十万人口高等学校平

均在校生人数从 2004 年至今始终明显高于全国平均水平，也高于同期广东和浙江两省。2014 年之前，黑龙江省每十万人口高等学校平均在校生人数亦高于全国平均水平。2020 年辽宁省、吉林省和黑龙江省每十万人口高等学校平均在校生人数分别为 3487 人、3707 人、2095 人，高于全国平均水平 3126 人。2020 年江苏、浙江和广东则为 3653 人、2704、3175 人。从高校在校生人数看，东北三省可称为"高等人才培养的摇篮"。

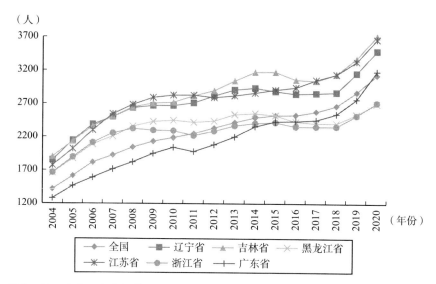

图 3 - 12　东北三省与江苏、浙江、广东三省每十万人口高等学校平均在校生人数
资料来源：国家统计局。

近年来，东北三省出现人才持续外流、"孔雀东南飞"的现象。人才培养难以"落地生根"是制约当前人才培养与创新驱动发展的突出症结。据统计，2014 ~ 2018 年，黑龙江省高校到省外创业和工作的生源毕业生数量约为 25.17 万人，年均流出 5.03 万人。考入省外高校的，仅有 14% 回省就业①。

2. 高等院校构成结构

从图 3 - 13 普通本科院校数量来看，东北三省有着优质的高等教育资源。中央部属高校，辽宁有 5 所、吉林有 2 所、黑龙江有 3 所、江苏有 10 所、浙江有 1 所、广东有 4 所。然而，2003 ~ 2013 年虽然全国普通本科院

---

① 7 年超 164 万人外流：东北人口振兴不能只靠"沈大长"［N］. 21 世纪经济报道，2020 - 09 - 11.

校数处于大幅扩张期，但东北三省普通本科院校数增长幅度均低于全国平均水平，也低于同期江苏、浙江、广东的高校数量扩张速度。2014 年至今，东北三省普通本科院校数量并未呈现扩张态势，而江苏、浙江、广东三省小幅度提高。

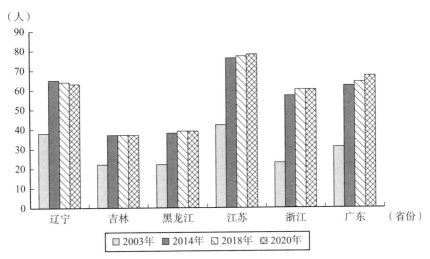

图 3 - 13 东北三省和江苏、浙江、广东三省普通本科院校数

资料来源：国家统计局。

从图 3 - 14 高职（专科）院校数来看，首轮东北振兴期，辽宁、吉林和黑龙江三省高职（专科）院校扩速度远低于江苏、浙江、广东三省。2003 ~ 2013 年，江苏和广东两省分别从 52 所、46 所增长到 83 所、79 所。此后在 2014 ~ 2020 年仍有较大幅度提升。相比而言，东北三省的高职（专科）院校规模扩张速度低于江苏、浙江、广东三省，且在 2014 ~ 2020 年规模近乎保持不变，甚至呈现一定程度的规模收缩。

3. 教育财政经费投入

从教育经费占公共财政支出比重来看，江苏、浙江、广东三省均高于东北三省。2007 年以来，江苏、浙江、广东三省教育经费支出占比平均达到 17.67%，而东北三省仅为 13.42%。2007 ~ 2013 年首轮东北振兴期间，东北三省教育经费支出占比平均为 14.02%，2014 ~ 2017 年下降为 13.11%，2018 ~ 2019 年仅为 11.93%，而江苏、浙江、广东三省 2018 ~ 2019 年为 17.41%（见图 3 - 15）。

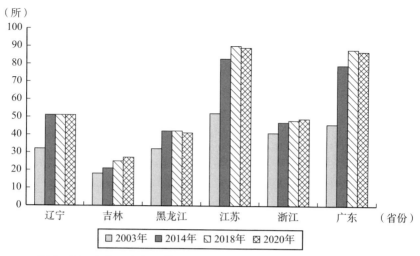

图3-14 东北三省与江苏、浙江、广东三省高职（专科）院校数

资料来源：国家统计局。

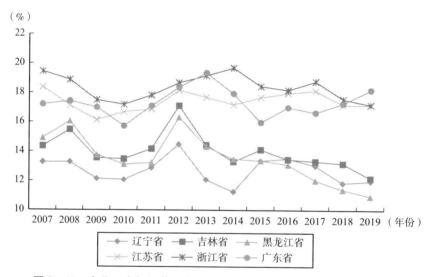

图3-15 东北三省与江苏、浙江、广东三省财政支出中教育经费投入

资料来源：国家统计局。

三、东北三省与江苏、浙江、广东三省研发人员对比

1. 研发人员规模

从国家统计局数据看，2003～2020年，东北三省R&D人员全时当量占全国比重持续下降。2003年辽宁省、吉林省和黑龙江省占比为5.12%、1.78%、3.16%，而2020年下降为2.14%、0.85%、0.84%。与江苏、

浙江、广东三省2003~2020年高速增长的态势相比，形成巨大反差（见图3-16）。东北三省中R&D人员全时当量最高的为辽宁省，2020年为111931.2人年，是吉林和黑龙江的2.5倍，但仅是江苏省的1/6、浙江省的1/5、广东省的1/8。

2003~2013年首轮东北振兴期，辽宁、吉林和黑龙江R&D全时当量增速仅为5.41%、9.44%和6.11%，低于全国平均增速12.43%，更远低于同期江苏、浙江、广东三省16.87%、20.91%、18.26%的增速。2014~2017年，全国R&D全时当量增速趋缓仅为2.82%，江苏、浙江、广东分别为3.93%、5.56%、3.70%，而辽宁、吉林和黑龙江为负增长，增长率分别为-3.73%、-2.93%、-8.87%。2018年至今，全国R&D全时当量重回高速增长阶段，年均增长率为9.30%，辽宁、吉林、黑龙江为8.37%、10.57%、9.08%，与同期江苏、浙江、广东三省的增长率相近。

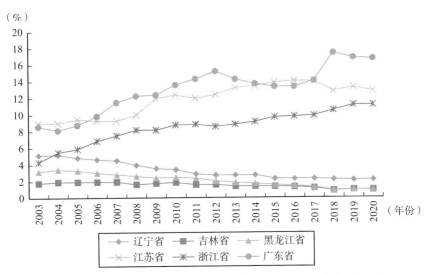

图3-16 东北三省与江苏、浙江、广东三省R&D人员全时当量占全国比重

2. 研发人员结构

从2020年东北三省与江苏、浙江、广东三省基础研究、应用研究、试验发展R&D人员全时当量比例来看，相比于江苏、浙江、广东，东北三省基础研究更占据比较优势，尤其吉林省的基础研究R&D人员全时当量比例超过应用研究和试验发展研究。而江苏、浙江、广东三省试验发展研究人员占据近90%的比例（见图3-17）。

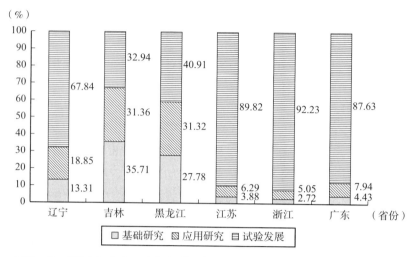

图 3 - 17　2020 年东北三省与江苏、浙江、广东三省基础研究、应用研究、
试验发展 R&D 人员全时当量比例

四、小结

　　本节首先分析了东北三省的人口基本情况，进一步从人才培养和研发人员两个角度对比分析了东北三省和江苏、浙江、广东三省的差别。从人口总量规模上看，东北三省在人口长期外流，老龄化比重较高，劳动人口相对缺乏。从人才培养上看，东北三省虽具有较丰富的高等教育资源，本科高校和本科生在校生人数始终居于全国前列，是人才培养摇篮，但人才本地就业率较低，难以有效留住人才，除此之外，东北三省高职（专科）院校发展较为缓慢，职业型、技能型人才培育不足。从人才应用上看，东北三省研发人员全时当量占全国比重持续下降，2003～2013 年首轮东北振兴期的增速低于全国平均水平，2014～2017 年为负增长阶段，2018 年起东北三省 R&D 人员全时当量重回高速增长期。相较于江苏、浙江、广东三省，东北三省中研发人员从事基础研究和应研究的比重较高。

第六节　东北地区创新载体要素分析

　　创新载体是创新资源的集聚区和利用平台，是连接企业与市场、企业与政府、企业与科研机构的重要纽带，包括产业技术创新联盟、公共技术服务平台、众创空间、孵化器等。

一、东北三省与江苏、浙江、广东三省创新平台规模对比

2020年，东北三省众创空间总计为418家，而江苏、浙江、广东众创空间数量分别为898家、735家、993家，东北三省服务创业团队数量为12906家，低于江苏16208家、浙江14172家、广东19688家。从企业孵化器数量来看，2020年辽宁、吉林和黑龙江分别为93家、94家、198家，江苏、浙江、广东为928家、437家、1079家（见图3-18）。2020年江苏、浙江、广东三省新增孵化企业数量是25553家，是东北三省新增孵化企业数量的10倍。

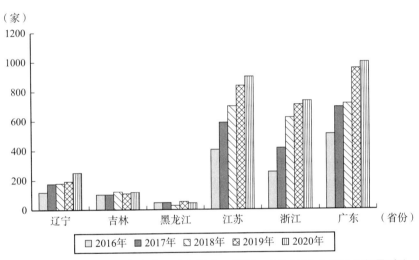

图3-18　2016~2020年东北三省与江苏、浙江、广东三省众创空间数量对比

资料来源：《中国火炬统计年鉴》。

二、东北三省与江苏、浙江、广东三省技术市场成交额对比

创新载体能够有效运转是决定区域创新驱动力的关键环节，技术市场成交额是反映区域创新载体实际运转情况的重要衡量指标。如图3-19所示，2008年，辽宁省、吉林省和黑龙江省技术市场成交额分别为99.73亿元、19.61亿元、41.26亿元。2020年技术市场成交额规模扩大到645.1亿元、462.2亿元、267.8亿元。2008年江苏、浙江、广东三省技术市场成交额总计为257.7亿元，为同期东北三省合计的1.76倍。2020年江苏、浙江、广东三省总计为7279.9亿元，为同期东北三省技术市场成交额的5.29倍。

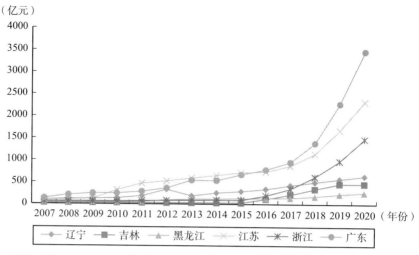

图 3 – 19 2007 ~ 2020 年东北三省与江苏、浙江、广东三省技术市场成交额

资料来源:《中国火炬统计年鉴》。

从技术市场成交额输出与吸纳比的角度看,2020 年辽宁、吉林和黑龙江三省技术输出与吸纳比为 1.56、0.87、1.40,而江苏、浙江、广东三省为 0.94、0.89、0.76。由此来看,辽宁和黑龙江两地以技术输出为主,本地技术市场需求弱,而江苏、浙江、广东三省技术吸纳超过技术输出,本地技术市场需求空间广阔。

三、小结

本节从创新平台和技术市场成交额两个方面对比分析了东北三省和江苏、浙江、广东三省的差距。从创新载体数量看,与江苏、浙江、广东三省相比,东北三省不仅起步低,同时增速慢。创新载体服务创业团队和新增孵化企业数也远低于江苏、浙江、广东三省。从技术市场成交额看,东北三省远低于江苏、浙江、广东三省,且增速较低,同时东北三省的本地市场的技术吸纳能力较弱,技术以对外输出为主。

第七节 东北地区创新发展政策环境分析

一、东北地区创新发展的政策环境

本节就"十三五"以来东北三省各地级市发布的实施创新驱动发展战

略的具体方案、工作措施进行了系统性梳理，以期有益于进一步优化制定东北地区创新驱动发展战略的实施方案，为有效实现创新发展深入推进东北振兴提供现实的政策经验。

自实施创新驱动发展战略以来，辽宁省加快构建自主创新体系，积极发挥科技创新驱动经济结构调整和产业转型升级的动力作用，努力实现新一轮辽宁老工业基地全面振兴。2015 年 8 月辽宁省人民政府制定了《辽宁省科技创新驱动发展实施方案》，明确提出 2020 年全省科技创新能力培育工作的发展目标以及重点工作任务和具体实施措施。为贯彻落实 2017 年《国务院关于强化实施创新驱动发展战略进一步推进大众创业万众创新深入发展的意见》精神，进一步优化创新创业生态环境，激发创新创业人才的创造潜能，推进大众创业万众创新在重点领域深入发展，结合创新能力培育的实际情况，2018 年 3 月辽宁省政府出台了《辽宁省强化实施创新驱动发展战略进一步推进大众创业万众创新深入发展的政策措施》重点强调了加快科技成果转移转化、拓展科技型企业融资渠道、推进知识产权运用和保护、强化人才激励机制以及优化创新创业环境。2022 年 2 月，辽宁省出台了《辽宁省"十四五"科技创新规划》明确了构建沈大"双核"引领发展的全域创新格局等十项重点任务；提出到 2025 年推动辽宁在全国现代化建设中走在前列，高水平创新型省份建设取得重要进展，初步建成具有全国影响力的区域科技创新中心的发展目标。

吉林省为贯彻落实《国家创新驱动发展战略纲要》和全国科技创新大会精神，深入实施创新驱动发展战略，推动以科技创新为核心的全面创新，加快形成以创新为主要引领和支撑的经济体系和发展模式，促进产业转型升级，实现新一轮吉林老工业基地全面振兴。2016 年 8 月出台了《吉林省委省政府关于深入实施创新驱动发展战略推动老工业基地全面振兴的若干意见》，明确提出了吉林省实施创新驱动发展战略总要求、基本原则和主要目标。随后又出台了具体的实施办法，如 2018 年发布完善新型研发机构建设、实现县域创新驱动等在微观层面的具体办法；2019 年发布推动创业创新高质量发展、打造"双创"升级版的建设途径。

黑龙江省 2016 年发布了全省"十三五"规划纲要，其中第二章提出了 2020 年全省实现提高科技创新驱动能力以及促进科技成果转化落地的具体目标。2016 年对科技企业孵化器和众创空间发展提出了指导意见。2017 年黑龙江省人民政府就如何进一步推进大众创业、万众创新制定了实施意见。2021 年印发《黑龙江省"十四五"科技创新规划》，明确了到

2025 年创新驱动发展取得新突破，创新驱动内生动力全面激活，科技整体实力和创新能力实现全面跃升，进入创新型省份行列的发展目标。

在省级创新驱动战略规划下，各地级市从自身产业发展的实际情况出发，紧紧依托主导产业，陆续制定出台各市创新驱动发展的规划纲要、实施方案、工作细则等，积极探索构建以企业为主体、市场为导向、产学研相结合、具有特色的自主创新体系。表 2-5、表 2-6 和表 2-7 分别为辽宁省、吉林省和黑龙江省的部分城市代表性的创新驱动战略实施方案。

从东北三省，各省市为落实创新驱动发展战略颁布的政策措施可以发现，各地政府已经构建了多层次、多方面、多环节的培育区域创新动能的政策支撑体系。从政策手段看，既有直接的财政资金投入，也有间接的法治环境建设和文化引导；从政策内容看，既有致力于创新要素集聚的引才、引资政策，也有促进科技成果转化的创新平台建设政策，还包括与创新环境相关的法治环境和"双创"文化建设相关的具体措施。

对比来看，2016 年各级政府制定的创新驱动实施方案呈现以下突出特征：在政策目标上，各级政府以研发投入数量、专利申请授权数量、科技项目数量为发展目标，政策目标多为数量型硬性指标；从手段方式看，多以政府主动决策为主，通过政府主导科技项目等方式培育区域创新动能。随着创新驱动战略实施进程的不断深入，各地政府的创新政策越来越强调市场和企业对于创新动能培育的主体地位，逐渐明确了政府在培育创新动能中的职能定位。2017 年、2018 年各地政府逐渐将政策重点、政府工作重心落于构建创新资源共享平台、创新成果转化平台以及法治环境和区域创新环境建设上。

二、小结

本节通过梳理"十三五"以来辽宁、吉林和黑龙江省地级市层面创新驱动战略实施的方案、工作措施等（见表 3-5～表 3-7），发现各级政府已经充分认识到实施创新驱动发展战略、实现东北经济转型的必要性和重要性。从政策措施具体内容看，各省市依托主导产业优势，积极拓展创新资本投入来源，不断完善人才引育激励体系，全方位搭建创新合作与交流平台，规范政府行为，完善法治建设，弘扬创新文化，努力构建以企业为主体、市场为导向、产学研相结合的区域创新体系。

表 3 – 5　辽宁省部分地级市创新驱动战略实施方案

实施方案	主要目标	重点工作任务	工作及保障措施
本溪市创新驱动实施方案（2015）	到2020年，迈入全省创新驱动发展的城市行列，把本溪市打造成国家自主创新示范区的重要自主创新区域。"十三五"规划目标全面实现，将本溪市建成以绿色钢都、中国药都和枫叶之都著称，具有可持续发展和极具核心竞争力的数字化健康城市	（1）强化企业自主创新能力（选择支持30户大型企业，通过委托研发和购买知识产权，加速创新资源向企业集聚，提升企业自主创新能力；选择50户科技型中小企业，综合运用各种有效手段，支持开展自主创新行动。支持高新技术企业进行重点扶持；引进一批实力雄厚的创新型企业；多层次地引进国内外人才；实施产业发展相配套的产业发展基金； （2）实施人才引进培养工程（构建高端人才创新创业平台，加强人才培养平台建设；实施各类人才能力提升行动）； （3）实施金融活力创新工程（成立和引入与我市产业发展相配套的产业发展基金； （4）实施创新平台建设工程（绿色钢都、中国药都、枫叶之都、现代农业以及智慧城市创新示范工程； （5）实施药都创新示范工程	（1）强化组织领导（以市长为组长，各分管副市长为副组长，相关部门为成员单位的创新驱动工作领导小组； （2）强化工作机制（建立月调度、季分析、半年总结、年度考评的工作机制）； （3）强化政策落实（改革行政审批制度，推行"权力清单"制度，明确"负面清单"，出台"责任清单"）； （4）强化舆论宣传（营造"鼓励创新、宽容失败"的创新氛围）； （5）强化考评督导（将创新战略实施情况纳入干部考评指标）
《鞍山市人民政府关于印发鞍山市科技创新驱动发展实施方案的通知》（2016）	到2020年，构建起与产业发展相适应、创新资源高效集成的自主创新体系。全市研发投入总额翻一番，每万人发明专利拥有量达到7.8件，战略性新兴产业主营业务收入占规模以上工业主营业务收入20%	（1）建设产业技术创新体系（产业技术创新平台、院士专家工作站和国家工程研究中心）； （2）推进传统产业转型升级（钢铁、装备制造业、菱镁新材料、化工、消费品工业）； （3）培育战略性新兴产业（电子信息制造业如LED显示屏、移动互联网云数据中心、高端装备制造业、新材料等）； （4）促进现代农业创新提升（种子创新、农业关键技术攻关、农村科技特派行动）； （5）壮大科技服务业（科技资源交易网络服务平台、科技大市场建设、研发平台、科技孵化器、产学研平台）； （6）促进"大众创业、万众创新"（众创空间建设、大学生创业引领计划）； （7）推进科技惠民工程（公民科学素质、科普基地、科技公共服务凭条）	（1）推进科技成果转化（深化产学研合作）；国际交流与合作（政科研项目和资金管理、科技成果市场定价机制、科技创新统筹机制）；改革科技管理体制（政科研项目和资金管理、科技成果市场定价机制、科技创新统筹机制）； （2）加大人才引进培育力度（"千人兴业"计划引进高端人才，引进海外高端人才和国外智力，完善人才激励与兑现政策，发展职业教育）； （3）形成创新创业氛围（完善知识产权，促进科技金融融合，建立中小企业公共技术服务平台）

实施方案	主要目标	重点工作任务	工作及保障措施
朝阳市创业创新工作方案（2018—2020）	力争到2020年，创建省级创业创新孵化示范基地8家以上；建立200人以上的"双创"基地导师团队；"双创"基地均建立党团组织、工会机构，发展壮大30家具有"互联网+"领军作用的创新型企业；"双创"基地累计带动就业4000人	（1）打造创业创新基地品牌（采取向上争取资金、政府投入与社会资本相结合的方式支持"双创"基地建设）； （2）着力培育创业创新精神（开展创业高峰论坛）； （3）建立创业创新导师团队（创业创新指导专家库）； （4）规划创业创新基地布局（按照特色产业项目区、科技项目研发区、域外项目引进区分类）	（1）落实"双创"政策（担保贷款补贴政策、知识产权保护、人才流动、成果转化）； （2）打造"双创"支撑平台（众筹平台支持"双创"发展）； （3）建设农民工返乡创业基地（家庭农场林场、农村电商平台）； （4）构筑创新载体建设新格局（股权激励科研人员入住孵化基地）； （5）引导毕业生、企业成长计划（创业补贴、柔性引才）； （6）营造创业创新浓厚氛围； （7）强化创业领导、协调和考核机制
《沈阳市促进科技成果转移转化行动方案》（2017）	到2020年，创建15个省级以上技术转移示范机构、培育500名专业技术转移人才、推动500项重大科技成果转化应用、高新技术企业达到1000家，各类孵化机构在孵企业数量超过5000家、技术合同交易额突破300亿元	（1）开展科技成果信息汇交与发布； （2）促进产学研协同开展科技成果转移转化（建立校（所）地协同创新机制、产业创新战略联盟）； （3）激发科技人员成果转移转化动力（建立技术市场信息网络转化）； （4）完善科技成果转移转化服务平台（建立技术市场信息网络、搭建科技成果跨区域转移服务平台、培育技术市场）； （5）建立多元化科技成果转移转化融资渠道（发挥政府科技创新专项资金对科技成果转移转化的引导作用、天使投资人和创投机构）	（1）建立监测与评估机制，加强跟踪检查与考核评估； （2）改革管理方式，深入推进简政放权、放管结合、优化服务，加强事中事后监管； （3）强化法治保障，加强技术市场行政执法、规范技术市场秩序； （4）建立技术信用体系，加强宣传引导，弘扬创新文化

实施方案	主要目标	重点工作任务	工作及保障措施
《大连市贯彻落实全面实施创新驱动发展战略加快建设东北亚科技创新创业中心意见2018年工作计划》(2018)	到2018年,自主创新能力显著增强,全社会研究与试验发展(R&D)经费支出占地区生产总值(GDP)比重达到2.4%,高新技术产品增加值增长15%,技术交易额达到150亿元,每万人口发明专利拥有量达到18件,科技进步贡献率达到58%,知识产权保护水平显著提高,国家自主创新示范区建设持续推进,东北科技创新中心建设取得重要进展	(1) 发挥自创区核心带动作用; (2) 全面优化科技和产业布局; (3) 强化企业和高校院所创新主体地位; (4) 提高全球配置创新资源能力; (5) 构建面向企业的科技创新公共服务体系; (6) 营造鼓励创新创业良好环境	(1) 加强组织领导(建设东北科技创新中心及创新型城市工作领导小组和大连市科技创新专家咨询委员会;将科技创新布局纳入城市总体规划); (2) 强化考核监督(研究建立科技创新、知识产权与产业发展相结合的创新驱动发展评价指标,纳入党政领导干部政绩考核办法); (3) 加强人才保障(培养和引进高层次人才和急需紧缺人才;在人才的住房、教育等关键环节制定更有效的政策措施;实行科技人员分类评价); (4) 加大科技投入(探索财政科技资金通过股权投资、风险补偿、银政企合作贴息、政策性补贴和奖励等多元化手段支持科技创新); (5) 建立宽容创新失败、鼓励创新失败、未达到预期目标的,不作负面评价); (6) 强化舆论引导(解读科技创新政策,重点建设升级"大连市科协网站"等网络平台)

表 3-6

吉林省部分地级市创新驱动战略实施方案

实施方案	主要目标	重点工作任务	工作及保障措施
《中共通化市委、通化市人民政府关于深化体制机制改革加快实施创新驱动》(2016)	到2020年全社会研究与开发（R&D）经费占地区生产总值的比重达到1%，高技术制造业增加值达到550亿元，创新创业平台达到100家	(1) 科技创新（一是推进科技管理体制机制创新，二是完善适应创新要求的科研体系，三是建立技术创新市场导向机制）； (2) 产业创新（一是推进产业技术改造升级，二是加快培育新兴产业及现代服务业，三是推进产业集群化、融合式发展）； (3) 业态创新（一是实施"互联网+"行动计划，二是加快发展服务外包产业，三是加快发展电子商务发展）； (4) 区域创新（一是推动开发区协同创新，二是推进县域经济转型升级）； (5) 开放创新（一是构建建对外开放格局，二是深化对外经济技术合作）	(1) 加快人才建设（创新引用人才编制体系建设）； (2) 强化政策支撑（落实国家和省里对企业技术创新的支持政策，建立重大技术装备认定奖励和保险补偿机制）； (3) 健全激励措施（科技成果转化所得收入全部留归单位，纳入单位预算，实行统一管理，处置收入不再上缴国库）； (4) 营造优良环境（深化行政审批制度改革，加大知识产权保护和监管力度）
《白山市引进和扶持高层次人才创新创业优惠政策》(2016)	到2021年，规上工业增加值中高新技术产业比重达到16%以上。推进重点一批创新人才。推进重点长白山职业技术学院建设"万人大学"，引进高水平创新团队，培养实训型、实用型、发展型人才，为创新发展提供大智力支撑	主要引进和扶持高层次人才，尤其是目前在白山市域外工作、生活、学习，经办理有关手续，来白山主要从事创新创业的各类高层次人才（创新型人才、创业型人才、紧缺型人才）	(1) 税收减免返还，给予创业贴息补助，给予研发支持资金； (2) 资助研发团队建设，扶持创业平台建设； (3) 实行增量奖励，实行上市融资奖励，重奖贡献突出的组织和个人； (4) 提供创业场所，放宽职级职称政策； (5) 提供住房保障，给予生活补贴，协助配偶安置，落实户口迁移； (6) 优先推荐参与评选，优先采购产品

实施方案	主要目标	重点工作任务	工作及保障措施
《中共四平市委四平市人民政府关于实施高层次人才创业创新"四平英才计划"的意见》(2016)	打造区域性人才政策高地，吸引和激励域外高层次人才来平创业创新，对制约产业发展的重大难题进行全力攻坚，释放发展活力，破解发展瓶颈，切实提升产业竞争力和企业科技创新能力	(1) 产业创业项目（主要指高端装备制造、绿色农产品加工、战略性新兴产业以及物流、特色旅游、金融、电子商务等现代服务业发展方向）； (2) 技术创新项目（主要指由企业等单位发起，促进企业自主创新，技术升级改造的关键性引进域外高层次人才，通过企业自主创新或柔性引进人才攻关活动）； (3) 管理创新项目（主要指由企业通过全职或柔性引进具有国内外知名企业工作经历、熟悉相关领域高层次人才，经营管理业绩突出，有较丰富工作经验的域外高层次人才，破解企业管理难题的管理创新活动。企业近三年年均纳税一般不低于500万元）； (4) 公共服务项目（主要指市委、市政府统一组织招聘，依据《事业单位急需紧缺人才专业需求目录》，由市直事业单位引进全日制硕士、博士的引才活动）	(1) 产业创业项目扶持政策：创业启动资金扶持，贷款及贷款贴息扶持，财力贡献奖励； (2) 技术创新项目扶持政策：科研项目扶持，院士工作站扶持； (3) 管理创新项目扶持政策：全职引进人才，柔性引进人才； (4) 公共服务项目扶持政策：编制待遇，调任提拔，职级职称、奖励，柔性引进人才；生活补贴，住房补贴，服务保障
《关于白城市促进开发区（园区）改革和创新发展的实施细则》(2018)	以促进开发区高质量发展为目标，以体制机制改革创新为突破口，全面提升开发区转型发展创新发展的能力和水平，努力把开发区改革成为全面深化改革的先行区和创新开放的发展领域，对外开放发展区，为全面建设更高质量小康社会做出更大贡献	(1) 创新体制机制，增强发展活力（有序推进整合优化、完善开发区管理体制，提高开发区管理效能，深化人事薪酬制度改革； (2) 集聚创新资源，培育内生动力（培育高端装备、新能源、新材料等战略性新兴产业（工业集中区），聚焦"数字吉林"大力发展数字经济，提升省级开发区"飞地经济"合作，企业参与、园区共建、共享政府引导； (3) 坚持节约集约，推动绿色发展（提高土地集约利用推进节约集约、绿色循环发展； (4) 深化交流合作，提升开放水平（加大招商引资力度，优化营商环境，打造开放新平台；	(1) 强化政策支持，提供有力保障：加大财政支持力度，落实财税优惠政策；强化考核和动态管理； (2) 加强组织领导，推进开发区创新发展；统筹推进开发区创新发展，建立激励机制和容错机制，为开发区干部事创业创造良好条件

表3－7　黑龙江省部分地级市创新驱动战略实施方案

实施方案	主要目标	重点工作任务	工作及保障措施
《鹤岗市关于深化人才发展体制机制改革的若干意见》(2016)	为深入贯彻落实习近平总书记重要讲话精神、省委省政府关于深化人才发展体制机制改革文件精神，破除束缚人才发展体制机制障碍，激发人才创新创造创业活力，为推进全市经济社会发展提供坚强的人才支撑	(1) 落实上级人才政策; (2) 企业人才引进（鼓励支持企业全职引进人才，积极推动企业柔性引进人才; (3) 事业单位人才（支持社会事业人才引进，实施职称评聘向优秀人才倾斜;改进事业单位编制人员管理模式，实施科技成果转化，鼓励科技创新创业平台建设，鼓励科技成果加快转化）; (4) 平台建设科技成果加快转化（支持创新创业平台建设、实施科技成果加快转化）; (5) 建立重点领域人才培养机制（实施创新型企业家培育计划、实施技术技能人才培养计划、实施"鹤城科技英才"支持计划、实施农村实用人才培养计划、实施"双创"引领大学生青年"双创"引领计划）;	(1) 建立人才服务保障机制; (2) 为企业招才引智搭建平台; (3) 为人才提供有效服务（在政务服务中心设立人才服务窗口，开通人才服务热线，为人才提供"一站式"服务）; (4) 完善人才住房保障（根据不同层次人才住房需求，采取人才公寓、发放租房补贴的方式为人才提供住房保障）; (5) 建立人才发展资金投入制度; (6) 建立人才资金管理使用办法（实行人才资金项目化管理和使用情况年度报告制度）
《中共哈尔滨市委哈尔滨市人民政府关于深化科技体制改革加快高新技术成果产业化的实施意见》(2016)	到2020年，全市专利申请量年均增长10%以上，发明专利申请量和企业专利申请量比同步提升到50%左右。全社会R&D经费支出占GDP的比重达到2.5%以上，企业R&D经费支出占全社会R&D经费支出的比重达65%以上，哈尔滨进入国家创新型城市行列	(1) 深化科技体制改革创新（完善科技经费管理制度、创新科技专项资金使用方式）; (2) 推动产业转型升级（引导企业加大研发投入，支持中小微企业创新发展，鼓励科技招商）; (3) 加快科技成果转化（支持新型科技成果研发建设，支持高校科研机构建设、支持产业技术研究院，加强国际科技成果转化平台建设）(所); (4) 加快科技创业孵化载体建设（鼓励支持社会力量创办科技企业孵化器，支持科技企业创业孵化器（含众创空间）提档升级）; (5) 提升专利工作服务水平（鼓励专利转化运用，做大科技担保资金规模、加强国际科技创新创业服务平台建设）	(1) 强化对科技创新工作的组织领导; (2) 强化对科技创新工作的规划指导; (3) 强化对科技创新工作的财政投入; (4) 强化对科技创新工作的监督考核; (5) 强化科技创新工作的环境建设

实施方案	主要目标	重点工作任务	工作及保障措施
《鸡西市2017年科技创新驱动工作方案》（2017）	到2017年末，初步建成企业为主体、市场为导向、产学研用紧密结合的创新体系，加快科技成果向现实生产力转化。全社会研究与开发（R&D）经费支出占地区生产总值（GDP）比重提高到0.3%以上，每万人发明专利拥有量达到0.6件，高新技术产业增加值占GDP比重达到5%	(1) 加快建设产业技术创新体系； (2) 全面实施科技型企业三年行动计划； (3) 大力推进高新技术产业加快发展（石墨精深加工产业、煤炭精深加工产业、绿色食品产业、生物医药产业、机电产业）； (4) 全力促进现代农业创新提升； (5) 培育壮大以科技孵化器为重点的科技服务业； (6) 加快发展众创空间； (7) 加快推进科技成果转化基地； (8) 实施知识产权强市战略	(1) 加强对科技创新工作的组织领导； (2) 深化科技管理体制改革； (3) 加大激励政策支持力度； (4) 加强科技创新人才引进培养：加大人才引进力度，加强人才培养，完善人才激励机制； (5) 促进科技金融深度融合
《牡丹江市促进科技企业孵化器和众创空间发展三年行动计划(2017—2019)》（2017）	未来三年，聚焦全市主导产业、战略性新兴产业和"四路"创新创业大军，建成"2+3+4+5"孵化器和众创空间发展格局。即争创国家级众创空间2家，争创国家级科技企业孵化器2家，重点打造省级示范孵化器和众创空间4家，到2019年，全市科技企业孵化器和众创空间各达到50家以上，孵化面积50万平方米以上，在孵企业500户以上，新增创新创业毕业企业50户以上，创新创业孵化载体建设取得突破性进展	(1) 加快建设孵化器、众创空间； (2) 突破发展瓶颈（各地、各部门要进一步强化创新服务职能，深入挖掘区域领域的资源与条件优势，采取有力举措，释放政策叠加效应，加快解决孵化器、众创空间发展面临的技术支撑、市场信息、人才引进、资金需求和资源）	(1) 建立联席会议制度（建立科技企业孵化器和众创空间发展三年行动计划工作联席会议制度，形成以各县（市）区、开发区为主体，市科技局牵头，其他相关部门协同推进工作机制； (2) 着力推进运营规范创新； (3) 加快完善运营管理； (4) 大力提升服务功能

第八节　东北地区创新发展文化环境分析

文化是引领人们行为选择的思想观念和意识形态，相比于政策环境，文化环境是人们行为决策的柔性激励。有导向性地构建创新创业的社会文化环境，重视创新发展的重要意义，推动社会认知与价值观体系建设，能够形成促进创新发展的精神动力。

一、东北文化的典型特征

地域文化是自然地理条件、政治活动、经济发展的综合体现，具有多重属性的特征。文化既彰显了鲜明的时代性又体现了历史的累积性，既有适应新时代发展所需要的积极文化也有阻碍社会进步的文化桎梏。整体来看，东北地区文化呈现以下典型特征。

1. 热情淳朴、团结协作

新中国成立伊始，经济发展与社会事业基础薄弱，为了快速构建我国工业体系，国家凭借计划体制举全国之力在东北地区建设新中国的工业基地。在这一时期形成的"北大荒精神""铁人精神""雷锋精神"成为深植于当代东北文化的精髓之源，形成了东北人善良、热情、重感情、讲义气、有人情味的精神风貌。在经济社会发展中，东北人热情好客，能够以开放的姿态吸收与融合多元文化，有利于吸引全国各地人才来东北就业、安家，有助于东北地区吸引集聚人才。东北人团结协作，具有极强的集体主义精神，这一方面有助于开展合作，实现共赢发展；另一方面，在某种意义上阻碍了个人的竞争意识，使"搭便车"等机会主义行为广泛存在于监督机制不健全的体制中，制约了东北经济效率的提升和市场竞争机制的有效发挥。

2. 小富即安、思想保守

"一两黑土二两油，插根筷子能发芽"的东北黑土地，一直以来都是我国自然资源丰富、生产生活环境适宜的地区，相对富足的自然禀赋条件为东北地区小农社会发展模式的形成提供了物质基础。但与此同时，相对优渥的生存环境使得生活在东北的人民缺少竞争与挑战的物质激励，养成了小富即安、小得即满的生活态度。东北人安于现状、缺少进取精神不利于东北地区培育"闯敢创"的创新创业精神，一定程度地阻碍了东北地区创新动能的培育。

3. 重义轻利、崇拜权力

一直以来，东北人粗放豪爽、讲义气、重感情，人与人之间处事更看重"义字"原则而非契约规则。东北地区属于典型的人情社会，这通常表现为社会交往中的"潜规则"胜于"明规则"，"人治"胜于"法治"。在小规模生产的农耕型社会中，人与人之间凭借关系感情就能够形成强关系，有助于实现牢固的合作共赢模式，是组织社会生产的有效方式。但在大规模生产的工业社会中，人们之间以弱关系相连。如果不尊重法律规则、不具有契约精神，道德风险和机会主义行为便会泛滥，从而提高了社会资源配置的交易成本，阻碍了市场机制配置资源效率的发挥。与此同时，长期以来的"人治"高于"法治"的思想观念加重了东北人民对于权力与"权威"的过分崇拜、不利于挑战精神和创新精神的培育。

二、创新驱动发展对重塑东北文化的期待

培育东北创新动能与实现创新驱动东北老工业基地振兴，必须充分发挥文化的软性激励作用。因此，重新审视东北文化的典型特征，去其糟粕取其精华，应从两大方面重塑东北文化：其一，着力构建竞争与合作相结合的市场经济文化；其二，培育具有科学理性和以人为本的创新文化。

竞争与合作相结合的市场经济文化是东北地区实施创新驱动发展的精神动力。东北文化中"官本位"思想、集体主义观念以及缺乏契约精神等，阻碍了市场经济文化的形成。构建以效率为导向的市场经济文化能够从多方面有利于创新驱动力培育：首先，市场经济文化中的竞争意识有助于培育经济主体的拼搏精神和进取精神，是主动寻求创新发展的外在动力；其次，市场经济文化中的合作精神能够促进创新主体间、区域间以及国际创新要素有效流动，发挥创新优势，整合创新资源，形成协同互助的共创、共享模式；最后，契约精神是开展创新活动与创新成果市场化和产业化的制度保障，去除"官本位"思想能够减少权力腐败等社会分利行为，从而有效激励创新行为的产生。

科学理性和以人为本的创新文化是东北地区实施创新驱动发展的智力源泉。科学理性精神表现为热爱科学，重视知识，尊重人才，鼓励创新，容忍失败等社会观念，形成的有利于创新发展的社会氛围。同时，以人为本的思想能够为创新驱动提供人才要素支撑。创新发展离不开人才，要从思想、文化上转变崇尚资源、投资驱动经济发展的观念，以人为本、重视人的全面发展，才能充分调动人才的积极性，发挥人才的潜能，为东北实施创新驱动发展战略注入新的活力。

三、小结

本节从文化环境建设方面，总结了东北文化的典型特征，并从构建竞争与合作相结合的市场经济环境、培育具有科学理性和以人为本的创新文化两个方面提出了创新驱动发展对东北文化的期待。

第九节　以创新发展深入推进东北振兴的政策建议

本章论证了创新驱动是实现东北振兴的根本出路，通过评价 2013～2019 年东北三省创新驱动力水平发现，东北三省创新驱动力较弱，且各省份具有不同的薄弱环节。进一步，本章比较分析了影响东北创新驱动水平的资本要素、人才要素、创新载体、政策环境和文化环境因素。

总体上看，2003 年以来，东北三省创新资本和人才要素投入呈现"低增速、负增长、高反弹"的三阶段变动特征，形成了 2003～2013 年创新驱动的差距形成期、2014～2017 年创新驱动的转型阵痛期、2018 年至今创新驱动的发展加速期。目前，东北三省研发经费内部支出投入强度虽然仍低于全国平均水平，但呈现高速增长态势。相比江苏、浙江、广东三省，东北三省研发经费内部支出的来源呈现政府投入相对强势的特征，而经费支出中基础研究、应用研究占比相对高于江苏、浙江、广东三省。东北三省无论是从高校资源还从在校生人数看，可称为"人才培养摇篮"，但人才本地就业率较低，难以有效留住人才。除此之外，创新载体建设规模和服务创新企业数量均低于江苏、浙江、广东三省，仍有较大提升空间。从政策环境看，东北三省政府已经充分认识到实施创新驱动发展战略实现东北经济转型的必要性和重要性，各省市依托主导产业优势，积极拓展创新资本投入来源，不断完善人才引育激励体系。从文化环境看，东北文化中具有热情淳朴、团结协作，小富即安、思想保守，重义轻利、崇拜权力的典型特征，实施创新驱动发展战略需要传重塑东北创新型文化，着力构建竞争与合作相结合的市场经济文化，培育具有科学理性和以人为本的创新文化。

基于上述分析，为进一步提高东北创新驱动力，本节从拓展资金来源渠道、完善人才激励机制、搭建科技大市场、创新体制机制、弘扬"双创"精神等方面提出了具体对策建议。

一、拓展资金来源渠道，促进创新资本流动

加强政府财政资金的引导作用。拓展各类金融机构对"双创"主体的信贷支持力度，通过"互联网＋"撬动民间资本，发挥众筹力量。政府财政补贴主要投入于基础研发领域，发挥支撑作用；而在应用性研发领域，政府财政资金应该发挥政策引导作用，以各类金融机构和民间资本为主体，鼓励其积极投入于"双创"活动。与此同时，人民银行通过再贷款、再贴现等货币政策工具引导金融机构加大对科创型小微企业贷款的政策倾斜。

推进资本市场融资服务。建立区域股权市场平台，利用奖补政策，推动双创企业进入资本市场后备企业库。探索建立财政固定投入机制，加强对入库企业的资本市场培训、对接和路演工作，筛选优质企业到新三板挂牌融资。

完善融资担保体系。充分发挥政府性融资担保机构的行业主力军作用，重点发展大型融资担保机构，拓展担保服务领域。积极创新金融产品和工具。完善对中小科技企业贷款的政府风险补偿机制，加大对"助保贷"产品的支持和推广力度，提高知识产权质押融资风险补偿基金使用效率。

二、完善人才激励机制，引进培育创新人才

实行全方位人才引进政策，创新柔性引才方式。首先体现为：引才用才不拘一格，欢迎海内外、各行业、各层次的优秀人才来东北创业、就业，避免将"三引三回"等引才政策演变为具有地域歧视性的人才政策。加大用人机构如高校、科研院所、企业引才用才的自主权。除此之外，引育人才不能仅以薪资待遇为抓手，应该建立以人为本、适于人全面发展的人文环境，充分整合社会保障、教育、医疗资源以及尊才、重才的社会人文资源。完善人才发展保障政策，营造风清气正的人才发展环境。充分发挥市场机制的人才资源配置作用，构建统一、开放的人力资源平台和人才市场体系。建立国际人才引进一站式服务计划。完善引进人才出入境、落户、长期居留、养老、住房、就医、子女入学、配偶安置、创业扶持等配套措施。

持续提升本地人才创新竞争力。鼓励高校、科研院所和企事业单位着重培养一线创新人才和青年科技人才，鼓励支持青年科技人才更广泛地参加国际学术交流合作，参与科研成果转化。激励和促进各类人才服务重点

产业、重大项目、骨干企业。重视企业家在创新创业中的重要作用，大力倡导企业家精神，下大力气培养一批有竞争力的本地企业家。

加强专科（高职）院校发展，促进实体产业转型升级。东北三省应该基于本地实体产业转型升级需要，加快专科（高职）院校建设，统筹产业发展和人才培养开发规划，加强产业人才需求预测，加快培育重点行业、重点领域、战略性新兴产业人才，为本地企业培养具备专业知识、信息化技能以及创新能力的高水平专门人才，以人才为源头活水推进东北三省"原字号"产业延链、补链，"老字号"产业改造升级，"新字号"产业迸发活力。

完善创新评价制度体系，建立有效的人才晋升机制。改进完善科研院所和高校人才考核评价制度，建立健全以创新能力、质量、贡献为导向的人才评价体系。完善科研人员收入分配政策，实行以增加知识价值为导向的激励机制。探索建立政府、社会组织、公众等多方参与的评价机制，拓展社会化、专业化、国际化评价渠道。对在科技创新工作中业绩突出、成果显著的科研人员，可打破学历、任职资历要求，破格晋升职称，实施以科技创新成果为导向的评价机制，提高科技成果转化在职称评定和绩效分配中的权重系数。

三、搭建科技大市场，实现平台高效运作

东北三省均存在较为严重的科技成果转化能力不足问题，对此政府必须明确职能定位，减少行政立项，进一步推动产学研合作，以市场需求为导向，开展自主创新项目，构建开放、高效的资源共享平台，需求共享平台，降低市场交易成本，提高科技成果市场化效率。

加强科研基础设施建设。统筹建立东北三省共享的科技创新资源平台，尤其是在高端装备制造、新材料、新能源、节能环保、新能源汽车等领域组建产业共性技术创新平台和技术创新综合服务平台。实施重点基础研究工程，推进航空发动机、量子通信、智能制造、机器人、深空深海探测、新材料、洁净能源、生命健康等重点领域前沿技术创新。依托国家自然科学基金区域创新发展联合基金和省自然科学基金联合基金，建立和完善政府投入为主导的基础研究多元化投入体系。完善高水平大学和科研院所专业和学科设置，积极引入境内外高等学校、科研院所等创新资源。鼓励企业开展基础性前沿性创新。重点推动辽宁省工业人工智能产业技术创新研究院、中国航发燃气轮机技术研发平台等一批新型研发机构建设。

建立东北三省的科技成果信息系统。加强科技成果数据资源开发利

用，实现科技成果与转移转化、资本化、产业化等环节的高效对接，推进科技成果就地转化，力争域外科技成果在东北转化。争创国家科技成果转移转化示范区，创建国家重大专项成果转移转化试点示范基地，推动重大科技成果在东北转化。高标准建设东北科技大市场，打造国内枢纽型技术转移转化中心。建设科技成果中试工程化服务平台，探索风险分担机制。探索职务科技成果所有权改革。加强专业化技术转移机构和技术成果交易平台建设。支持沈阳、大连、长春、哈尔滨等地创建军民融合创新示范区，促进军民两用技术转移转化。健全以需求为导向、以企业为主体的产学研一体化创新机制。加强与对口合作省市和高等院校、科研院所开展产学研合作。鼓励企业联合高校、科研院所建设高水平企业研发中心。改革科技成果转化机制，努力解决基础研究"最先一公里"和成果转化应用"最后一公里"有机衔接问题，畅通创新链条。支持企业、高校、科研院所承担国家级科技计划项目，鼓励重大创新成果在域内落地转化并实现产品化、产业化。

四、创新体制机制，建设服务型政府

要想真正使创新成为驱动经济发展的内生动力，必须进一步理清政府与市场关系，构建服务型政府治理体系，必须充分发挥企业主体地位以及提高市场机制的有效性。对此政府之手必须有所为，有所不为。

首先，推动政府职能从研发管理向创新服务转变，健全符合科研规律的科技管理体制和政策体系。进一步推动简政放权，深化行政审批制度改革，加大涉及投资、创新创业、高技术服务等领域的行政审批清理力度，全面清理、调整与创新创业相关的审批、认证、收费、评奖事项。加强区域创新体系建设，编制新一轮长期科学和技术发展规划纲要，构建重大科技创新攻关体制。改革完善科技计划（项目）形成机制与组织实施方式，实行重点项目攻关"揭榜挂帅"，探索科研经费使用"包干制"。推进高校和科研院所体制改革，支持应用型科研院所转制改企。改进科技评价体系，探索分类考核评价，激发更多高质量的原始创新，更好发挥科技创新对经济社会引领支撑作用。

其次，为培育经济体创新驱动的内生动力，政府行为应集中在创新资源和成果共享的平台建设、公共服务供给、人才培养等市场失灵领域。政府行为的目标是降低现实的市场交易中存在的成本，而不是代替市场机制对研发项目、创新产品和战略性新兴产业发展进行主动选择。比如，政府应该加强创业投资领域信用建设。推进创业投资企业备案记录与市公共信用信息平台交换共享。将政府投资基金出资人及管理人员不良行为记录纳入市公共信用信息平台，并向社会公示。

在东北地区设立国家科技体制改革试验区，探索新型科技创新体制机制。建议以国家实验室建设为契机，开展国家科技体制改革试点，探索新型科技创新体制机制，最大限度促进科技进步和科技人才的事业发展，释放科技人才的智慧潜能，推动产业技术进步。

五、弘扬"双创"精神，塑造新东北文化

培育鼓励创新的社会氛围。深入实施全民科学素质行动计划纲要，加强科学普及和表彰力度，营造鼓励探索、宽容失败、尊重人才、尊重创造的氛围，形成人人崇尚创新、人人希望创新、人人皆可创新的社会氛围。

加大创新政策宣传引导力度。积极做好舆论宣传，及时报道创新驱动发展的新进展、新成效，让创新驱动发展理念成为全社会共识，调动全社会参与支持创新的积极性。加强对创新驱动战略实施相关法规政策的解读、宣讲、对接等，充分释放政策红利。

大力弘扬新时代科学家精神，建设弘扬科学家精神教育基地。建立科研诚信跨部门联合调查机制，严肃查处违背科研诚信和科技伦理要求的行为，完善科技计划（项目）管理制度和人才评价制度。形成鼓励和支持科技创新的良好创新生态和学术环境，在全社会形成尊重知识、崇尚创新、尊重人才、热爱科学、献身科学的浓厚氛围。

破除"等、靠、要"思想，树立市场竞争观念。东北地区由于长期受计划经济体制的影响，使相当一部分人习惯于计划经济的"公家人"身份，他们宁愿下岗拿低保来维持生活而不愿意自己创业，"等、靠、要"思想严重，缺乏市场经济所必需的自主创业精神和参与竞争的进取精神。要振兴东北，建设有东北特色的创业文化，必须彻底根除这种计划经济意识，学习温州人"下岗就是转岗"的新观念，重塑市场经济意识，引导人们积极投身到火热的创业活动中来。

破除"大字号"情结，树立"财富在于积累"的理念。依靠大工厂、大粮仓、大森林、大煤矿，东北人过去一直以"大"自居，当然这确实是值得东北人自豪的地方，也造就了东北人豪爽大方的性情，但同时也养成了东北人好高骛远的毛病。很多东北人不屑于挣小钱，而大钱又挣不来。而做生意从小处着手是温州商人起家的拿手好戏，也是他们走向成功的奥秘。温州桥头小商品市场成为闻名全国的纽扣交易中心的过程就是一个鲜活的实例。所以在振兴东北的过程中，一定要结合实际，树立"财富在于

积累"的理念，任何事情都要肯从小事做起，一步一个脚印。

抛弃江湖义气观，树立现代管理观念。重义气使东北人在商界获得了值得信赖的好名声，很多东北人在与商家打交道时，表现得比较实在，容易相处。因此与东北人做生意，只要会感情投资，几乎没有办不成的事。在生意场上，买方和卖方的目的就是获得利润，在这个过程中，由于双方融入了情感交流，就会在两者之间建立一种信任关系，双方合作的机会也会增加。但是，重义气也会产生很多问题，双方如果权责不明确，利益分配不均匀就很容易反目成仇，结果往往造成严重纠纷。只讲义气，不讲规则，是与现代商业竞争格格不入的，其本质就是缺乏现代管理观念。受计划经济影响深重，人们只习惯于服从而缺少独立意识，习惯于重情感而轻法制。这就需要彻底地进行观念和体制上的创新，使程序和法制的观念深入人心。在建设有东北特色的创业文化的今天，经营者必须拥有现代管理理念，走规范化经营之路。这对于买卖双方都是一个可靠的保证，同时也有利于把企业做大。

人才追求的目标是实现自我价值，所以要想留住人才、吸引人才，必须为人才价值的自我实现创造适宜的条件，使人才具有充分的自由发展的空间。薪酬待遇提高，满足他们物质生活是一个方面，更重要的是经济环境和用人机制上要改变，要多给人才创新的机会，要肯定他们的贡献和价值。在一般的人事任免上，要重视能者居上的原则。这样才会有更多更优秀的人才积极地为东北的振兴贡献他们的智慧和力量。具有东北特色的创业文化建设是一个长期的过程，但是如果政府观念改变了，敢于放手了，而且大众思想又得到了飞跃，那么创业文化建设的基点就非常牢固了。

第四章　以协调发展深入推进东北振兴

习近平总书记指出，深入推进东北振兴要"科学统筹、精准施策，构建协调发展新格局"①。协调是持续健康发展的内在要求，是中国迈向现代化强国的重要目标。维护国家"五大安全"必须坚持以协调发展深入推进东北振兴。

第一节　引　　言

党的十八届五中全会提出创新、协调、绿色、开放、共享的新发展理念，其中，协调发展有"共同发展、持续发展"的涵义，协调发展并不意味着"平等发展"，而是相互促进、耦合协同的发展。协调发展是一个综合概念，既包括经济发展的过程，也包含对资源环境的保护、对民生的提高。这是一个基于"经济—环境资源—民生"多维一体的发展过程，经济是驱动力，资源与环境是载体，民生是最终目的。因此，三者彼此相互作用、相互影响而形成一个有机统一体。

首轮东北振兴战略实施以来，东北地区发展取得了明显成效。辽宁省人均 GDP 从 2003 年的 14258 元增加到 2020 年的 58872 元，同期吉林省从9338 元增加到 50800 元，黑龙江省从 11615 元增加到 42635 元，分别提升了 4.13 倍、5.44 倍、3.67 倍。但东北地区在经济增长的同时仍呈现出"高投入、高消耗、高污染、低收益"的特征。近年东北地区经济效益低下，面临着生产成本、资源环境、国际市场竞争等方面的约束，协调发展受到多重因素的影响。因此，迫切需要东北地区从多方面着手，促进区域协调发展，注重三省之间及各省内部的合作和互补，形成一个经济、社

---

① 习近平在东北三省考察并主持召开深入推进东北振兴座谈会［EB/OL］. 中华人民共和国中央人民政府，2018 – 09 – 28.

会、资源环境与人文生态之间良性互动、多元互补的协调发展格局。

党的十八大以来，习近平总书记多次赴东北地区考察，多次召开专题座谈会，对东北全面振兴作出系列重要讲话和指示批示，为新时代推进东北全面振兴指明了方向、提供了根本遵循。国务院振兴东北地区等老工业基地领导小组多次召开会议，研究部署东北全面振兴工作。党中央、国务院相继出台了一系列重大政策文件。各地区、各部门坚决落实党中央、国务院决策部署。在各方面的共同努力下，东北地区经济运行逐步企稳，营商环境进一步优化，结构调整扎实推进，人民生活水平不断提升，东北全面振兴取得积极进展。《中华人民共和国国民经济和社会发展第十四个五年规划和2035年远景目标纲要》指出要加快实施区域协调发展战略，推动西部大开发形成新格局、东北振兴取得新突破、中部地区加快崛起、东部加快推进现代化，支持特殊类型地区加快发展，推进兴边富民、稳边固边。2021年9月13日，国务院发布关于《东北全面振兴"十四五"实施方案》（以下简称《方案》）的批复，《方案》指出要立足新发展阶段，完整、准确、全面贯彻新发展理念，构建新发展格局，以推动高质量发展为主题，从推动形成优势互补高质量发展的区域经济布局出发，着力破解体制机制障碍，着力激发市场主体活力，着力推动产业结构调整优化，走出一条质量更高、效益更好、结构更优、优势充分释放的发展新路，推动东北全面振兴实现新突破。

协调发展是指发展进程中强调多方面的协调共进、可持续发展，片面强调任何一个方面都是欠科学、欠合理的。在发展进程中，经济发展应与环境承载力相适应，与劳动力就业能力相协调，与人口规模以及居民生活水平等相匹配，进而达到经济效益、社会效益和生态效益的最大化。东北振兴发展不能仅仅局限于追求经济的发展层面，不能单纯地依托经济的拉动作用，更应该考虑各方面的协调。协调发展是国民经济持续稳定发展过程中必不可少的一项工作。同时，资源节约与环境保护也是我国资源和经济可持续发展的必要环节。只有保证资源的可持续、合理的开发和利用资源、提高资源的利用率，才能更大程度上保证经济的可持续发展。促民生就是促发展，现阶段东北地区民生工程发展尚不充分，要坚持把保障和改善民生作为振兴东北的出发点和落脚。协调发展问题是东北地区发展中的核心问题，只有真正地按症开方、对症下药，找出一条能最大限度地发挥各城市优势、协同消除区域发展弊端的可持续发展之路，才能促进东北地区协调发展，不断提升区域竞争力。

目前学术界对区域协调发展的理论研究日渐增多，与此相关的研究大多集中于区域均衡发展理论与区域非均衡发展理论。主要的区域均衡发展理论有：赖宾斯坦的临界最小努力命题论、纳尔森的低水平陷阱论、罗森斯坦——罗丹的大推进论、纳克斯的贫困恶性循环论和平衡增长理论。非均衡发展理论大体可分为两类：一类是无时间变量的，主要包括冈纳·缪尔达尔的循环累积因果论、艾尔伯特·赫希曼的不平衡增长论与产业关联论、佩鲁的增长极理论、弗里德曼的中心——外围论、区域经济梯度推移理论等；另一类是有时间变量的，主要以威廉姆逊的倒"U"型理论为代表。

第二节　东北地区协调发展现状

本节主要从经济、资源环境及民生等方面来说明东北地区协调发展现状。为增加研究的客观性及合理性，将东北三省相关数据与全国平均水平，江苏、浙江、广东等地区水平进行比较，多采用比重、增长率及人均指标。数据来源于相应年份全国及各省份统计年鉴、国民经济和社会发展统计公报、国家统计局数据库，部分数据由原始数据整理计算所得。

一、经济方面

1. 投资结构

全社会固定资产投资（见图 4 - 1）。2003 ~ 2020 年，除辽宁省之外，其余省份均呈现上升趋势。江苏、浙江、广东三省增势强劲，分别从 2003 年的 5233 亿元、4740.27 亿元、4813.2 亿元增加至 2020 年的 59251.06 亿元、39393.29 亿元、49786.15 亿元。吉林、黑龙江两省分别从 2003 年的 969.03 亿元、1166.18 亿元增加至 2020 年的 12234.12 亿元、11851.03 亿元，但吉、黑两省 2011 ~ 2014 年出现小范围交叉波动，个别年份全社会固定资产投资总额有所下降；辽宁省从 2003 年的 2076.36 亿元增至 2020 年的 7139.32 亿元，但 2013 年出现骤减。可以看出，首轮东北振兴以来，东北三省依靠投资取得了一定的发展成果，但由于体制固化等原因，市场竞争力不断下降，2014 年开始出现了投资下滑的现象。而同时期东南沿海地区由区位优势及市场化程度的不断提高，投资吸引力进一步增强，发展势头迅猛。有学者认为东北地区经济失速与固定资产投资波动密切相关，近期持续下挫的投资增速是东北经济"断崖式"下跌的主要原因。

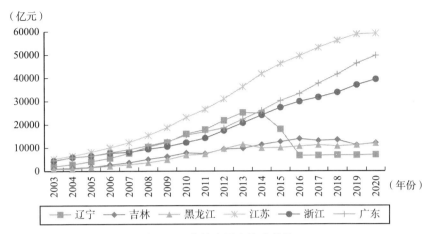

（亿元）

图 4 - 1　全社会固定资产投资

　　按资金来源分固定资产投资中利用外资情况（见图 4 - 2）。江苏、广东两省利用外资远高于其他省份，但发展态势不平稳，存在较大波动，近年来均有大幅下降。辽宁、浙江两省情况相近，利用外资总额低于江苏、广东，但高于吉林、黑龙江。2016 年辽宁省开始出现上升趋势，2019 年又大幅回落；吉林、黑龙江利用外资额处于 4 亿 ~ 77 亿元，远不及其他省份，且多年来没有明显变化。可以看出与江苏、浙江、广东三省利用外资情况相比，东北三省不占优势。因此，东北三省应充分利用区位优势，积极开辟国际市场，尤其是以俄日韩朝蒙为中心的东北亚市场并有可能开辟直通到欧美的北极航线，积极参与"一带一路"建设，进一步加大外资利用力度。

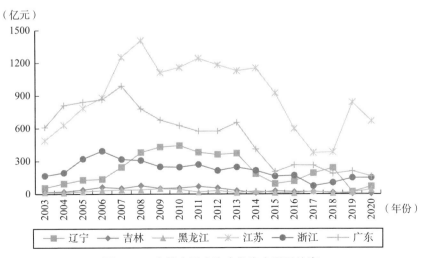

（亿元）

图 4 - 2　全社会固定资产投资中利用外资

按隶属关系分固定资产投资（不含农户）中央项目（见图4－3）。广东省增势显著，其余省份波动频繁且增幅较小。2020年较2003年，广东从357.22亿元增至2496.32亿元，江苏从351.99亿元增至955.98亿元，浙江从256.36亿元增至472.80亿元。吉林省从155.01亿元增至606.43亿元，辽宁省从250.9亿元增至616.63亿元，黑龙江省从290.41亿元增至598.70亿元，年均增长分别为138.68亿元、33.56亿元、26.27亿元、25.08亿元、20.32亿元、17.13亿元。可以看出，与2003年相比，东北三省中央项目投资额度增长速度不及东南沿海地区，黑龙江省增长最为微弱。

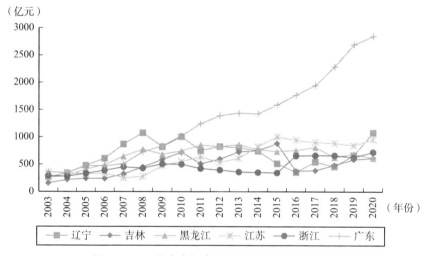

图4－3　固定资产投资（不含农户）中央项目

固定资产投资（不含农户）地方项目（见图4－4）。江苏、浙江、广东三省2003～2020年呈持续上升趋势，江苏省与其他省份相比，投资额度突出。吉林、黑龙江两省缓步上升，但增幅较小；辽宁省2013年之前高于浙江、广东两省，2014年与浙江、广东两省有交叉，之后出现严重下滑。从2013年的23985.29亿元跌至2020年的6274.32亿元，2020年与江苏省相差51668.22亿元、与广东省相差40208.65亿元、与浙江省相差31701.94亿元、吉林省相差5107.98亿元、黑龙江省相差5361.76亿元。从固定资产投资（不含农户）地方项目占全国比重来看，黑吉两省远低于其他省份；辽宁省虽然个别年份高于发达的浙粤两省，但2010～2017年占比持续下降，总降幅达5.48%，2017年占比0.97%，位于所有省份最低水平，仅为江苏省的11.33%。

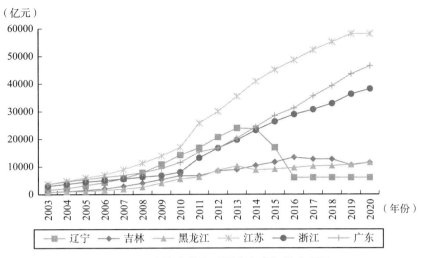

（亿元）

图 4 - 4　固定资产投资（不含农户）地方项目

　　按行业分农、林、牧、渔业固定资产投资（不含农户）（见图 4 - 5）。辽宁省有较大波动，2003 ~ 2013 年稳步上升，年均增幅为 50 亿元，之后年份开始下降，2014 ~ 2017 年年均降幅为 150 亿元，2018 ~ 2020 年稍有回升；其他省份呈现稳步上升趋势。黑吉两省上升幅度较大，远高于其他省份，江苏、浙江、广东三省也均有所提升。按行业分，从农、林、牧、渔业固定资产投资占全国比重来看，辽吉黑三省在农、林、牧、渔业所占比重高于江苏、浙江、广东地区。但自首轮振兴战略实施以来，东北三省占比开始下降，辽宁省由 2003 年的 4.38% 降至 2020 年的 0.73%；同期吉林省从 2.95% 降至 1.75%；同期黑龙江省从 6.77% 增至 4.46%；同期江苏、浙江、广东三省所占比重降低较少。由此可见，东北三省虽然农、林、牧、渔业固定资产投资（不含农户）总量较高，但占比正在逐年下降。

　　采矿业固定资产投资（不含农户）（见图 4 - 6）。一直以来，江苏、浙江、广东地区除广东省 2013 年之后出现突增，其他基本呈现缓慢增长趋势，且波动不大。辽宁、吉林、黑龙江三省变化趋势呈"倒 U 型"，2003 年三省采矿业固定资产投资分别为 91.56 亿元、48.78 亿元、135.06 亿元，之后开始增加，辽宁、吉林在 2012 年分别达到最大峰值 683.69 亿元、547.81 亿元，黑龙江 2013 年达到最大峰值 634.1 亿元，随后转增为降。2020 年东北三省分别为 167.48 亿元、270.62 亿元、433.09 亿元。东北地区是我国老工业基地，又是重要的资源基地，长期以来为全国经济发展做出了重要的贡献。近些年来，东北三省由于一些重要资源趋于枯竭，资源开发与经济社会生态可持续发展的矛盾较为突出，与之相关的资源型产业出现萎缩，相关行业投资开始锐减。破解资源枯竭、投资结构固化等难题，应摒弃局限于区域资源禀赋而不思进取的思维，要从产业的创新、转型、升级等角度出发，重新审视东北地区的投资结构。东北地区资源型城市普遍面临资源枯竭问题，相应产生了投资结构失衡、城市功能缺位、就业压力大等问题，整体来看接续替代产业虽然有了一定发展，但规模普遍较小，大多处于成长阶段，尚未形成规模和集群效应，支撑作用较弱，难以弥补资源主导产业下降带来的负面影响。

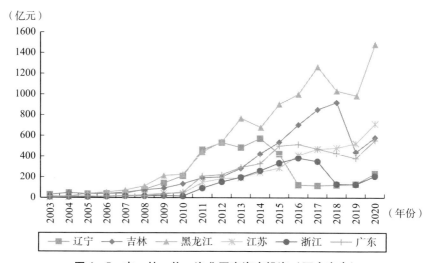

图 4-5 农、林、牧、渔业固定资产投资（不含农户）

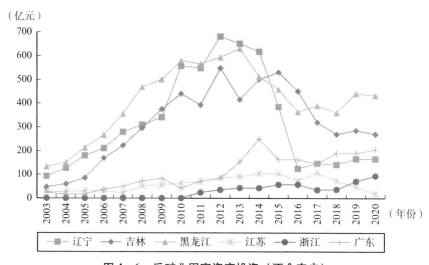

图 4-6 采矿业固定资产投资（不含农户）

制造业固定资产投资（不含农户）（见图4-7）。2003～2020年，江苏、浙江、广东、黑龙江、吉林、辽宁六省年均增长分别为1372.74亿元、509.23亿元、497.94亿元、180.86亿元、167.70亿元、62.00亿元，不难看出江苏省年均增长速度远快于其他省份。辽宁省呈"倒U型"趋势，2003～2014年稳步上升，年均增幅为763.31亿元，之后年份开始下降；其他省份上升趋势平缓稳定。各省制造业固定资产投资占全省全社会固定资产投资比重与全国平均水平相比，吉林、辽宁、江苏三省处于全国平均水平上方，黑龙江、浙江、广东三省处于全国平均水平下方。现阶段东北三省制造业固定资产投资总额低于发达地区，但吉林、辽宁两省制造业固定资产投资占全省全社会固定资产投资比重高于其他省份，也高于全国平均水平，黑龙江也呈现出良好的增长趋势。东北地区一直是我国制造业重镇，拥有良好的制造业基础，是我国数控机床、重型机械、轨道交通、汽车及其零部件、航空及发动机、海洋工程等重大装备的产业基地。目前，东北地区处于工业化中后期，由于受计划经济体制的影响，发展模式存在路径依赖，仍多为粗放式发展，实现制造业高质量发展仍需多方发力。

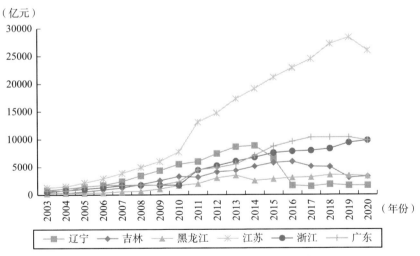

图4-7 制造业固定资产投资（不含农户）

信息传输、计算机服务和软件业全社会固定资产投资（见图4-8）。除辽宁省2014年开始减少之外，其他省份整体呈上升趋势。就投资额度而言，江苏、浙江、广东发达省份高于辽宁、吉林、黑龙江三省。东北地区多以冶金、重化工业等传统产业为主，存在着体制僵化、结构布局不协调、不均衡、产品相对单一、创新乏力、竞争力不足等一系列问题，信息传输、计算机服务和软件业等高新技术行业投资仍显不足。

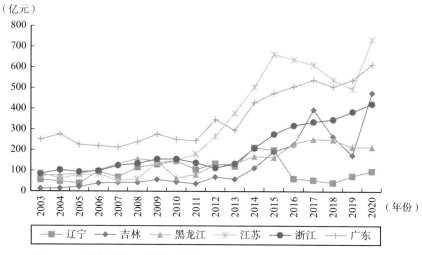

图4-8 信息传输、计算机服务和软件业固定资产投资（不含农户）

2. 产业结构

第一、第二、第三产业增加值占GDP比重（见表4-1）。总体来看，东北三省第一产业增加值占GDP比重高于江苏、浙江、广东地区，其中黑龙江省一直呈现增长趋势。2020年黑龙江第一产业增加值占GDP比重12.57%，是同期辽宁的2.76倍、吉林的1.99倍、江苏的5.68倍、浙江的7.48倍、广东的5.83倍。相较于2003年，2020年第二产业增加值占GDP比重辽宁下降了22.49%，吉林下降了14.83%，黑龙江下降了50.51%，江苏下降了21.07%，浙江下降了22.16%，广东下降了18.14%，全国平均水平下降了4.79%。可以看出辽宁、黑龙江两省下降比例较大，远高于全国平均水平；吉林降幅略小，但下降比例仍高于全国平均水平。整体来看，黑龙江第二产业增加值占GDP比重2006年至2018年基本处于下滑状态，2018年占GDP比重为25.64%，分别低于同期全国平均水平、辽宁、吉林水平15.50个百分点、14.96个百分点、17.89个百分点，低于同期江苏、浙江和广东19.91个百分点、17.19个百分点、17.20个百分点。由此可见，东南沿海地区经济的快速发展和水平的提升，是工业化进程加快所导致的，工业份额向东南沿海地区集中，造成空间格局向沿海倾斜，产业布局开始发生变化。

表 4 — 1

三次产业增加值占 GDP 比重

单位：%

指标	省份	2003年	2004年	2005年	2006年	2007年	2008年	2009年	2010年	2011年	2012年	2013年	2014年	2015年	2016年	2017年	2018年	2019年	2020年
第一产业增加值占GDP比重	辽宁	10.26	11.97	10.97	10.10	10.15	9.53	9.30	8.84	8.62	8.68	8.14	7.98	8.32	9.77	8.13	8.03	8.74	9.10
	吉林	18.34	18.22	17.28	15.74	14.83	14.27	13.47	12.12	12.09	11.83	11.24	11.04	11.35	10.14	7.33	7.70	10.98	12.61
	黑龙江	12.44	12.75	12.42	12.08	12.89	13.10	13.44	12.57	13.52	15.44	17.12	17.36	17.46	17.36	18.65	18.34	23.38	25.10
	江苏	9.34	9.12	7.86	7.11	6.98	6.78	6.56	6.13	6.24	6.32	5.81	5.58	5.68	5.27	4.71	4.47	4.31	4.42
	浙江	7.40	6.99	6.65	5.89	5.26	5.11	5.06	4.91	4.90	4.81	4.66	4.42	4.27	4.16	3.74	3.50	3.36	3.36
	广东	6.77	6.62	6.33	5.76	5.34	5.36	5.09	4.97	5.01	4.99	4.77	4.67	4.59	4.57	4.03	3.94	4.04	4.31
第二产业增加值占GDP比重	辽宁	48.29	45.89	48.08	49.08	49.66	52.37	51.97	54.05	54.67	53.25	51.31	50.25	45.49	38.69	39.30	39.60	38.26	37.43
	吉林	41.26	42.59	43.67	44.80	46.84	48.20	48.66	51.99	53.09	53.41	52.67	52.79	49.82	47.41	46.83	42.53	35.26	35.14
	黑龙江	51.38	52.35	53.90	54.18	52.02	51.96	47.29	48.47	47.39	44.10	40.45	36.87	31.81	28.60	25.53	24.64	26.56	25.43
	江苏	54.55	56.24	56.59	56.49	55.62	54.85	53.88	52.51	51.32	50.17	48.68	47.40	45.70	44.73	45.02	44.55	44.43	43.06
	浙江	52.51	53.66	53.40	54.15	54.15	53.90	51.80	51.58	51.23	49.95	47.80	47.73	45.96	44.86	42.95	41.83	42.61	40.88
	广东	47.92	49.20	50.35	50.66	50.37	50.28	49.19	50.02	49.70	48.54	46.41	46.34	44.79	43.42	42.37	41.83	40.44	39.23
第三产业增加值占GDP比重	辽宁	41.45	42.15	40.95	40.82	40.19	38.10	38.73	37.11	36.71	38.07	40.54	41.77	46.19	51.55	52.57	52.37	52.99	53.47
	吉林	40.40	39.19	39.05	39.46	38.33	37.54	37.87	35.89	34.82	34.76	36.08	36.17	38.83	42.45	45.84	49.77	53.76	52.25
	黑龙江	36.18	34.90	33.69	33.75	35.09	34.95	39.27	38.97	39.09	40.47	42.44	45.77	50.73	54.04	55.82	57.02	50.06	49.47
	江苏	36.11	34.65	35.55	36.40	37.40	38.37	39.55	41.35	42.44	43.50	45.52	47.01	48.61	50.00	50.27	50.98	51.25	52.53
	浙江	40.09	39.35	39.95	39.96	40.60	41.00	43.14	43.52	43.88	45.24	47.54	47.85	49.76	50.99	53.32	54.67	54.03	55.76
	广东	45.31	44.18	43.32	43.58	44.30	44.36	45.72	45.01	45.29	46.47	48.83	48.99	50.61	52.01	53.60	54.23	55.51	56.46

东北三省第三产业增加值占 GDP 比重虽然整体低于江苏、浙江、广东及全国平均水平，但仍呈现上升趋势。辽宁占比于 2016 年超越江苏、浙江两省，之后保持平稳增长，但除 2004 年、2017 年外，其余年份均低于全国平均水平。吉林整体处于三省末位，但 2014 年之后吉林省保持较快增长趋势，2019 年占比为 53.76%，超越辽宁、黑龙江两省。黑龙江 2018 年达到峰值 57.02%，之后开始下落，2020 年占比回落至 49.47%，但较 2003 年的 36.18% 仍有较大提升。不难看出，东北三省第一产业全国占比优势明显，是全国重要的农业基地，第二产业增长乏力，第三产业发展正在崛起。目前东北地区生产总值（GDP）增速、第二产业产值增速都低于全国平均增速，可以看出，相对于其他地区，东北地区市场规模相对萎缩，这种市场规模的萎缩反过来引致经济活力的萎缩。因此，应致力于构建稳定而充满活力的社会环境，促进各方面协调发展，从而进一步扩大东北地区的市场规模及创造新的市场。

二、资源环境方面

1. 资源利用

东北三省资源能源消耗情况（见图 4-9 和图 4-10）。相对来说，东北三省整体呈下降趋势。从万元 GDP 电力消耗来看，全国平均水平从 2003 年的 1393.48 千瓦时/万元下降至 2020 年的 744.56 千瓦时/万元，降幅为 648.92 千瓦时/万元；同期辽宁由 1477.51 千瓦时/万元降至 964.76 千瓦时/万元，降幅为 512.74 千瓦时/万元；同期吉林由 1305.07 千瓦时/万元降至 653.87 千瓦时/万元，降幅为 696.20 千瓦时/万元；同期黑龙江由 1241.26 千瓦时/万元降至 740.23 千瓦时/万元，降幅为 501.04 千瓦时/万元；同期江苏由 1209.63 千瓦时/万元降至 620.53 千瓦时/万元，降幅为 589.10 千瓦时/万元；同期浙江由 1271.71 千瓦时/万元降至 747.52 千瓦时/万元，降幅为 524.19 千瓦时/万元；同期广东由 1271.16 千瓦时/万元降至 625.31 千瓦时/万元，降幅为 645.85 千瓦时/万元。可以看出，吉林省降幅最大，高于全国平均水平及其他省份水平，吉林省降电耗取得了显著成果；吉林、黑龙江两省降幅最小，低于全国平均水平及其他省份水平，仍待进一步降低电力消耗水平。

从万元 GDP 用水量来看，2003～2020 年辽吉黑三省、江苏、浙江、广东三省及全国平均水平整体呈下降趋势，降幅分别为 162.26 立方米/万元、295.07 立方米/万元、363.70 立方米/万元、292.67 立方米/万元、

185.82 立方米/万元、249.74 立方米/万元。黑龙江降幅最大,高于全国平均水平及其他省份水平,黑龙江降水耗取得了可观成果;辽宁省降幅仅为全国平均水平的一半,辽宁省有待进一步降低水资源消耗水平;吉林省降幅与江苏省降幅相当,与全国平均水平差距不大。

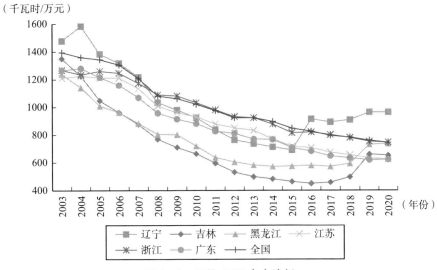

图 4-9 万元 GDP 电力消耗

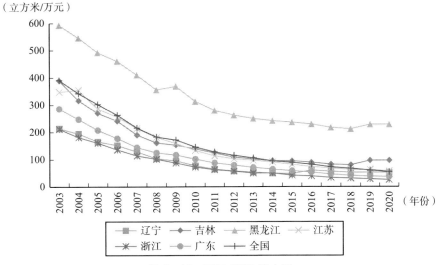

图 4-10 万元 GDP 用水量

2. 环境污染与治理

治理废水、废气项目完成投资占全国比重（见图 4 – 11）。江苏、浙江、广东三省趋势不稳定，但整体占比高于东北三省。辽宁个别年份与江苏、浙江、广东地区有交叉，吉林、黑龙江两省占比较低，始终处于3%以下。特别是吉林、黑龙江两省，一直低于其他地区水平。2004～2017年，吉林、黑龙江两省与东南沿海地区的差距正在逐步缩小，吉林与江苏的差距由的6.54个百分点缩小到4.26个百分点，与广东的差距由7.53个百分点缩小4.17个百分点；黑龙江与江苏、广东的差距分别由的6.26个百分点、7.24个百分点缩小到4.27个百分点、4.17个百分点。但2004～2020年综合来看，东北三省占比除与广东差距有所缩小之外，与江苏、浙江两省的差距逐步拉大。吉林与江苏的差距由6.54个百分点扩大至15.63个百分点，吉林与浙江的差距由2.49个百分点扩大至8.21个百分点，黑龙江与江苏的差距由6.26个百分点扩大至15.16个百分点，黑龙江与浙江的差距由6.26个百分点扩大至15.16个百分点。可以看出，东北地区仍然面临较为突出的环境问题，治理废水、废气项目完成投资与东南沿海地区存在一定差距，坚持走绿色发展之路是东北振兴的必然选择，要持续加强生态治理与环境保护。

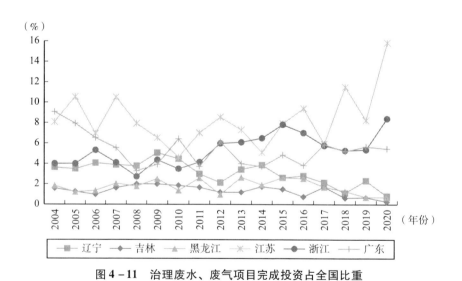

图 4 – 11　治理废水、废气项目完成投资占全国比重

城市污水日处理能力（见图 4 – 12）。东北三省的处理能力远低于江苏、广东两省，且增长趋势不明显。东北三省中辽宁状况相对较好，与浙江基本一致，略高于吉林、黑龙江两省。2020 年吉林处理能力为 445.00

万立方米，仅为同期广东的 0.16 倍；黑龙江处理能力为 462.10 万立方米，仅为同期广东省的 0.17 倍。随着工业化进程的快速发展，以及城乡人口的加速流动，东北地区城市污水处理成为一个突出现实问题，要全方位、多角度推进污染治理工作，为居民营造良好生活环境，为企业提供便利营商环境。

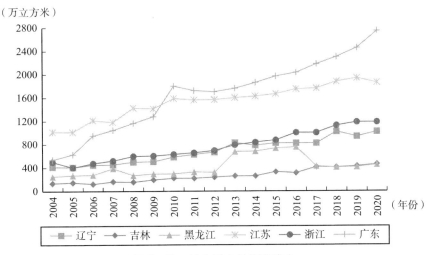

图 4 - 12　城市污水日处理能力

　　建成区绿化覆盖率（见图 4 - 13）。2006 ~ 2017 年，全国平均水平呈逐年小幅增长趋势，稳中有升，但涨幅较小，年均增长率为 0.47%。江苏和广东高于全国平均水平，江苏整体水平最高，但多年来增长缓慢，广东处于江苏与全国平均水平之间，且处于稳步缓增状态，个别年份超越江苏。辽宁与浙江水平相当，围绕全国平均水平上下波动，且波动范围很小。2015 年之前，两省水平相差无几，但辽宁省 2016 年出现大幅下降，2017 年又大幅增加。吉林、黑龙江两省在全国处于下游水平，低于全国平均水平及其他省份水平，发展形势比较严峻。吉林趋势不稳定，2006 ~ 2013 年先增后降，之后年份在波动中上升，2006 ~ 2011 年黑龙江快速上升，之后年份上升速度减缓。整体来看东北三省生态得到有效修复，生态环境得以改善，建成区绿化覆盖率稳中有增，绿化品质得到一定程度提升。

　　人均公园绿地面积（见图 4 - 14）。全国人均水平从 2004 年的 7.39 平方米/人稳步增加至 2020 年的 14.78 平方米/人，但依然远低于联合国提出的 60 平方米/人的最佳人居环境标准。广东、江苏两省发展状况优于全国平均水平，但与联合国最佳标准仍有很大差距。浙江省与全国平均水平基本持平。与发达地区相比，东北三省城市园林绿化无论是在质上还是在量上，都还存在着一定差距，城市生态承载力不足，生态空间缺乏，难以满足经济社会协调发展的需要，也难以满足民众对良好生态环境的需求，城市环境绿化工作有待进一步开展。

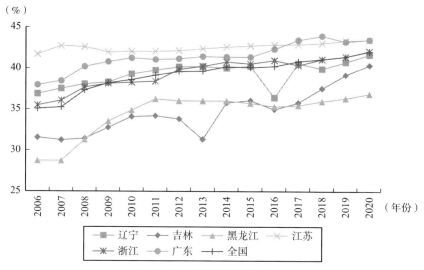

图 4-13　建成区绿化覆盖率

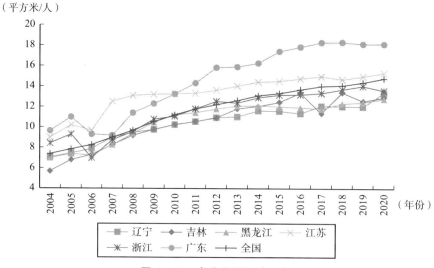

图 4-14　人均公园绿地面积

三、民生方面

1. 城乡发展

2003~2016 年城镇、农村居民人均可支配收入差（见表 4-2）。东北内部以农村为代表的农业部门与以城镇为代表的非农业部门发展存在不平衡，城乡差距正逐年拉大。2003~2020 年，随着经济发展水平的提升，城镇、农村居民人均可支配收入差逐步扩大。全国年均增幅为 1165.94 元，辽吉黑三省年均增幅分别为 1024.11 元、722.72 元、586.44 元，均低于全国平均水平。江苏、浙江、广东三省年均增幅分别为 1332.94 元、1294.89 元、1239、72 元，均高于全国平均水平。东北地区受中华人民共和国成立初期计划经济以及改革开放以来的重工业发展战略的影响，农业现代化发展相对滞后，导致城乡发展差距拉大，城乡二元结构不断强化。但较全国来看，东北地区城乡收入差距尚显适中。

2. 民生工程

生活垃圾无害化处理率（见图 4-15）。2016 年之前，辽宁、吉林、黑龙江三省低于全国及苏浙地区水平，特别是吉黑两省远低于其他地区水平，目前东北地区与东南沿海地区及全国平均水平的差距正在逐步缩小。2003~2020 年，辽宁与全国的差距由 4.3 个百分点缩小至 0.2 个百分点，与浙江的差距由 38.4 个百分点缩小至 0.5 个百分点。2003 年吉林与全国水平相差 1.9 个百分点，与浙江水平相差 36 个百分点，2020 年与浙江持平，并优于全国水平。2003 年黑龙江与全国水平相差 23.3 个百分点，与浙江水平相差 57.4 个百分点。

医疗卫生机构数（见图 4-16）。东北三省中辽宁低于广东水平但高于江苏、浙江两省；吉林、黑龙江两省整体低于辽宁及江苏、浙江、广东地区。2020 年吉林拥有医疗卫生机构 25616 个，比同期辽宁少 8515 个，比同期广东少 30284 个；黑龙江拥有医疗卫生机构 20461 个，比同期辽宁少 13670 个，比同期广东少 35439 个。

城镇登记失业率（见图 4-17）。辽宁、吉林、黑龙江三省高于江苏、浙江、广东三省；与全国水平相比，东北三省中辽宁、吉林两省低于全国水平，黑龙江高于全国水平。现阶段东北地区民生工程发展尚不充分。在经济下行的压力下，应切实做好就业、医疗、养老、基础设施建设等民生工程，守好民生底线，使发展成果惠及全体人民，让人民群众有更多获得感。

表 4－2   城镇、农村居民人均可支配收入差

单位：元

省份	2003 年	2004 年	2005 年	2006 年	2007 年	2008 年	2009 年	2010 年	2011 年	2012 年	2013 年	2014 年	2015 年	2016 年	2017 年	2018 年	2019 年	2020 年
辽宁	4492	4943	5732	6682	8062	9509	10626	11816	13351	15177	16536	17891	19069	19995	21246	22686	23669	22926
吉林	4320	4637	5168	5806	6672	7366	8111	8418	9409	10611	11550	12438	13575	14407	15369	16424	17363	17329
黑龙江	4391	4760	5424	6097	6698	7462	8230	8701	9317	10527	11479	12156	13108	13904	14781	15387	15963	14947
江苏	4911	5579	6840	8008	9476	10893	12034	13206	14826	16675	18064	19388	20916	22546	24464	26355	28381	28904
浙江	7461	8177	9086	10244	11445	12407	13350	14525	16143	18040	19586	21020	22589	24371	26305	28272	30306	30769
广东	7799	8582	9239	9914	10825	11808	12852	13848	15121	16982	18469	19902	21397	23172	25195	27173	29300	30114
全国	5716	6308	7012	7889	9276	10550	11466	12507	14033	15738	17037	18355	19773	21253	22964	24634	26338	26703

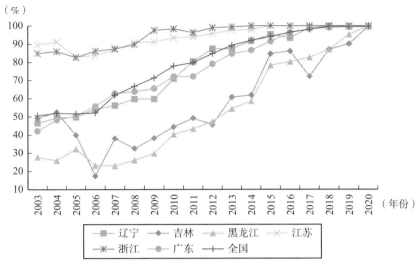

图 4 - 15　生活垃圾无害化处理率

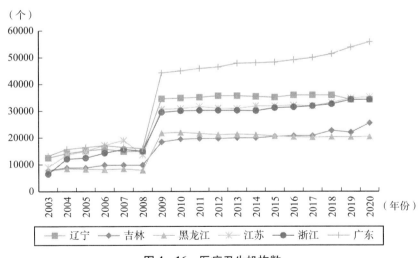

图 4 - 16　医疗卫生机构数

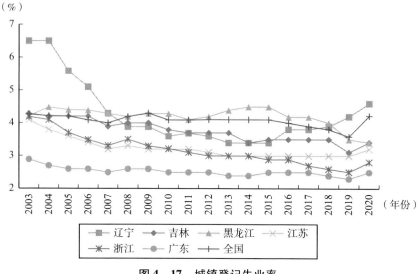

图 4 - 17　城镇登记失业率

第三节　协调发展指标体系构建

一、指标体系构建

　　指标的选取将直接影响经济、资源环境及民生系统综合发展水平及耦合协调程度的测度。基于指标的全面性、客观性、可比性，数据的可得性、真实性、连续性、可操作性等原则，结合已有的相关评价指标体系，选择使用频度较高、能表征东北地区协调发展特征的指标。为保障有效测度，相关指标多采用比重、增长率及人均指标，该指标体系由系统指标、分项指标、基础指标三个层次，共 19 个指标构成。将经济系统分为 3 个分项指标、5 个基础指标，资源环境系统分为 4 个分项指标、8 个基础指标，民生系统分为 3 个分项指标、6 个基础指标，具体如表 4 - 3 所示。部分基础指标需借助其他指标来衡量，涉及的衡量方式在此列出：第二产业产值占 GDP 比重 = 第二产业产值/GDP，第三产业产值占 GDP 比重 = 第三产业产值/GDP，进出口总额占 GDP 比重 = 进出口总额/GDP，万元 GDP 电力消费量 = 电力消费量/GDP，万元 GDP 用水量 = 用水量/GDP。指标属性表示各个指标对综合发展水平的影响方向，"正向"向表示该指标越大，综合发展水平越高；"负向"相反。

表4-3

发展成就指标体系

系统指标	分项指标	基础指标	指标排序	计量单位	指标属性	指标权重			
						1-2-3系统	1-2系统	1-3系统	2-3系统
经济	经济效率	人均GDP	1	元/人	正向	0.0407	0.0478	0.0986	—
	产业结构	第二产业产值占GDP比重	2	%	正向	0.0099	0.0117	0.0241	—
		第三产业产值占GDP比重	3	%	正向	0.0087	0.0102	0.0211	—
	经济开放	外商及港澳台投资工业企业利润总额	4	亿元	正向	0.1585	0.1863	0.3844	—
		进出口总额占GDP比重	5	%	正向	0.0451	0.0530	0.1094	—
资源环境	资源生产	粮食产量	6	万吨	正向	0.0468	0.0550	—	0.0634
		森林蓄积量	7	亿立方米	正向	0.0799	0.0939	—	0.1084
	资源消耗	万元GDP电力消费量	8	千瓦时/万元	负向	0.0184	0.0216	—	0.0250
		万元GDP用水量	9	立方米/万元	负向	0.0828	0.0973	—	0.1123
	环境污染	废水中化学需氧量排放量	10	万吨	负向	0.1505	0.1770	—	0.2042
		一般工业固体废物产生量	11	万吨	负向	0.0826	0.0972	—	0.1121
	环境治理	城市生活垃圾无害化处理率	12	%	正向	0.0320	0.0376	—	0.0434
		工业污染治理完成投资	13	万元	正向	0.0947	0.1114	—	0.1285
民生	居民收入	城镇居民人均可支配收入	14	元	正向	0.0436	—	0.1057	0.0591
		农村居民人均可支配收入	15	元	正向	0.0523	—	0.1269	0.0710
	社会保障	城镇登记失业率	16	%	负向	0.0036	—	0.0086	0.0048
		城镇职工参加养老保险人数	17	万人	正向	0.0335	—	0.0812	0.0454
	公共服务	每万人拥有卫生技术人员数	18	人	正向	0.0056	—	0.0137	0.0077
		每万人口在校大学生数	19	人	正向	0.0108	—	0.0262	0.0147

注：系统1为经济系统；系统2为资源环境系统；系统3为民生系统。

二、研究方法

1. 熵值法

关于指标权重的确定，常用的方法包括主观赋权法和客观赋权法两种。主观赋权法是指通过主观感受对指标的权重进行赋值，常用的方法有德尔菲法，即通过专家打分来确定权重。客观赋权法则是由指标数据本身所包含的原始信息来决定指标权重。主观赋权法往往无法消除人为的主观因素带来的干扰。为了减少指标权重确定过程中的主观因素干扰，本章采用客观赋权法中的熵值法对指标进行权重的计算。

在信息论中，熵值是对不确定性的一种度量。可以用熵值来判断某一指标的权重，数据的离散程度越高，信息熵越小，其提供的信息量越大，该指标对综合评价的影响越大，其权重也应越大；反之亦相反。用熵值法确定指标权重，既能有效解决多指标变量间信息重叠问题，又可避免主观赋权法的主观性、随意性。本章运用熵值法对东北三省经济、资源环境与民生系统发展水平进行评价，为了既能进行截面比较，又能实现不同年份之间的比较，对熵值法作了改进，加入时间变量，使分析结果更加合理化。

2. 耦合协调度模型

耦合度函数。耦合是指 2 个及以上系统（或运动形式）通过某种途径而相互作用、相互影响的现象。耦合度就是这种作用和影响程度的衡量标尺，它决定了系统在达到临界值时将走向何种结构。系统由无序走向有序的关键在于系统内部序参量之间的协同作用，它左右着系统相变的特征与规律，而耦合度正是这种协同作用的度量。"经济—资源环境—民生"系统耦合度是指经济、资源环境和民生彼此之间通过各自的耦合元素而相互作用、相互影响的程度，其大小反映了三者之间的协调发展程度。耦合度具体的函数关系式如公式所示：

$$C_n = [U_1 \times U_2 \times \cdots \times U_n / (U_1 + U_2 + \cdots + U_n)^n]^{1/n} \qquad (4.1)$$

由式（4.1）可推广为两系统耦合模型和三系统耦合模型，分别如式（4.2）、式（4.3）：

$$C = [(U_1 \times U_2)/(U_1 + U_2)^2]^{1/2} \qquad (4.2)$$

$$C = [(U_1 \times U_2 \times U_3)/(U_1 + U_2 + U_3)^3]^{1/3} \qquad (4.3)$$

其中，C_n 是耦合度，取值位于 [0, 1] 之间，且随数值的增大而使经济、资源环境、民生彼此之间达到良性共振耦合，系统趋向新的有序结构；反之则意味着三者之间处于无关状态，系统将走向无序状态；U_i 代表经济、资源环境、民生3个子系统对总系统有序度的贡献。根据耦合度取值大小，还可以对系统耦合程度进行判断，判断标准如表4-4所示。

表4-4 耦合度判别标准与耦合类型

C值	耦合程度评价
C≤0.3	初级耦合阶段
0.3 < C≤0.5	拮抗阶段
0.5 < C≤0.8	磨合阶段
0.8 < C≤1	高度耦合阶段

耦合协调度函数。虽然 C 可以表示为经济、资源环境、民生之间的耦合程度，但有时难以反映实际水平和状态。比如经济、资源环境、民生水平大小相等，但都处于低水平阶段，也可能出现较高的耦合度。耦合度函数仅仅只对系统之间的联系程度进行判断，无法对系统协调水平的高低进行判断，因此，进一步引入耦合协调度函数，对系统之间的协调程度进行判断，同时分析其所处的协调发展水平与发展阶段。通过构建经济、资源环境、民生耦合协调模型来表征三者之间的耦合协调性。

$$D = (C \times T)^{1/2} \tag{4.4}$$

$$T = aU_1 + bU_2 + cU_3 \tag{4.5}$$

其中，D 为耦合协调度，C 为耦合度，T 为经济、资源环境、民生的综合评价指数，反映两系统或三系统的整体效益或水平，U_i（$i=1, 2, 3$）为经济、资源、民生的时间函数，a、b、c 为待定参数。D 值越大，表示系统之间的协调性越好。考虑到经济、资源环境、民生协同发展的需要，令 $a = b = c = 1/3$。根据耦合协调度值的大小，可以对耦合协调度进行评价，标准如表4-5所示。

表4-5 耦合协调度判别标准与协调类型

耦合协调度	0≤D<0.1	0.1≤D<0.2	0.2≤D<0.3	0.3≤D<0.4	0.4≤D<0.5
耦合协调类型	极度失调	严重失调	中度失调	轻度失调	濒临失调
耦合协调度	0.5≤D<0.6	0.6≤D<0.7	0.7≤D<0.8	0.8≤D<0.9	0.9≤D<1
耦合协调类型	勉强协调	初级协调	中级协调	良好协调	优质协调

三、研究过程

1. 计算两系统及三系统情况下各指标权重

对由 I 个省份 T 年 N 个指标（I = 3，T = 18，N = 19）构建的综合评价体系，运用改进熵值法评价步骤如下：

步骤 1：构建初始数据矩阵 $X = \{X_{tij}\}_{18 \times 3 \times 19}$，其中 X_{tij} 表示第 t 个年份第 i 个省份第 j 项指标的原始数据。

步骤 2：为了去除评价指标不同量纲的影响，对数据进行标准化处理。把标准化后的数据矩阵记为 $X' = \{X'_{tij}\}_{18 \times 3 \times 19}$，

其中，正向指标：$X'_{tij} = X_{tij} / X_{j\,max}$ (4.6)

负向指标：$X'_{tij} = X_{jmin} / X_{tij}$ (4.7)

步骤 3：计算各指标比重 $Y_{tij} = X'_{tij} \Big/ \sum\limits_{t=1}^{t=18} \sum\limits_{i=1}^{i=3} X'_{tij}$

进而得到比重矩阵 $Y = \{Y_{tij}\}_{18 \times 3 \times 19}$ (4.8)

步骤 4：计算第 j 项指标的信息熵值：$e_j = -K \sum\limits_{t=1}^{t=18} \sum\limits_{i=1}^{i=3} (Y_{tij} \times \ln Y_{tij})$

其中，$-k = -1 / \ln(TI)$

步骤 5：计算第 j 项指标的信息效用值：$g_j = 1 - e_j$

步骤 6：计算第 j 项指标的权重：$w_j = g_j \Big/ \sum\limits_{j=1}^{j=19} gj$

2. 计算两系统及三系统功效函数

功效函数即各子系统、两系统及三系统综合发展水平函数，也就是计算各子系统、两系统及三系统综合发展水平。计算各省份各年各系统分项得分及综合得分：$U_{ti} = \sum\limits_{j=1}^{j=19} (w_j \times X'_{tij})$，$0 \leqslant U_{ti} \leqslant 1$。结果如表 4 - 6 所示。

3. 计算两系统及三系统耦合度、耦合协调度

$$C = [(U_1 \times U_2) / (U_1 + U_2)^2]^{1/2}$$

$$C = [(U_1 \times U_2 \times U_3) / (U_1 + U_2 + U_3)^3]^{1/3}$$

$$D = (C \times T)^{1/2}$$

各系统耦合度、耦合协调度如表 4 - 7 所示：

表4-6

东北地区各系统综合得分、分项得分

省份	年份	1-2-3系统 综合得分	1-2-3系统 分项得分 经济	1-2-3系统 分项得分 资源环境	1-2-3系统 分项得分 民生	1-2系统 综合得分	1-2系统 分项得分 经济	1-2系统 分项得分 资源环境	1-3系统 综合得分	1-3系统 分项得分 经济	1-3系统 分项得分 民生	2-3系统 综合得分	2-3系统 分项得分 资源环境	2-3系统 分项得分 民生
辽宁	2003	0.2432	0.0803	0.1223	0.0406	0.2382	0.0944	0.1438	0.2933	0.1948	0.0985	0.2210	0.1659	0.0551
	2004	0.2810	0.0933	0.1416	0.0461	0.2761	0.1097	0.1665	0.3380	0.2263	0.1117	0.2546	0.1921	0.0625
	2005	0.3046	0.0892	0.1652	0.0502	0.2991	0.1049	0.1942	0.3383	0.2165	0.1218	0.2922	0.2241	0.0681
	2006	0.3470	0.0982	0.1939	0.0549	0.3434	0.1155	0.2280	0.3713	0.2382	0.1331	0.3375	0.2631	0.0744
	2007	0.3290	0.1197	0.1482	0.0610	0.3150	0.1407	0.1743	0.4384	0.2904	0.1480	0.2839	0.2011	0.0828
	2008	0.3282	0.1093	0.1519	0.0671	0.3070	0.1285	0.1785	0.4278	0.2651	0.1627	0.2970	0.2060	0.0910
	2009	0.3665	0.1394	0.1563	0.0709	0.3476	0.1639	0.1837	0.5100	0.3381	0.1720	0.3081	0.2120	0.0962
	2010	0.4330	0.1939	0.1621	0.0770	0.4185	0.2279	0.1906	0.6571	0.4703	0.1869	0.3244	0.2199	0.1045
	2011	0.4292	0.1853	0.1567	0.0872	0.4021	0.2179	0.1842	0.6609	0.4495	0.2114	0.3308	0.2126	0.1182
	2012	0.4465	0.1820	0.1698	0.0947	0.4135	0.2139	0.1996	0.6711	0.4414	0.2298	0.3588	0.2303	0.1285
	2013	0.5021	0.1913	0.2074	0.1034	0.4687	0.2249	0.2438	0.7148	0.4640	0.2508	0.4216	0.2813	0.1402
	2014	0.5370	0.1959	0.2315	0.1097	0.5024	0.2303	0.2721	0.7412	0.4751	0.2660	0.4628	0.3140	0.1488
	2015	0.4786	0.1636	0.2004	0.1146	0.4279	0.1923	0.2356	0.6747	0.3968	0.2780	0.4273	0.2719	0.1555
	2016	0.5132	0.1507	0.2434	0.1191	0.4634	0.1772	0.2862	0.6544	0.3656	0.2888	0.4918	0.3303	0.1615
	2017	0.5641	0.1958	0.2420	0.1263	0.5148	0.2302	0.2846	0.7813	0.4750	0.3063	0.4997	0.3284	0.1713
	2018	0.6040	0.2214	0.2499	0.1328	0.5540	0.2602	0.2938	0.8590	0.5369	0.3221	0.5191	0.3390	0.1801
	2019	0.6230	0.2206	0.2615	0.1410	0.5667	0.2593	0.3074	0.8771	0.5351	0.3420	0.5459	0.3547	0.1912
	2020	0.5652	0.2388	0.1793	0.1470	0.4916	0.2808	0.2108	0.9361	0.5794	0.3567	0.4428	0.2433	0.1995

系统类别		1-2-3系统				1-2系统			1-3系统			2-3系统		
	得分	综合得分	分项得分			综合得分	分项得分		综合得分	分项得分		综合得分	分项得分	
省份	年份		经济	资源环境	民生		经济	资源环境		经济	民生		资源环境	民生
吉林	2003	0.2848	0.0537	0.1985	0.0326	0.2966	0.0631	0.2334	0.2093	0.1303	0.0790	0.3135	0.2693	0.0442
	2004	0.2815	0.0478	0.1983	0.0354	0.2893	0.0562	0.2331	0.2019	0.1160	0.0859	0.3170	0.2690	0.0480
	2005	0.2628	0.0402	0.1842	0.0384	0.2639	0.0473	0.2166	0.1906	0.0976	0.0930	0.3020	0.2499	0.0520
	2006	0.2600	0.0477	0.1705	0.0418	0.2566	0.0561	0.2005	0.2171	0.1158	0.1013	0.2880	0.2313	0.0567
	2007	0.2954	0.0655	0.1840	0.0459	0.2933	0.0769	0.2163	0.2702	0.1588	0.1115	0.3120	0.2496	0.0623
	2008	0.3112	0.0702	0.1905	0.0504	0.3065	0.0826	0.2239	0.2927	0.1704	0.1223	0.3268	0.2584	0.0684
	2009	0.3295	0.0876	0.1886	0.0534	0.3247	0.1030	0.2217	0.3420	0.2125	0.1294	0.3282	0.2558	0.0724
	2010	0.3721	0.1250	0.1883	0.0588	0.3683	0.1469	0.2214	0.4458	0.3032	0.1426	0.3352	0.2555	0.0798
	2011	0.3864	0.1458	0.1748	0.0658	0.3770	0.1715	0.2055	0.5134	0.3538	0.1596	0.3264	0.2371	0.0892
	2012	0.3398	0.0833	0.1841	0.0724	0.3144	0.0979	0.2165	0.3777	0.2021	0.1757	0.3480	0.2498	0.0982
	2013	0.3610	0.0798	0.2029	0.0783	0.3324	0.0939	0.2385	0.3837	0.1937	0.1900	0.3815	0.2752	0.1063
	2014	0.3919	0.0868	0.2207	0.0844	0.3615	0.1021	0.2594	0.4154	0.2106	0.2048	0.4139	0.2994	0.1145
	2015	0.3800	0.0710	0.2207	0.0883	0.3429	0.0835	0.2594	0.3864	0.1723	0.2141	0.4191	0.2993	0.1198
	2016	0.5236	0.0734	0.3578	0.0925	0.5069	0.0862	0.4206	0.4023	0.1780	0.2243	0.6108	0.4854	0.1255
	2017	0.5235	0.0750	0.3498	0.0987	0.4994	0.0881	0.4112	0.4213	0.1819	0.2394	0.6084	0.4745	0.1339
	2018	0.5207	0.0838	0.3324	0.1045	0.4893	0.0985	0.3908	0.4568	0.2033	0.2535	0.5927	0.4509	0.1418
	2019	0.5232	0.0711	0.3402	0.1119	0.4835	0.0836	0.3999	0.4440	0.1725	0.2715	0.6133	0.4615	0.1518
	2020	0.4840	0.1583	0.2070	0.1186	0.4295	0.1861	0.2434	0.6717	0.3841	0.2877	0.4417	0.2809	0.1609

系统类别 省份	年份	1-2-3系统 综合得分	经济	资源环境	民生	1-2系统 综合得分	经济	资源环境	1-3系统 综合得分	经济	民生	2-3系统 综合得分	资源环境	民生
黑龙江	2003	0.2453	0.0347	0.1766	0.0341	0.2484	0.0408	0.2076	0.1668	0.0842	0.0826	0.2858	0.2396	0.0462
	2004	0.2610	0.0371	0.1855	0.0384	0.2617	0.0436	0.2181	0.1832	0.0900	0.0932	0.3038	0.2516	0.0521
	2005	0.2716	0.0421	0.1875	0.0420	0.2699	0.0495	0.2204	0.2041	0.1021	0.1019	0.3113	0.2543	0.0570
	2006	0.2765	0.0467	0.1847	0.0451	0.2720	0.0549	0.2171	0.2227	0.1133	0.1094	0.3117	0.2506	0.0612
	2007	0.2944	0.0522	0.1932	0.0490	0.2885	0.0614	0.2271	0.2455	0.1266	0.1189	0.3286	0.2621	0.0665
	2008	0.3115	0.0593	0.1985	0.0538	0.3030	0.0697	0.2333	0.2743	0.1438	0.1305	0.3422	0.2692	0.0730
	2009	0.3107	0.0515	0.2017	0.0575	0.2977	0.0606	0.2371	0.2644	0.1249	0.1395	0.3517	0.2736	0.0780
	2010	0.3318	0.0643	0.2046	0.0628	0.3162	0.0756	0.2406	0.3084	0.1560	0.1524	0.3629	0.2776	0.0853
	2011	0.3367	0.0668	0.2004	0.0696	0.3141	0.0785	0.2355	0.3309	0.1620	0.1688	0.3662	0.2718	0.0944
	2012	0.3341	0.0648	0.1937	0.0755	0.3040	0.0762	0.2277	0.3405	0.1573	0.1832	0.3652	0.2628	0.1024
	2013	0.3807	0.0675	0.2315	0.0817	0.3515	0.0793	0.2722	0.3619	0.1636	0.1983	0.4249	0.3140	0.1109
	2014	0.3932	0.0671	0.2387	0.0874	0.3595	0.0789	0.2806	0.3749	0.1629	0.2120	0.4424	0.3238	0.1186
	2015	0.3958	0.0583	0.2460	0.0915	0.3578	0.0686	0.2892	0.3634	0.1415	0.2219	0.4578	0.3337	0.1241
	2016	0.4517	0.0621	0.2937	0.0958	0.4184	0.0730	0.3453	0.3832	0.1507	0.2325	0.5285	0.3985	0.1300
	2017	0.4612	0.0684	0.2915	0.1013	0.4231	0.0804	0.3427	0.4116	0.1658	0.2458	0.5329	0.3954	0.1374
	2018	0.4735	0.0731	0.2920	0.1085	0.4291	0.0859	0.3432	0.4404	0.1772	0.2631	0.5432	0.3961	0.1472
	2019	0.4745	0.0761	0.2832	0.1152	0.4224	0.0895	0.3329	0.4641	0.1847	0.2794	0.5404	0.3841	0.1563
	2020	0.4360	0.0901	0.2235	0.1225	0.3686	0.1059	0.2627	0.5155	0.2185	0.2970	0.4692	0.3031	0.1661

表 4 – 7   东北地区各系统耦合度与耦合协调度

类别		耦合度 C				耦合协调度 D			
省份	年份	三系统	1 – 2 系统	1 – 3 系统	2 – 3 系统	三系统	1 – 2 系统	1 – 3 系统	2 – 3 系统
辽宁	2003	0.9079	0.9783	0.9445	0.8651	0.2713	0.3413	0.3722	0.3092
	2004	0.9048	0.9786	0.9408	0.8607	0.2911	0.3676	0.3988	0.3310
	2005	0.8908	0.9544	0.9600	0.8456	0.3008	0.3778	0.4029	0.3515
	2006	0.8773	0.9448	0.9590	0.8292	0.3185	0.4028	0.4220	0.3741
	2007	0.9365	0.9943	0.9458	0.9091	0.3205	0.3957	0.4553	0.3592
	2008	0.9473	0.9866	0.9709	0.9220	0.3219	0.3892	0.4557	0.3700
	2009	0.9460	0.9984	0.9455	0.9267	0.3400	0.4165	0.4910	0.3779
	2010	0.9303	0.9960	0.9022	0.9346	0.3664	0.4565	0.5445	0.3894
	2011	0.9526	0.9965	0.9328	0.9585	0.3692	0.4476	0.5552	0.3982
	2012	0.9611	0.9994	0.9490	0.9589	0.3782	0.4546	0.5643	0.4148
	2013	0.9565	0.9992	0.9545	0.9423	0.4001	0.4839	0.5841	0.4457
	2014	0.9535	0.9965	0.9594	0.9341	0.4131	0.5003	0.5963	0.4649
	2015	0.9745	0.9949	0.9844	0.9622	0.3943	0.4614	0.5763	0.4534
	2016	0.9556	0.9719	0.9931	0.9393	0.4043	0.4745	0.5700	0.4806
	2017	0.9655	0.9944	0.9764	0.9493	0.4261	0.5059	0.6176	0.4870
	2018	0.9654	0.9982	0.9682	0.9520	0.4409	0.5258	0.6449	0.4971
	2019	0.9683	0.9964	0.9755	0.9541	0.4484	0.5314	0.6540	0.5103
	2020	0.9802	0.9898	0.9713	0.9951	0.4297	0.4933	0.6742	0.4694
吉林	2003	0.7404	0.8188	0.9695	0.6960	0.2651	0.3484	0.3186	0.3303
	2004	0.7407	0.7914	0.9888	0.7171	0.2636	0.3383	0.3159	0.3371
	2005	0.7505	0.7670	0.9997	0.7553	0.2564	0.3181	0.3087	0.3377
	2006	0.8052	0.8267	0.9978	0.7951	0.2642	0.3257	0.3291	0.3384
	2007	0.8337	0.8798	0.9846	0.7997	0.2865	0.3592	0.3647	0.3532
	2008	0.8457	0.8873	0.9864	0.8137	0.2962	0.3688	0.3800	0.3646
	2009	0.8729	0.9308	0.9700	0.8293	0.3097	0.3887	0.4073	0.3689
	2010	0.8985	0.9794	0.9329	0.8516	0.3338	0.4247	0.4560	0.3778
	2011	0.9224	0.9959	0.9257	0.8914	0.3447	0.4333	0.4874	0.3814
	2012	0.9142	0.9262	0.9976	0.9002	0.3218	0.3816	0.4341	0.3958
	2013	0.8995	0.9004	1.0000	0.8966	0.3290	0.3868	0.4380	0.4135
	2014	0.8986	0.9003	0.9999	0.8947	0.3426	0.4034	0.4557	0.4303
	2015	0.8798	0.8584	0.9941	0.9035	0.3338	0.3836	0.4383	0.4351
	2016	0.7700	0.7515	0.9933	0.8080	0.3666	0.4364	0.4470	0.4968
	2017	0.7869	0.7625	0.9906	0.8286	0.3705	0.4363	0.4568	0.5020
	2018	0.8227	0.8020	0.9939	0.8532	0.3779	0.4430	0.4765	0.5028
	2019	0.7992	0.7564	0.9748	0.8632	0.3733	0.4276	0.4652	0.5145
	2020	0.9747	0.9911	0.9896	0.9624	0.3965	0.4614	0.5765	0.4611

类别		耦合度 C				耦合协调度 D			
省份	年份	三系统	1-2系统	1-3系统	2-3系统	三系统	1-2系统	1-3系统	2-3系统
黑龙江	2003	0.7252	0.7409	1.0000	0.7363	0.2435	0.3033	0.2887	0.3243
	2004	0.7377	0.7453	0.9998	0.7541	0.2533	0.3123	0.3026	0.3384
	2005	0.7646	0.7740	1.0000	0.7735	0.2631	0.3232	0.3194	0.3470
	2006	0.7920	0.8028	0.9998	0.7943	0.2702	0.3304	0.3336	0.3518
	2007	0.8057	0.8184	0.9995	0.8035	0.2812	0.3436	0.3503	0.3633
	2008	0.8268	0.8416	0.9988	0.8193	0.2930	0.3571	0.3701	0.3744
	2009	0.8132	0.8051	0.9985	0.8310	0.2902	0.3462	0.3633	0.3822
	2010	0.8487	0.8531	0.9999	0.8479	0.3064	0.3672	0.3927	0.3922
	2011	0.8700	0.8661	0.9998	0.8748	0.3125	0.3688	0.4067	0.4002
	2012	0.8823	0.8669	0.9971	0.8985	0.3135	0.3630	0.4120	0.4051
	2013	0.8548	0.8360	0.9954	0.8783	0.3294	0.3833	0.4244	0.4320
	2014	0.8536	0.8279	0.9914	0.8859	0.3345	0.3858	0.4311	0.4427
	2015	0.8299	0.7872	0.9752	0.8891	0.3309	0.3753	0.4209	0.4511
	2016	0.8002	0.7592	0.9769	0.8614	0.3471	0.3985	0.4326	0.4771
	2017	0.8222	0.7846	0.9810	0.8750	0.3555	0.4074	0.4493	0.4828
	2018	0.8380	0.8002	0.9808	0.8888	0.3637	0.4144	0.4647	0.4914
	2019	0.8562	0.8173	0.9790	0.9067	0.3680	0.4155	0.4766	0.4950
	2020	0.9295	0.9050	0.9883	0.9564	0.3675	0.4084	0.5047	0.4737

四、数据来源

本章选取2003~2020年辽宁、吉林、黑龙江三省数据为样本。2003年开始实施首轮东北振兴,2020年为数据较全的最近年份。原始数据主要来源于对应年份《中国统计年鉴》《中国人口和就业统计年鉴》《中国劳动统计年鉴》《中国科技统计年鉴》《辽宁统计年鉴》《吉林统计年鉴》《黑龙江统计年鉴》《新中国六十年统计资料汇编》,各省政府网站及国家统计局数据库,部分基础指标数据由原始数据计算得到。

第四节　实证结果与分析

一、综合得分层面

三系统综合得分(见图4-18)。2003年以来东北三省综合发展水平整体处于上升状态,个别年份出现下降现象。辽宁、吉林、黑龙江三省分别从 2003 年的 0.2432、0.2848、0.2453 上升到 2020 年的 0.5652、0.4840、0.4360,分别增加了 1.32 倍、0.70 倍、0.78 倍,取得了阶段性成果。三省比较,辽宁整体优于吉林、黑龙江两省,辽宁、吉林、黑龙江三省分别于 2019 年、2016 年、2019 年达到最高峰值 0.6230、0.5236、0.4745,2020 年三省均出现下降趋势。

2003~2010 年,东三省综合发展趋势持续走高,综合得分整体增加速度较快。2009 年国务院颁布《国务院关于进一步实施东北地区等老工业基地振兴战略的若干意见》,提出“优化能源结构,积极推进资源型城市转型,切实保护好生态环境,促进可持续发展”。加之国家 2008 年的刺激政策,大力投资基础设施建设,使得原材料开采、初级产品加工等行业产能迅速扩大,正好契合了东北三省产业结构的优势。

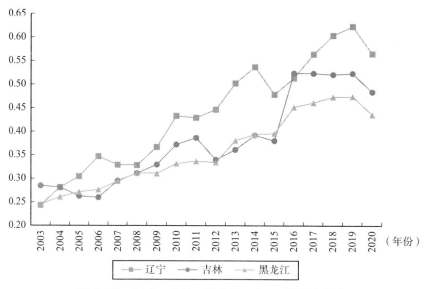

图 4-18 辽宁、吉林、黑龙江三省三系统综合得分

2011~2012 年,吉林、黑龙江两省综合得分有所下降,辽宁省增长变缓。面对经济新常态,由于低端产能过剩、国企改革受阻、体制机制固化等深层次矛盾突出,东北三省发展遇到了新的困境,GDP 增速出现了断崖式跌落,这一阶段综合发展水平开始减弱。

2013 年之后,东北三省综合得分缓慢回升。2014 年开启新一轮东北振兴。随着经济、资源与环境、民生等方面的相对成熟,东北三省的综合发展水平仍持续上升,没有出现所谓的“发展倒退”现象。这也说明了随着社会的发展，要素和科技的驱动作用分别在不同的阶段体现出来。2019年世界范围暴发新冠疫情，在疫情反复以及外部环境更趋严峻复杂的背景下，2020年东北三省综合得分均出现下滑现象。

二、系统方面指标与分项指标层面

为了更深入地评价东北三省综合发展水平，进一步从经济、资源与环境、民生三个系统对三省逐一进行比较分析。可以看出，各方面指标得分均有提高，说明对东北地区的综合发展均起到了促进作用，辽宁省各系统发展水平整体优于吉林、黑龙江两省，各系统得分三省之间有区别，三省内部结构差异也相对较大。

1. 辽宁整体状况

辽宁整体水平如图 4－19 所示。对综合发展水平的贡献，资源环境＞经济＞民生。资源环境对综合发展水平的贡献率最高，经济次之，民生贡献率最低。2003 年以来，辽宁资源环境方面得分从 0.1223 上升到 0.1793，增加了 0.47 倍；经济方面得分从 0.0803 上升到 0.2388，增加了 1.97 倍；民生方面得分从 0.0406 上升到 0.1470，增加了 2.62 倍。辽宁省综合发展水平的提升主要得益于资源环境、经济方面的提升，这两方面成为带动辽宁综合发展的强劲动力。民生方面综合得分虽不及其他两个方面，但 2003 ~ 2020 年也有了较大提高，且增势较资源环境、经济更加平稳。2010 ~ 2016 年，经济方面对综合发展水平的贡献率呈下降态势，经济方面得分从 0.1939

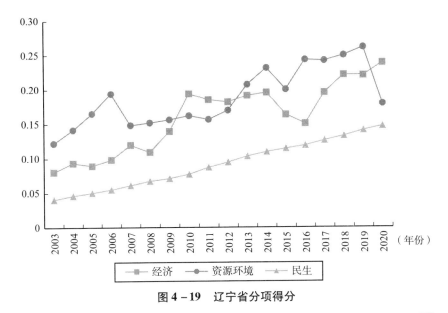

图 4－19　辽宁省分项得分

降至 0.1507，下降了近 22.26%。2020 年资源环境方面对综合发展水平的贡献率骤然下降，资源与环境方面得分从 2019 年的 0.2615 降至 2020 年的 0.1793，下降了近 31.41%。

2. 吉林整体状况

吉林整体水平如图 4 – 20 所示。对综合发展水平的贡献，资源与环境 > 经济 > 民生。资源与环境、经济对综合发展水平的贡献率较高。2003 年以来，吉林资源与环境方面得分从 0.1985 上升到 0.2070，增加了 0.04 倍；经济方面得分从 0.0537 上升到 0.1583，增加了 1.95 倍；民生方面得分从 0.0329 上升到 0.1186，增加了 2.64 倍。吉林省综合发展水平的提升主要得益于资源与环境方面的改善。就三方面趋势来看，民生方面最为平稳。2016 年资源环境方面对综合发展水平贡献率大幅提升，但 2020 年又降至 0.1186，下降了 42.16%。

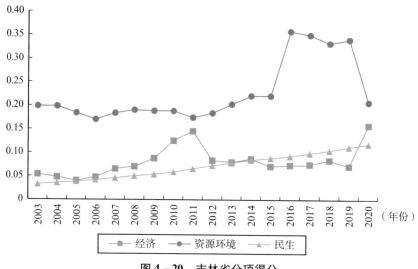

图 4 – 20　吉林省分项得分

3. 黑龙江整体状况

黑龙江整体水平如图 4 – 21 所示。对综合发展水平的贡献，资源与环境 > 民生 > 经济。可以看出黑龙江综合发展水平的提升主要来自资源环境方面，民生、经济方面对综合发展水平的贡献程度的增加远不及资源环境方面。2003 年以来，资源与环境方面得分从 0.1766 增至 0.2235，民生方面得分从 0.0341 增至 0.1225，经济方面得分从 0.0347 增至 0.0901，分别增加了 0.27 倍、2.60 倍、1.60 倍。2016 年之前资源与环境对综合发展水平的贡献程度稳步上升，之后开始下降。2011 年之前经济与民生方面对综合发展水平的贡献不相上下，之后民生方面贡献程度高于经济方面。

虽然资源与环境方面的改善给黑龙江综合发展带来了很大提升，但数据显示，黑龙江省鹤岗、鸡西、双鸭山、七台河四大国有煤矿的平均役龄已达 70 年，33 个主要矿井已有 16 个枯竭，其余矿井的开采成本也在不断升高。可以看出，资源消耗对综合发展水平拉动的背后是资源红利的不复存在，逼迫其转变发展方式。黑龙江采矿业全社会固定资产投资占全省比重由 2003 年的 11.58% 降至 2016 年的 3.44%；科学研究、技术服务和地质勘查业全社会固定资产投资占全省比重由 2003 年的 0.48% 增至 2016 年的 1.82%。各行业固定资产投资占全省比重的变动可以表征重点投资领域的变化，不难看出，黑龙江对采矿等资源型产业的依赖正在降低，投资重点不再向采矿等资源型行业倾斜，开始转向高新技术产业及关系国民生活水平的民生行业。

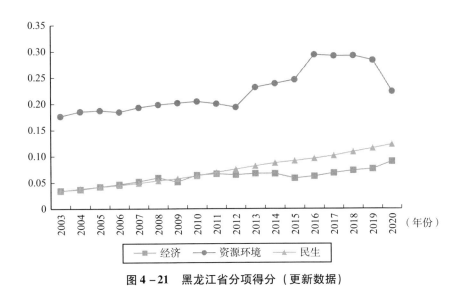

图 4-21　黑龙江省分项得分（更新数据）

三、耦合协调发展层面

1. 三系统耦合协调发展状况

东北三省经济—资源环境—民生三系统的耦合度及耦合协调阶段（见表 4-8 和表 4-9）。各省耦合度均在 0.7~1.0，关联度较高，处于磨合及高度耦合阶段。三省 2003~2020 年耦合度水平比较平稳，没有太大波动。三系统耦合协调度呈上升趋势，辽宁从轻度失调转为濒临失调，吉林、黑龙江从中度失调转为轻度失调。从东北三省经济—资源环境—民生三系统的耦合协调度来看，基本处于0.24~0.45。总体上，东北三省的耦合协调度较低，但各省均呈较稳定的缓慢上升趋势，逐步向良性协调方向发展。

表4-8   三系统耦合协调阶段

年份	辽宁	吉林	黑龙江
2003	高度耦合中度失调	磨合中度失调	磨合中度失调
2004	高度耦合中度失调	磨合中度失调	磨合中度失调
2005	高度耦合轻度失调	磨合中度失调	磨合中度失调
2006	高度耦合轻度失调	高度耦合中度失调	磨合中度失调
2007	高度耦合轻度失调	高度耦合中度失调	高度耦合中度失调
2008	高度耦合轻度失调	高度耦合中度失调	高度耦合中度失调
2009	高度耦合轻度失调	高度耦合轻度失调	高度耦合中度失调
2010	高度耦合轻度失调	高度耦合轻度失调	高度耦合轻度失调
2011	高度耦合轻度失调	高度耦合轻度失调	高度耦合轻度失调
2012	高度耦合轻度失调	高度耦合轻度失调	高度耦合轻度失调
2013	高度耦合濒临失调	高度耦合轻度失调	高度耦合轻度失调
2014	高度耦合濒临失调	高度耦合轻度失调	高度耦合轻度失调
2015	高度耦合轻度失调	高度耦合轻度失调	高度耦合轻度失调
2016	高度耦合濒临失调	磨合轻度失调	高度耦合轻度失调
2017	高度耦合濒临失调	磨合轻度失调	高度耦合轻度失调
2018	高度耦合濒临失调	高度耦合轻度失调	高度耦合轻度失调
2019	高度耦合濒临失调	磨合轻度失调	高度耦合轻度失调
2020	高度耦合濒临失调	高度耦合轻度失调	高度耦合轻度失调

具体来说，辽宁省2003~2004年处于中度失调阶段，2005~2016年处于轻度失调阶段，随后年份均为濒临失调。从数据趋势来看，正在向勉强协调及更优阶段发展。吉林省情况差于辽宁省，2003~2008年连续六年处于中度失调阶段，且各年份耦合协调度数值均低于辽宁省。黑龙江省与吉林省情况相近，2003~2009年为中度失调，2010年开始完全步入轻度失调阶段，耦合协调度数值比吉林省稍低。由三系统耦合协调阶段可以看出，东北地区亟须采取综合性措施，以提升区域经济、资源环境与民生系统间发展的协调性，防止区域社会经济系统陷入失衡并不断恶化。

从各子系统综合发展水平得分来看，系统内部结构整体上呈现出一种向协调、可持续发展方向演变的趋势。从各子系统间的耦合度来看，整体水平较高，基本处于高度耦合阶段。但东北三省经济、资源环境及民生发展尚处于低强度低协调的失调阶段，各个省份的经济、资源环境及民生子系统交互作用的耦合协调度存在着明显差异，三省协调程度在空间上还没有达到良性共振，在空间分布上不具有对应性。

从三系统耦合度可以看出，辽宁省处于0.87~0.99，吉林省处于0.74~0.98，黑龙江省处于0.72~0.93。辽宁省三系统耦合度低于1-2系统、1-3系统耦合度，高于2-3系统耦合度；吉林省三系统耦合度2003~2020年低于1-3系统耦合度，2014年之前低于1-2系统耦合度、高于2-3系统耦合度，2014年之后高于1-2系统耦合度、低于2-3系统耦合度；黑龙江省三系统耦合度低于1-3系统、2-3系统耦合度，2012年之前与1-2系统耦合度水平相当，之后年份高于1-2系统耦合度水平。东北三省三系统间耦合关系呈非线性复杂状态，相互之间的作用力有可能存在相互抵消或局部加强状况，以致耦合度水平有波动，两系统水平呈现交叉变化现象。从时间演化来看，东北三省2003~2020年经济—资源环境—民生耦合协调度变动以保持稳定和波动上升为主，总体上向着更优协调方向发展，但个别年份出现相对下滑趋势。虽然辽宁省三系统耦合度个别年份下降，但一直处于高度耦合状态；黑龙江省除2003~2006年处于磨合阶段之外其余年份也均处于高度耦合状态；吉林省变动情况较辽宁、黑龙江略显复杂。可以看出，东北三省三系统之间的相互作用力比较稳定，相互之间能量与信息交换方式及交换渠道也比较稳定，各子系统总体上正在进入快速发展时期。

2. 两系统耦合协调发展状况

东北三省两系统的耦合度（见表4-9）。各省经济—资源环境、经济—民生、资源环境—民生两系统耦合度均处于0.6~1.0，关联度较高，处于磨合、高度耦合阶段；耦合协调度来看，均在0.2~0.6，处于中度失调、轻度失调、濒临失调、勉强协调阶段，尚未步入初级协调及更优阶段。从经济系统、资源环境系统和民生系统两两之间的耦合度的平均值来看，$C_{2-3}(0.8699) < C_{1-2}(0.8875) < C_{1-3}(0.9775)$，说明资源环境内部结构的不协调是阻碍东北地区协调发展的关键，也说明了东北三省经济发展对资源环境具有强烈的路径依赖。

从东北三省经济—资源环境两系统的耦合协调度来看，总体上三省的耦合协调度较低，处于0.3~0.6，处于轻度失调、濒临失调、勉强协调阶段。分省来看，辽宁省2003~2008年基本处于轻度失调阶段，随后进入濒临失调阶段，2014 年达到勉强协调阶段，随后年份在濒临失调和勉强协调这两个阶段之后互换，可以看出，辽宁省经济—资源环境两系统协调发展具有不稳定性，波动较大。吉林省 2003 ~ 2009 年处于轻度失调阶段，2010 年达到濒临失调阶段，但 2012 年、2013 年、2015 年又回落至轻度失调阶段；黑龙江省 2003 ~ 2016 年一直处于轻度失调阶段，2017 年开始步入濒临失调阶段，黑龙江省发展阶段较其余两省略显滞后。可以看出，经济结构发展不稳定依然是影响系统耦合协调值的主要因素，但随着产业结构的调整、高技术产业发展水平逐渐提高，系统间协调作用也逐渐增强。

表 4 - 9 　　　　　　　　　　　　　两系统耦合协调阶段

年份	1 - 2 系统耦合协调阶段			1 - 3 系统耦合协调阶段			2 - 3 系统耦合协调阶段		
	辽宁	吉林	黑龙江	辽宁	吉林	黑龙江	辽宁	吉林	黑龙江
2003	高度耦合 轻度失调	高度耦合 轻度失调	磨合 轻度失调	高度耦合 轻度失调	高度耦合 轻度失调	高度耦合 中度失调	高度耦合 轻度失调	磨合 轻度失调	磨合 轻度失调
2004	高度耦合 轻度失调	磨合 轻度失调	磨合 轻度失调	高度耦合 轻度失调	高度耦合 轻度失调	高度耦合 轻度失调	高度耦合 轻度失调	磨合 轻度失调	磨合 轻度失调
2005	高度耦合 轻度失调	磨合 轻度失调	磨合 轻度失调	高度耦合 濒临失调	高度耦合 轻度失调	高度耦合 轻度失调	高度耦合 轻度失调	磨合 轻度失调	磨合 轻度失调
2006	高度耦合 濒临失调	高度耦合 轻度失调	高度耦合 轻度失调	高度耦合 濒临失调	高度耦合 轻度失调	高度耦合 轻度失调	高度耦合 轻度失调	磨合 轻度失调	磨合 轻度失调
2007	高度耦合 轻度失调	高度耦合 轻度失调	高度耦合 轻度失调	高度耦合 濒临失调	高度耦合 轻度失调	高度耦合 轻度失调	高度耦合 轻度失调	磨合 轻度失调	高度耦合 轻度失调
2008	高度耦合 轻度失调	高度耦合 轻度失调	高度耦合 轻度失调	高度耦合 濒临失调	高度耦合 轻度失调	高度耦合 轻度失调	高度耦合 轻度失调	高度耦合 轻度失调	高度耦合 轻度失调
2009	高度耦合 濒临失调	高度耦合 轻度失调	高度耦合 轻度失调	高度耦合 濒临失调	高度耦合 濒临失调	高度耦合 轻度失调	高度耦合 轻度失调	高度耦合 轻度失调	高度耦合 轻度失调
2010	高度耦合 濒临失调	高度耦合 濒临失调	高度耦合 轻度失调	高度耦合 勉强协调	高度耦合 濒临失调	高度耦合 轻度失调	高度耦合 轻度失调	高度耦合 轻度失调	高度耦合 轻度失调
2011	高度耦合 濒临失调	高度耦合 濒临失调	高度耦合 轻度失调	高度耦合 勉强协调	高度耦合 濒临失调	高度耦合 轻度失调	高度耦合 轻度失调	高度耦合 轻度失调	高度耦合 濒临失调
2012	高度耦合 濒临失调	高度耦合 轻度失调	高度耦合 轻度失调	高度耦合 勉强协调	高度耦合 濒临失调	高度耦合 濒临失调	高度耦合 濒临失调	高度耦合 轻度失调	高度耦合 濒临失调
2013	高度耦合 濒临失调	高度耦合 轻度失调	高度耦合 轻度失调	高度耦合 勉强协调	高度耦合 濒临失调	高度耦合 濒临失调	高度耦合 濒临失调	高度耦合 濒临失调	高度耦合 濒临失调
2014	高度耦合 勉强协调	高度耦合 濒临失调	高度耦合 轻度失调	高度耦合 勉强协调	高度耦合 濒临失调	高度耦合 濒临失调	高度耦合 濒临失调	高度耦合 濒临失调	高度耦合 濒临失调

年份	1-2 系统耦合协调阶段			1-3 系统耦合协调阶段			2-3 系统耦合协调阶段		
	辽宁	吉林	黑龙江	辽宁	吉林	黑龙江	辽宁	吉林	黑龙江
2015	高度耦合濒临失调	高度耦合轻度失调	磨合轻度失调	高度耦合勉强协调	高度耦合濒临失调	高度耦合濒临失调	高度耦合濒临失调	高度耦合濒临失调	高度耦合濒临失调
2016	高度耦合濒临失调	磨合濒临失调	磨合轻度失调	高度耦合勉强协调	高度耦合濒临失调	高度耦合濒临失调	高度耦合濒临失调	高度耦合濒临失调	高度耦合濒临失调
2017	高度耦合勉强协调	磨合濒临失调	磨合濒临失调	高度耦合初级协调	高度耦合濒临失调	高度耦合濒临失调	高度耦合濒临失调	高度耦合勉强协调	高度耦合濒临失调
2018	高度耦合勉强协调	高度耦合濒临失调	高度耦合濒临失调	高度耦合初级协调	高度耦合濒临失调	高度耦合濒临失调	高度耦合濒临失调	高度耦合勉强协调	高度耦合濒临失调
2019	高度耦合勉强协调	磨合濒临失调	高度耦合濒临失调	高度耦合初级协调	高度耦合濒临失调	高度耦合濒临失调	高度耦合勉强协调	高度耦合勉强协调	高度耦合濒临失调
2020	高度耦合濒临失调	高度耦合濒临失调	高度耦合濒临失调	高度耦合初级协调	高度耦合勉强协调	高度耦合勉强协调	高度耦合濒临失调	高度耦合濒临失调	高度耦合濒临失调

从东北三省经济—民生两系统的耦合协调度来看，三省耦合协调度水平处于0.28~0.68，相比于经济—资源环境系统而言有所提升，处于中度失调、轻度失调、濒临失调、勉强协调阶段，且处于勉强协调阶段的年份增多。分省来看，辽宁省2003年、2004年处于轻度失调阶段，2006~2009年处于濒临失调阶段，2010年处于勉强协调阶段，2017年步入初级协调阶段，可以看出辽宁省经济—民生两系统协调水平远高于其他系统，且相比其他系统发展更加稳定。吉林省2003~2008年处于轻度失调阶段，2009~2019年处于濒临失调阶段，2020年进入勉强协调阶段。黑龙江整体从中度失调过度阶段过渡到勉强协调阶段，2003年处于中度失调阶段，2004~2010年处于轻度失调阶段，20011~2019年处于濒临失调阶段，2020年达到勉强协调。三省比较来看经济—民生两系统耦合协调情况辽宁省明显优于吉林、黑龙江两省。

从东北三省资源环境—民生两系统的耦合协调度来看，三省耦合协调度水平处于0.30~0.55，与经济—资源环境两系统耦合协调状况相近，处于轻度失调、濒临失调、勉强协调阶段。分省来看，辽宁省2003~2011年处于轻度失调阶段，2012~2018年处于濒临失调阶段，2019年达到勉强协调阶段，但这种趋势没有持续下去，2020年又落回到濒临失调阶段。吉林省2003~2012年处于轻度失调阶段，2013~2016年处于濒临失调阶段，随后进入勉强协调阶段，与辽宁省类似，2020年耦合协调度降低，又落回濒临失调阶段。黑龙江省 2003～2010 年处于轻度失调阶段，之后一直处于濒临失调阶段，黑龙江省资源环境—民生系统与经济—民生系统同期进入濒临失调阶段，较经济—资源环境系统早六年进入濒临失调阶段，但整体尚未进入勉强协调阶段，与辽宁、吉林两省存在一定差距。

东北三省经济—资源环境、经济—民生、资源环境—民生、经济—资源环境—民生系统的耦合度普遍高于协调度，且耦合度较高、协调度较低，说明各系统之间虽然有耦合但是没有达到最佳效益。由于指标体系构建、数据可靠性等原因，可能会对研究结果产生一定影响，但该研究基本符合当前东北地区经济、资源环境和民生发展的现状，能够反映出其真实动态变化特征。

第五节　东北地区协调发展存在的主要问题及成因

目前，东北地区既拥有许多有利于加快协调的社会条件，也面临着许多制约协调发展的问题。加快经济、资源环境、民生等系统发展进而推动东北地区协调发展，是促进东北振兴的重要一环。东北地区耦合协调水平提升与演进速度较缓慢，尚未摆脱发展不协调困境，需进一步明确协调发展过程中存在的问题及其原因，进而突破薄弱环节促进东北地区协调发展。

一、经济结构不合理

东北三省综合发展水平均及经济系统发展水平均有所提高。辽宁、吉林、黑龙江三省三系统综合得分分别从 2003 年的 0.24、0.28、0.25 增加至 2020 年的 0.57、0.48、0.44；其中经济系统得分分别从 2003 年的 0.08、0.05、0.03 增加至 2020 年的 0.24、0.16、0.09。但三省经济对综合发展水平的拉动作用较弱，产业链条较短且不完善，产业结构有待优化，高新技术产业的龙头作用不突出，仍存在深层次结构性问题，制约经济转型发展。

从高速增长转向高质量发展是东北地区的发展方向。从增长动力来看，东北地区目前的经济增长主要还是依靠投资拉动；投资结构与东南沿海省份相比，全社会固定资产投资额度有待增加；全社会固定资产投资中利用外资额度较小；农林牧渔业、采矿业等传统行业投资占比较高，装备制造业优势不明显，信息传输计算机服务和软件业等高新技术产业投资占比较低。东北三省在存在共性问题的同时，各省及内部状况也不尽相同。相对说来，辽宁省情况较为可观，吉林、黑龙江两省情况不容忽视。

二、资源环境问题亟待解决

东北地区资源型城市在发展过程中留下的生态后遗症尤为突出，转型发展、生态修复是摆在资源型城市面前的"必答题"。当年的"先污染、后治理"，遗留了大量的矿区难题。在生态文明的建设背景下，资源型城市转型发展尤其是生态转型，受到越来越多人的关注。

实施东北振兴战略为东北地区资源型城市转型升级提供了一个良好的契机。2001 年底，阜新市被确立为全国第一个资源型城市转型试点城市，2005 年试点范围又扩大到大庆、伊春、辽源和白山市。2015 年中共中央政治局会议评审通过了《关于全面振兴东北地区等老工业基地的若干意见》，总结了东北振兴战略实施以来所取得的成效和面临的问题，解决东北地区的困难和问题归根结底还要靠全面深化改革。中央政府对东北地区老工业基地振兴的重视一如既往，在一系列政策支持下，东北资源型城市的转型和发展取得了阶段性成果。但破除"因资源而生、因资源枯竭而衰"的魔咒，不能仅依赖政策红利，要在深化改革上下大功夫，打破资源性、结构性、体制性矛盾，培育发展内生动力、增强可持续发展能力，促进科技创新与产业创新，加快推进资源型城市转型发展。

三、民生问题仍较为突出

东北地区民生发展问题仍较为突出。特别是近年来黑龙江省民生发展整体落后于辽吉两省。2016 年、2017 年基本养老保险累计结余年为分别为 -196.09 亿元、-486.21 亿元，连续两年为负，状况恶化十分严重，民生缺口进一步增大。长期以来形成的职工养老保险格局，使中央和地方的财权事权关系、社会保障等问题存在尚未化解的矛盾，加之前一时期关注重点集中于经济增速，养老保险全国统筹问题仍未解决。东北地区财政收支矛盾突出，基本养老保险累计结余不足，进一步导致就业与社会稳定矛盾日趋突出，剥离企业办社会职能的压力较大。确保养老金、社保金等的按时足额发放，解决富余职工等民生问题，这是东北老工业基地协调发展亟待解决的深层次问题。此外，近年来东北地区加快经济结构调整、国有企业深化改革，加之民营经济和中小企业发展相对缓慢，结构性就业矛盾较为突出，富余职工现象严重，就业形势非常严峻，这已经成为影响东北地区协调发展的重大民生问题。

第六节 协调发展深入推进东北振兴的政策建议

2018 年 9 月 28 日习近平总书记在沈阳主持召开深入推进东北振兴座谈会，指出"新时代东北振兴，是全面振兴、全方位振兴"。东北三省具有良好的工业基础、农业基础及较高的城镇化水平，提升综合发展水平，应以增强经济活力为基础，加快体制机制转变，加大人才培育和吸引力度，既要兼顾三省统一发展，又要根据各省的具体情况因地施策，补齐短板，推动东北三省高质量、协调发展。

一、加快增强经济发展新动能

由上可见，东北三省经济对综合发展水平的贡献程度较低，推动综合发展水平的提升应从增强经济发展新动能着手。第一，加快国有企业混合所有制改革，促进民营经济发展。国有企业要改革创新，不断自我完善，实现质量更高、效益更好、结构更优发展。为了解决民营企业融资难、融资贵，经济发展缺乏活力，应致力于营造公平的竞争环境，降低民营企业交易成本，给其发展创造充足的市场空间，激发其活力和创造力。近年东北老工业基地技术改造和国企改革的经验表明，技术水平落后是造成东北地区发展缓慢的一个原因，但更重要原因是东北地区的国有企业缺乏活力，其深层次原因还是经济结构固化的问题。由于受计划经济的深远影响，东北地区经济结构不能与现阶段市场经济要求相匹配。因此，实现东北地区协调发展，需要加快国企国资改革步伐。第二，优化产业结构，大力发展高新技术产业。抓住"互联网"＋"双创"＋"中国制造 2025"带来的机遇，提升传统产业技术含量、整合产业链上下游、做强优势产业。通过积极培育新产品、新业态来发掘东北振兴新动能，形成多元发展的产业格局。东北地区需要以制造业转型升级为主轴，加大对制造业转型升级所需技术创新领域和农产品深加工领域的投资，加强投资、贸易以及产能三方面的合作，主动对接共建"一带一路"国家的需要，推动装备制造业走去，并通过产业转移进行均衡布局，加强区域合作实现区域之间的协调与协同发展。第三，促进消费对经济的拉动。补齐民生短板，着手解决历史欠债问题，扭转社保基金账户入不敷出状况，确保养老金足额、按时发放，激发消费潜力。面对消费升级，以供给侧结构性改革为抓手，调整供给结构，满足人民日益增长的美好生活需要。第四，加快转变政府职能。各级政府要由经营参与者变为规则制定者和监管者以及服务提供者，形成有利于加快经济结构优化的政府治理体系，着力建立激励创新的市场体系，营造一个统一开放，公平竞争的营商环境，让创新、改革和服务成为东北地区发展的新动力。

二、加快资源型城市转型发展

第一，转型发展是一项长期、艰巨的系统工程。尤其是对处在"滚石上山、爬坡过坎"的资源型城市来讲，需要不断激发其内生动力。加大科技创新力度，开发和应用低碳技术，大力推进节能减排，积极发展循环经济。第二，转型对于资源型城市是一项复杂的系统工程。对于东北地区而言，其转型过程中不仅要考虑政府作用但还要充分发挥市场的作用，因地制宜做好顶层设计，因城施策做好转型发展。第三，提高资源利用率。借鉴发达国家资源型城市转型的成功经验，建立重点深化改革试点区，形成示范效应，供其他资源枯竭城市学习借鉴。如黑龙江以鸡西、鹤岗、双鸭山、七台河四大煤城为试点，推进矿产资源开发和精深加工一体化发展，延长产业链，增加产品附加值，提高资源利用率。由此推而广之，促进石油化工、煤炭等重工业改造力度，促进绿色发展，提高资源利用率，进而促进装备制造等优势产业提质增效。

三、加快促进民生领域发展

在经济转轨、城市转型的同时，下决心解决再就业等民生问题。第一，大力发展新兴替代产业。建立长效可持续发展机制，致力于解决富余职工再就业、社保足额按时发放等民生问题。第二，推动东北地区旅游经济的发展。建设特色小镇、现代农业庄园、特色民宿和乡村旅游点，发展观光农业和创意农业，推动城镇融合发展。第三，加快完善覆盖城乡的社会保障体系建设。加大对城乡基础设施和住房改造的投资力度，积极推进城乡医药卫生体制改革，加强省际主要城市的联系与协同，促进大中小城市和小城镇协调发展。第四，统筹解决分离办社会职能问题。多渠道筹措资金，统筹研究解决分离企业办社会职能问题，解决资金缺口难题。

四、加快体制机制转变

东北地区"最早进入计划经济，最晚退出计划经济"，为此应加快体制机制根本性的转变。第一，理顺政府与市场关系，充分发挥市场决定作用。推进政府"放管服"改革，进一步简政放权，向服务型政府转变。在依法合规的前提下，简化投资审批流程，提高审批效率，致力于构建"亲""清"新型政商关系，促进非公有制经济快速发展。第二，继续深化国企改革。实施国有企业振兴专项行动，提高国企核心竞争力，强化国企战略支撑作用。第三，扩大高水平对外开放。增强国内国际两个市场两种资源联动效应，统筹扩大规则、规制、管理、标准等制度性开放。

五、加大人才培育和吸引力度

人才是支撑发展的第一资源，促进东北地区协调发展应注重人才的培育及引进。第一，统筹规划人才体系。完善"双创"、收入、户籍、住房、医疗、子女教育等方面的人才激励政策，扭转"孔雀东南飞"的局面，加快人才"一江春水向东流"。调整人才引进政策，加大人才引进力度，特别是针对大学毕业生，应根据东北地区高校毕业生的需求做出适当调整，增加高校毕业生就业机会。第二，加大人才引进力度。采用技术合作、技术入股、合作经营、合作设立技术中心、研究所和实验室等柔性流动方式，大力引进带技术、带项目、带资金的高层次人才和创新科研团队，在"人才大战"中占据高地。加强产学研三方的合作，加大产学研三方引才用才的自主权，完善校企合作机制，重点培养定向人才，引进新型企业注入活力。第三，既要重"抢"又要重"用"。进一步完善用人机制，营造良好的人才发展环境，构建合理的薪酬激励体系，为人才保驾护航，更好地吸引并留住人才，从人才管理、社会保障和教育三个方面来设计科学的人才激励机制。

六、因地精准施策

由于东北三省状况不尽相同，应因地精准施策：第一，辽宁应加快资源与环境的改善。贯彻落实绿水青山就是金山银山的理念，把生态环境摆在优先位置，坚持绿色发展，加快资源型城市转型，促进可持续发展。第二，吉林应加快科技驱动。以大型装备制造业为依托，促进科技研发，激发创新驱动内生动力，加快产学研用结合，依靠创新把实体经济做实、做强、做优。第三，黑龙江应多管齐下。加快区域融合发展，缩小与辽吉两省的差距。加快农业现代化建设，推动农业机械化、智能化，给农业现代化插上"科技的翅膀"。促进农产品精深加工，打造名企、名牌效应。结合地缘及气候优势，充分利用林海雪原等自然风光，发展沿边旅游、冰雪旅游产业。研发高科技冰雪装备，实施创新驱动发展战略，带动综合发展水平的提升。

第五章　以绿色发展深入推进东北振兴

习近平总书记指出，深入推进东北振兴要"更好支持生态建设和粮食生产，巩固提升绿色发展优势"①。绿色是永续发展的必要条件和人民对美好生活追求的重要体现，是中国迈向现代化强国的必然要求，也是实现可持续发展的亮丽底色。新时代东北全面振兴、全方位振兴，必须以绿色发展深入推进东北振兴。

第一节　引　　言

2015年5月，国务院发布的《关于加快推进生态文明建设的意见》中首次将绿色发展、循环发展、低碳发展作为我国现代化建设基本途径，党的十八大将"生态文明建设"纳入中国特色社会主义的"五位一体"总体布局，党的十九大报告中进一步强调要推进绿色发展，建立健全绿色低碳循环发展的经济体系，党的二十大提出推动绿色发展，促进人与自然和谐共生。

习近平总书记指出"要贯彻绿水青山就是金山银山、冰天雪地也是金山银山的理念"②。由此可见，东北老工业基地在经济转型时期不仅要关注经济的发展，应以绿色经济发展为导向，以绿色可持续增长为基础，实现由"黑"向"绿"转变，提升东北地区的整体竞争实力。

绿色增长这一概念最早期雏形源于英国环境经济学家皮尔斯（Pierce，1989）出版的《绿色经济蓝皮书》中所提到的"绿色经济"，强调绿色经济发展的目标在于实现社会效益、经济效益和生态效益的多目标统一。联合国亚洲及太平洋经济社会委员会（UNESCAP，2005）对绿色增长内涵

---

①② 习近平在东北三省考察并主持召开深入推进东北振兴座谈会［EB/OL］.中华人民共和国中央人民政府，2018－09－28.

做出进一步详细的解释，指出绿色增长是推动低碳、惠及社会所有成员发展而采取的环境可持续的经济过程。经济合作与发展组织（OECD）（2009）发布《迈向绿色增长》报告正式将绿色增长定义为：指在确保自然资产能够继续为人类幸福提供各种资源和环境服务的同时，促进经济增长和发展。

绿色发展作为一种能够兼顾生态平衡、资源约束和经济发展的新型可持续增长方式，能够有效地缓解东北地区资源危机、环境污染和经济增长的三重压力。而绿色发展能力综合评价则是反映区域绿色增长态势的最直接有效的手段。现阶段，如何科学地对区域绿色增长能力进行有效评价和绩效考量，成为国外环境经济学和可持续发展领域的研究热点，国内外专家学者对绿色发展评价的研究主要集中在绿色发展能力评价指标识别和评价方法及模型选择等方面。

第一，指标体系构建。经济合作与发展组织（OECD）以经济增长为目标，提炼出以生产和消费系统为核心，分别从经济、自然、人类活动三个方面构建了绿色增长指标体系框架，该指标体系已被广泛应用于韩国、荷兰、捷克与墨西哥等国家，具有广泛的国际可参照性。国际组织联合国环境规划署（UNEP）和全球绿色增长研究所（GGGI）也颁布了相应的绿色增长评价指标体系。北京师范大学、西南财经大学联合国家统计局分别从经济增长绿化度、资源环境承载潜力和政府政策支持度三大方面构建了一套完整的绿色发展指数测算指标体系。北京工商大学世界经济研究中心联合遂宁绿色经济研究院以北京市的资源环境效率为基准，测度中国300个省市的绿色经济发展指数。国家发展改革委、国家统计局、环境保护部、中央组织部联合制定了《绿色发展指标体系》，以便于各地方对生态文明建设和绿色发展整体的监测考核。

第二，研究方法。弗朗西斯科（Francisco，2011）分别从绿色发展态势、经济增长与空气污染脱钩发展和内化环境破坏成本这三方面构建绿色增长绩效评价指标体系，运用层次分析方法评价墨西哥2003～2009年绿色增长阶段性绿色增长绩效及趋势。张江雪和朱磊（2012）基于绿色增长对技术创新的约束，将资源生产率和环境负荷作为产出，采用四阶段DEA模型对中国区域绿色增长能力进行评价。洛雷克和斯潘根贝格（Lorek & Spangenberg，2014）基于环境压力视角，采用因子分析法评价未来经济增长最优水平。龙如银和唐敏（2017）结合DPSIR模型分别从绿色驱动、绿色压力、绿色状态、绿色影响和绿色回应这5个方面构建江苏省绿色增长评价指标体系，综合评价江苏13个城市的绿色增长水平。吕晓菲和卢小丽（2016）运用灰色关联投影方法测算 17 个典型性资源型城市在 2000～2013 年的绿色增长指数。郝芳等（2017）以社会、经济、资源环境和能源这 4 个子系统为基础构建中国绿色增长评价模型，采用系统动力学对 2005～2020 年中国绿色增长态势进行了模拟仿真评价。赵奥等（2017）采用突变级数模型与 Topsis 相集成的方法测算中国 2002～2015 年绿色增长水平，探究中国整体绿色增长水平的演进趋势和未来的增长空间。王勇等（2018）采用空间计量实证考察了 30 个省份 2013～2016 年省际绿色发展的空间格演变特点。

本章在借鉴国内外权威绿色评价指标体系的基础上，结合东北地区自身的发展现状和特点，分别从绿色经济发展质量、绿色生态支撑压力、绿色资源承载空间和绿色环境治理强度这 4 个方面构建东北绿色发展综合能力评价指标体系，采用能够兼顾到指标模糊性和隶属度随机性的正态云模型对东北地区 2007～2017 年绿色发展进行测度。其研究结果能够全面、客观地反映出东北地区在绿色经济、绿色生态、绿色资源和绿色环保层面的发展演进态势，及时挖掘各时间段和各区域所存在的异质性问题，探究东北绿色发展进程中所存在的薄弱环节，以期能够有效衡量东北地区绿色发展的真实状况。

第二节　东北地区经济—能耗—碳排放态势研究

一、东北地区经济发展形势分析

1. 东北地区经济规模

以地区生产总值来衡量地区经济规模。地区生产总值是地区内各产业增加值之和，反映出地区一定时间内的生产总量。从表 5－1 各省份地区生产总值可以看出，10 年间广东、山东、江苏三省经济规模持续稳居前三，东北三省地区生产总值稳中有降；辽宁作为东三省的排头兵，其地区生产总值位居东北第一，但在 2015 年、2016 年出现两次连续性下跌，下跌幅度大于黑龙江和吉林。从绝对数的增长情况看，10 年间增长最快的是重庆市，2016 年地区生产总值是 2007 年的 4.3 倍，辽宁省最低，黑龙江略好于辽宁省位居倒数第二，分别为 2.02 倍、2.18 倍，东北三省中吉林省总量规模增长相对最快为 2.8 倍。

在 2014 年以后，辽宁省经济出现持续性下跌，在 2016 年时增速水平已经达到全国倒数第一，黑龙江省同期也出现持续下跌状态，吉林省略好于辽宁省及黑龙江省，在东北三省经济遇冷期出现阶段性反弹。整体看，东北三省地区生产总值增速的下滑将拉大了与全国平均水平的差距，引起各方面的广泛关注。

表5-1　　　　　　　　　2007～2016年各省份地区生产总值　　　　　　单位：亿元

省份	2007年	2009年	2010年	2011年	2012年	2013年	2014年	2015年	2016年
北京	9353	12153	14114	16252	17879	19801	21331	23015	25669
天津	5050	7522	9224	11307	12894	14442	15727	16538	17885
河北	13710	17235	20394	24516	26575	28443	29421	29806	32070
山西	5733	7358	9201	11238	12113	12665	12761	12766	13050
内蒙古	6091	9740	11672	14360	15881	16917	17770	17832	18128
辽宁	11023	15212	18457	22227	24846	27213	28627	28669	22247
吉林	5285	7279	8668	10569	11939	13046	13803	14063	14777
黑龙江	7065	8587	10369	12582	13692	14455	15039	15084	15386
上海	12189	15046	17166	19196	20182	21818	23568	25123	28179
江苏	25741	34457	41425	49110	54058	59753	65088	70116	77388
浙江	18780	22990	27722	32319	34665	37757	40173	42886	47251
安徽	7364	10063	12359	15301	17212	19229	20849	22006	24408
福建	9249	12237	14737	17560	19702	21868	24056	25980	28811
江西	5500	7655	9451	11703	12949	14410	15715	16724	18499
山东	25966	33897	39170	45362	50013	55230	59427	63002	68024
河南	15012	19480	23092	26931	29599	32191	34938	37002	40472
湖北	9231	12961	15968	19632	22250	24792	27379	29550	32665
湖南	9200	13060	16038	19670	22154	24622	27037	28902	31551
广东	31084	39483	46013	53210	57068	62475	67810	72813	80855
广西	5956	7759	9570	11721	13035	14450	15673	16803	18318
海南	1223	1654	2065	2523	2856	3178	3501	3703	4053
重庆	4123	6530	7926	10011	11410	12783	14263	15717	17741
四川	10505	14151	17185	21027	23873	26392	28537	30053	32935
贵州	2742	3913	4602	5702	6852	8087	9266	10503	11777
云南	4741	6170	7224	8893	10309	11832	12815	13619	14788
西藏	342	441	507	606	701	816	921	1026	1151

省份	2007 年	2009 年	2010 年	2011 年	2012 年	2013 年	2014 年	2015 年	2016 年
陕西	5466	8170	10123	12512	14454	16205	17690	18022	19400
甘肃	2702	3388	4121	5020	5650	6331	6837	6790	7200
青海	784	1081	1350	1670	1894	2122	2303	2417	2572
宁夏	889	1353	1690	2102	2341	2578	2752	2912	3169
新疆	3523	4277	5437	6610	7505	8443	9273	9324	9649

资料来源：2008~2017 年《中国统计年鉴》。

改革开放以来，东部沿海地区借助区位优势率先发展，引领以及带动中西部地区的整体崛起。依据资源禀赋及区域特点出现分异的发展态势，借鉴洪兴建（2010）对中国经济区域的划分方式将其划分为八大综合经济区域，将东北地区同其他经济区域进行对比，能更好地分析东北地区经济发展状况及存在问题。

从表 5-2 可以得出，2008 年八大经济区经济增速均在 15% 以上，东北地区增速高达 21%，仅次于增速最快的黄河中游的 24%。2008 年美国次贷危机的发生对我国经济产生影响，最显著是八大区经济增速集体出现下滑，2009 年经济下滑最为严重的三个经济区分别为黄河中游经济区、大西北经济区以及东北经济区，分别下跌 12 个、12 个、11 个百分点。随着"四万亿"计划的实施落实，经济在快速回升后趋于平稳发展。纵观分析期发现，在 2007~2012 年各经济带的增速趋势整体一致，2012 年后经济增速整体略微下滑，到 2016 年开始回暖。但是东北经济区仍维持这一下滑趋势且在 2016 下滑幅度进一步加大，这与东北地区资源型产业及重化工业占比较大，在"三期叠加"阶段，原重化工业优势转变为减速换挡期劣势有很大关系。

表 5-2　　　　2007~2016 年八大经济区地区生产总值　　　　单位：亿元

年份	北部沿海经济区	黄河中游经济区	东北经济区	东部沿海经济区	长江中游经济区	大西南经济区	大西北经济区	南部沿海经济区
2007	54079.13	32302.72	23373.18	56710.44	31295.11	28066.67	8240.56	41556.81
2008	64103.08	39959.63	28195.63	65497.68	37841.52	33807.99	9835.47	47978.80
2009	70807.01	44748.82	31078.24	72494.10	43738.79	38522.88	10540.55	53373.30
2010	82902.22	54088.70	37493.45	86313.77	53816.16	46507.25	13105.76	62814.68

年份	北部沿海经济区	黄河中游经济区	东北经济区	东部沿海经济区	长江中游经济区	大西南经济区	大西北经济区	南部沿海经济区
2011	97436.82	65040.76	45377.53	100624.80	66305.29	57353.88	16008.90	73293.12
2012	107361.53	72046.40	50477.25	108905.30	74565.61	65479.17	18091.37	79625.24
2013	117916.09	77978.50	54714.53	119328.10	83053.03	73544.40	20289.83	87520.84
2014	125905.50	83159.86	57469.10	128829.10	90979.92	80553.13	22086.53	95366.33
2015	132361.22	85622.02	57815.82	138126.30	97181.81	86695.22	22470.33	102495.13
2016	143649.46	91049.89	52409.79	152818.30	107123.40	95557.92	23742.56	113718.69

资料来源：作者计算。

从图 5 - 1 可以看出，在 2007～2016 年分析年份中，其他七个经济区均呈现稳定增长态势，而东北经济区在 2016 年出现经济下滑。沿海地区经济带地区生产总值明显高于其他经济带，位居前三，分别为东部沿海经济带、北部沿海经济带以及南部沿海经济带。东部沿海经济带依托上海浦东新区的快速发展带动整个江浙沪经济腾飞，北部沿海经济带借助经济、文化、政治中心区位优势驱动经济增长，而南部经济抓住改革开放试点机遇，积极吸引利用外资拉动经济发展。东北地区经济总量仅高于大西北经济带，增速相对较低，主要是由于作为东北地区的优势产业正在衰弱，营商环境有待提高，新兴产业尚未形成，民营经济活力不足。

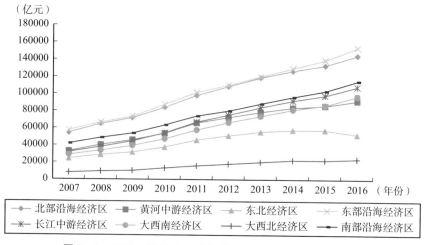

图 5 - 1　2007～2016 年八大经济区地区生产总值演化趋势

2. 东北地区经济效益

以劳动生产率来衡量地区经济效益。劳动生产率这一指标能够体现出各地区具体劳动生产使用价值效率，有效地反映出各地区的经济质量。从表5-3可以看出，在分析期内劳动生产率最高的三个省份分别是北京、上海以及天津，排名略有调整，但是稳居前三。劳动生产率最低的三个省分别为云南、贵州以及甘肃，分析期内劳动生产率排名略有变化但同样始终垫底。东北三省劳动生产率在全国各省份排名中处于中等水平，稳中略有下滑。

从2007年看，劳动生产率最高的上海市（59055元/人）是最低劳动生产率省份贵州省（7549元/人）的7.82倍，即使是劳动生产率排名位居第三的天津市也是贵州省的6倍多。在东北三省中作为经济排头兵的辽宁省劳动生产率（25648元/人）不足上海市劳动生产率的一半；就东北三省内部来看，辽宁省劳动生产率是吉林省的1.32倍，是黑龙江省的1.39倍。劳动生产率在全国范围内存在巨大差距。

各省份劳动生产率排序略有变化，但是整体呈现增长状态。到2016年，劳动生产率最高的北京是最低省份甘肃省的4.28倍，差距较2007年大幅度降低，这与近几年采取差异化的财政政策及货币政策，以缩小区域经济差异的策略相关。从劳动生产率增速看，在分析期内全国各省份劳动生产率增速整体趋势是一致的，劳动生产率增速相对较快省份为贵州省及重庆市，增速较慢的是辽宁省，劳动生产率增速在2008年为22%，2009年增长速度下滑降到12%后开始回升，但从2011年开始劳动生产率增速出现急速下滑现象到2016年出现负增长，为-22%。同期，吉林省和黑龙江省的劳动生产率也均呈现增速下滑态势，但在2016年增速开始出现明显的回升趋势，吉林省劳动生产率上升4个百分点，黑龙江省上升1个百分点。

表5-3　　　　　　　　　2007~2016年各省份劳动生产率　　　　　　　　单位：元/人

省份	2007年	2008年	2009年	2010年	2011年	2012年	2013年	2014年	2015年	2016年
北京	55807	59221	65339	71935	80495	86416	93621	99121	106009	118128
天津	45295	54034	61253	71012	83449	91252	98111	103671	106905	114503
河北	19746	23163	24503	28349	33857	36464	38788	39844	40143	42932
山西	16898	20342	21472	25744	31276	33544	34890	34982	34843	35444
内蒙古	25077	31759	39627	47217	57856	63777	67720	70939	71014	71937

省份	2007 年	2008 年	2009 年	2010 年	2011 年	2012 年	2013 年	2014 年	2015 年	2016 年
辽宁	25648	31197	35044	42188	50711	56611	61989	65194	65425	50815
吉林	19358	23497	26565	31553	38446	43415	47424	50157	51083	54068
黑龙江	18475	21725	22444	27051	32817	35711	37692	39237	39569	40500
上海	59055	63980	68083	74537	81788	84797	90344	97146	104031	116441
江苏	33331	39053	44119	52644	62173	68255	75266	81769	87909	96747
浙江	36432	41226	43575	50895	59160	63293	68673	72936	77426	84528
安徽	12037	14465	16413	20748	25638	28744	31889	34274	35816	39393
福建	25607	29742	33378	39906	47205	52566	57945	63205	67673	74369
江西	12592	14728	17273	21182	26076	28750	31867	34598	36627	40285
山东	27721	32996	35794	40853	47071	51640	56745	60708	63981	68387
河南	16039	19523	20534	24553	28687	31469	34199	37027	39032	42459
湖北	16197	19840	22659	27876	34096	38502	42752	47076	50496	55506
湖南	14477	17487	20387	24411	29820	33370	36798	40133	42610	46249
广东	32178	36083	38976	44070	50652	53868	58695	63232	67115	73511
广西	12491	14891	15979	20759	25233	27841	30621	32968	35036	37862
海南	14477	17087	19146	23757	28765	32193	35503	38768	40645	44201
重庆	14640	17952	22840	27472	34297	38742	43041	47685	52096	58204
四川	12926	15368	17289	21362	26120	29560	32555	35057	36632	39863
贵州	7549	9270	11062	13228	16437	19668	23092	26415	29752	33127
云南	10504	12547	13498	15698	19203	22128	25245	27184	28720	30996
西藏	11840	13559	14911	16915	19994	22761	26143	28957	31679	34786
陕西	14741	18427	21921	27104	33429	38512	43054	46861	47513	50877
甘肃	10606	12450	13259	16097	19580	21917	24519	26387	26117	27588
青海	14196	17356	19412	23986	29409	33046	36714	39508	41106	43381
宁夏	14577	17775	21653	26693	32898	36187	39412	41573	43589	46942
新疆	16817	19725	19810	24885	29923	33611	37296	40354	39512	40241

资料来源：2008～2017 年《中国统计年鉴》。

　　基于区域发展异质性对八大经济劳动生产率分析依据表 5 - 4 得出，在分析期内，八大经济区劳动生产率呈现直线上升趋势，劳动生产率最低的为大西南经济区，东北地区作为第四大劳动生产率区域位居中间水平，东部沿海经济区劳动生产率最高，与第二大劳动生产率区域存在显著性差距。在分析最低与最高劳动生产率时发现，差距从 3.23 倍逐渐缩小到 2014 年的 2.43 倍，而 2016 年，差距反弹增长到 2.66 倍，从走势看呈现扁平的 "U" 型趋势。将东北地区劳动生产率同东部沿海经济区相比发现，两者之间的差距也呈现一种扁平 "U" 型趋势，从 2007 年的 1.76 倍缩减到 2012 年的 1.50 倍，之后差距开始逐年拉大到 2016 年的 1.99 倍。将东北地区劳动生产率同劳动生产率最低的大西南经济区对比，发现两经济区劳动生产率差距呈现一种向右倾斜式下降趋势，东北地区劳动生产率总量增长相对缓慢。

表 5-4　　　　　　　2007~2016 年八大经济区劳动生产率　　　　　单位：元/人

年份	北部沿海经济区	黄河中游经济区	东北经济区	东部沿海经济区	长江中游经济区	大西南经济区	大西北经济区	南部沿海经济区
2007	28312	17100	21538	37954	13884	11765	13522	29437
2008	33123	21029	25929	43333	16725	14127	16003	33351
2009	36141	23430	28494	47394	19278	16046	17023	36407
2010	41362	28192	34225	55262	23690	19689	20999	41868
2011	48112	33865	41380	64056	29069	24186	25480	48532
2012	52487	37407	46001	69028	32547	27459	28540	52285
2013	57094	40393	49849	75276	36044	30663	31752	57155
2014	60410	42946	52359	81055	39253	33415	34232	61794
2015	63059	44026	52814	86708	41629	35693	34358	65706
2016	67913	46580	48038	95458	45594	39045	35935	72019

资料来源：作者计算。

从八大经济区劳动生产率增速看，2008~2010 年各经济区增速均呈现 "U" 型趋势，2010 年增速最快的为大西北经济区高达 23%，相对增速最低的北部沿海地区为 14%，东北地区增速为 20%，以较快的劳动生产率增速来带动经济增长，这与我国政府应对美国次贷危机采取措施成效相吻合。从 2010 年后，劳动生产率增速出现整体下滑趋势，到 2015 年增速均低于 7%，东北地区增速最低为 1%，在 2016 年劳动生产率增速开始反弹，但东北经济区增速持续下滑，降为 -9%，作为经济发展核心源泉的劳动生产率的下降导致东北地区区域经济增速下滑，经济发展动力衰退趋势不容乐观。

3. 东北地区经济结构

表 5-5 为 2016 年八大经济区三大产业产值占比。从整体看，第三产业占比最高为 49.05% 接近一半，第二产业其次，第一产业最低不足 10%。分经济区看，在八大经济区中，第一产业占比低于全国平均水平的为沿海经济区，占比最高的大西北经济区为 13.52%，其次为大西南经济区及东北经济区。东北经济区拥有最广阔的黑土地，农产品深加工产业发展带动东北第一产业的发展。从第二产值占比看，黄河中游经济区占比最高为 46.51%，东北经济区产值占比最低为 38.18%，这与东北地区第一产业发达，鼓励发展第三产业，转型期内第二产业占比中重化工业占比相对萎缩，从而挤占第二产业产值占比不无关系。经济相对发达的沿海经济区第三产业产值占比均高于全国平均水平，占比较高且超过 50% 的为东部沿海经济区及北部沿海经济区，分别为 53.95% 及 52.74%，占比最低的为长江中游经济区 43.66%，东北经济区第三产业产值占比高于全国平均水平 0.67 个百分点，其中第三产业占比最高经济区同占比最低的经济区相差 10.29 个百分点。第三产业比重的持续上升是趋势性的，其主导作用将会进一步凸显，将在较长时间对中国经济增长、就业以及各方面产生影响。

表 5-5　　　　2016 年八大经济区三大产业产值结构比重　　　单位：%

区域	第一产业	第二产业	第三产业
全国	8.16	42.79	49.05
北部沿海经济区	6.11	41.15	52.74
黄河中游经济区	9.23	46.51	44.26
东北经济区	12.10	38.18	49.72
东部沿海经济区	4.03	42.02	53.95
长江中游经济区	10.93	45.41	43.66
大西南经济区	12.63	41.84	45.53
大西北经济区	13.52	39.30	47.18
南部沿海经济区	6.16	44.06	49.78

资料来源：作者计算。

从表 5-6 可以直观看出，东北地区属于第一产业的农林牧渔业增加值占比远高于全国平均水平，仅次于大西北及大西南经济区，这与东北地区农业在全国的重要地位有关。对比发达沿海经济区发现，东部沿海经济区农林牧渔业产值占比不足东北经济区的一半，更甚约为其1/3。对八大经济区横向对比发现，相对发达经济区第一产业产值占比较欠发达地区低。东北地区的建筑业略高于全国平均水平，而工业增加值占比低于全国平均水平超过5个百分点。以资源型产业及重化工业相对占比较高的东北，在新形势下亟须转变经济发展方式，利用产业优势、科技优势、政策优势，重振东北工业基地崛起的机遇。从服务业看，东北地区的批发和零售业，交通运输、仓储和邮政业，住宿和餐饮业产值占比均高于全国平均水平，房地产业占比低于全国平均水平，而作为现代经济中核心地位的金融业占比相对较低，低于全国平均水平0.9个百分点。现阶段东北地区在新一轮全面振兴政策的指引下，应加快金融业发展，使之与东北经济区的发展要求相适应。

表5-6　　　　　　2016年八大经济区分行业产值结构比重　　　　单位：%

区域	农林牧渔业	工业	建筑业	批发和零售业	交通运输、仓储和邮政业	住宿和餐饮业	金融业	房地产业
全国	8.46	36.56	6.37	9.54	4.50	2.17	7.36	4.88
北部沿海经济区	6.38	36.07	5.22	11.29	4.79	1.79	7.77	4.69
黄河中游经济区	9.56	39.56	7.09	8.23	5.25	2.88	6.19	4.16
东北经济区	12.55	31.55	7.09	11.11	4.89	2.57	6.47	4.07
东部沿海经济区	4.21	37.08	5.02	11.35	3.83	1.83	9.05	5.91
长江中游经济区	11.35	38.43	7.08	7.48	3.99	2.15	5.69	3.77
大西南经济区	12.97	33.14	8.80	7.32	4.70	2.73	7.63	3.92
大西北经济区	13.98	27.28	12.43	6.33	4.93	2.14	7.18	3.16
南部沿海经济区	6.34	39.42	4.75	9.72	4.48	1.92	7.28	6.90

资料来源：作者计算。

二、东北地区能源消耗分析

1. 东北地区能耗与产值比重

为便于比较分析，对各类终端能源统一折算为标准煤计量。我国将标准煤定义为将不同品种及含量的能源按各自不同的热值换算为每千克热值为 7000 千卡的标准煤。各类终端能源的具体折算标准煤的系数如表 5 - 7 所示。

本节将能源消耗占产值的比重称为单位比重产值能耗比。从表 5 - 8 中可以看出，在整个分析年间，每年东北经济区能源消耗产值占比均高于产值占比。在数据上浅显得到在 2007 ~ 2012 年东北地区产值比重不足 10% 时，其能源消耗比重超过 10%，单位比重产值能源消耗远高于全国平均水平，且这一指标呈逐年上升趋势。在 2013 年单位产值能源消耗指标有所下滑，2014 年又开始呈上升趋势，在 2016 年能源消耗比重有所下滑，与此同时产值比重以更快速度下滑，导致单位比重产值能源消耗比急速上升。

表 5 - 7 　　　　　　　　　　　各类能源折算标准煤系数 *

能源名称	折算标准煤系数	单位
原煤	0.7143	千克标准煤/千克
洗精煤	0.9000	千克标准煤/千克
焦炭	0.9714	千克标准煤/千克
原油	1.4286	千克标准煤/千克
燃料油	1.4286	千克标准煤/千克
汽油	1.4714	千克标准煤/千克
煤油	1.4714	千克标准煤/千克
柴油	1.4571	千克标准煤/千克
天然气	1.3300	千克标准煤/立方米
焦炉煤气	0.5714	千克标准煤/立方米
电力	1.2290	千克标准煤/千瓦时

注：* 根据 IPCC《国家温室气体排放清单指南》，焦炉煤气的折算标准煤系数为 0.5714 ~ 0.6143 吨千克标准煤/立方米，为方便统计，本书采用中间值 0.5714 千克标准煤/立方米。

资料来源：IPCC《国家温室气体排放清单指南》。

从能源消耗比重及其产值比重增长情况看，2008 ~ 2010 年，能源消费比重增速是超过产值比重增长速度的，2011～2013年产值比重增长速度超过能源消耗占比增速，从2014年开始能源消费比重增长速度超过产值增长速度，且这一增速间距持续扩大，从数据来看，东北经济区相较全国平均水平为能耗重灾区。

从表5-8分析得出，东北地区及其包含的三个省份，单位比重产值能耗比均大于1，即均大于全国平均水平，表明能源利用率较低。其中，比值最大的为黑龙江省，最小的为吉林省，且吉林省单位比重产值能耗比同东北经济区走势吻合，黑龙江省与辽宁省走势相似。以辽宁省为例，2007～2011年，单位比重产值能耗比呈现在极度平稳中略有下滑的趋势，2012～2013年比值出现快速上升而后又趋于平稳的下滑现象，2015～2016年，这一指标出现较为陡峭的下滑，表明辽宁省及黑龙江省经济发展开始由高耗能的粗放式发展方式转向以可持续的集约式发展方式。从增长率看，辽宁省能源消耗占比增长率及产值占比增长率的变化趋势及程度同东北经济区是一致的，但自2015年后较能源消耗比重增长率以较缓坡度相比，产值占比增长率出现较大幅度下滑。

表5-8　　　　　2007～2016年东北地区能耗和产值占全国比重　　　　单位：%

年份	东北		辽宁		吉林		黑龙江	
	能源消费比重	产值比重	能源消费比重	产值比重	能源消费比重	产值比重	能源消费比重	产值比重
2007	10.15	8.48	5.06	4.00	2.08	1.92	3.01	2.56
2008	10.61	8.62	5.28	4.11	2.21	1.96	3.11	2.54
2009	10.77	8.51	5.41	4.16	2.25	1.99	3.11	2.35
2010	10.86	8.58	5.51	4.22	2.27	1.98	3.09	2.37
2011	10.98	8.70	5.55	4.26	2.30	2.03	3.13	2.41
2012	10.97	8.76	5.55	4.31	2.25	2.07	3.17	2.37
2013	9.83	8.63	4.92	4.29	2.07	2.06	2.84	2.28
2014	9.65	8.40	4.83	4.18	2.01	2.02	2.81	2.20
2015	9.49	8.00	4.77	3.97	1.89	1.95	2.82	2.09
2016	9.21	6.72	4.56	2.85	1.84	1.89	2.82	1.97

资料来源：作者计算。

2. 东北分地区能耗构成

从表5-9及图5-2可以直观看出，1997～2016年，辽宁省能源消费总量整体呈现一种倒"U"型曲线，尽管个别年份略微下降，在 1997 年开始能源消耗总量呈现逐年上升趋势，直到 2013 年开始出现持续下滑。在此期间，辽宁省经济发展呈现预冷状态；从能源占比看，一次能源中煤炭占比最高，石油次之，天然气占比最低，整体看煤炭占比呈现下滑趋势，而石油与煤炭呈现互补的变动趋势。在煤炭占比下滑的年份，石油占比上升；在煤炭占比上升的年份，石油占比下降，天然气在整个年份中呈现一种倒"N"型走势。1997～2010 年呈现一种下降趋势，2011 年开始出现急速上升态势并一直维持到 2014 年，紧接着在 2015 年出现下滑现象。作为清洁能源的一次电力，其占比相对较低，到 2016 年占比最高时也仅仅占能源消费总量的 2.3%。但是从整个发展趋势看，一次电力整体以一种较快的增长趋势开始抢占辽宁省能源消耗市场，在强调经济振兴的同时应协调环境保护，走环境保护、人与自然协调发展的绿色发展之路。

表 5 – 9 　　　　　　　　1997～2016 年辽宁省能源消费总量及构成

年份	能源消费总量（万吨标准煤）	占能源消费总量的比重（%）			
		煤炭	石油	天然气	一次电力
1997	9191.6	82	14.9	2.7	0.4
1998	8873.7	82.5	14.6	2.6	0.3
1999	8869.9	80.5	16.7	2.6	0.2
2000	9877.2	77.5	19.8	2.5	0.2
2001	10356.9	73.8	23.7	2.2	0.3
2002	10333.5	77.8	19.8	2.2	0.2
2003	11430.7	78.6	18.8	2.3	0.3
2004	12454.0	79.2	19	1.5	0.3
2005	12883.3	71.3	24.1	1.5	0.6
2006	14228.0	71.4	24.3	1.2	0.4
2007	15757.9	73.2	22.6	1.2	0.4
2008	16925.7	73.1	22.7	1.3	0.4
2009	18172.5	73	22.5	1.2	0.4
2010	19856.4	67.9	27.3	1.3	0.6
2011	21492.1	65.3	29	2.4	0.6
2012	22313.9	61.3	31.6	3.8	0.8
2013	20499.6	62.5	28.2	5	1.5

年份	能源消费总量 （万吨标准煤）	占能源消费总量的比重（%）			
		煤炭	石油	天然气	一次电力
2014	20585.7	62.1	28.2	5.4	1.6
2015	20522.1	61.2	31	3.6	1.7
2016	19861.4	59.9	32.1	3.4	2.3

资料来源：《辽宁统计年鉴》。

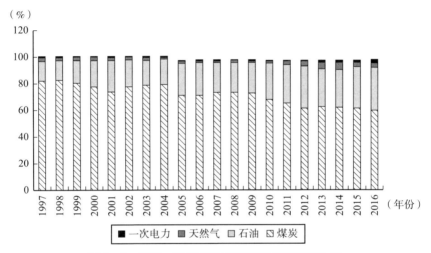

图 5-2　1997~2016 年辽宁省能源消费构成比例

　　从表 5-10 和图 5-3 可以看出，吉林省能源消耗总量变化趋势呈现倒 "S" 走势。从 1997 年开始逐年下降，到 2000 年能源消耗总量下降到阶段性的最低点 3527.7 万吨标准煤，随后能源消耗量逐年增长。在此期间，以接近每年 10% 的速度进行增长，到 2012 年达到分析期峰值 9028.3 万吨标准煤，之后再次出现下跌，到 2016 年年能源消耗总量已下降到 8014.1 万吨标准煤。

　　从能源消耗总量的比重来看，在四类能源占比中煤炭消耗量占比最大，超过 50%，在一次能源消耗量中煤炭占比最大，其次是石油，天然气占比最低。这与辽宁省相似，煤炭消耗量从 1997 年开始到 2000 年逐年递减，2001 年到 2003 年以较快速度增长，2002~2003 年以 26% 的增速落差增长，2003~2004 年以 29% 的增速落差进行减少，从 2005 年开始到 2016 年，增长率维持在 5%~7% 的相对平稳的范围内变动。石油占比在 1997~2016 年变动是相对较低的，如 1997 年、2016 年占比分别为 18.1%、18%，两端看几乎未有变动，但是期间占比在 22.4% ~ 15.9% 变动，变动幅度相对平缓。2016 年天然气占比相较 1997 年增长了 5 倍多，基本呈现一种逐年增长的状态。一次电力是相对于一次能源更为清洁的能源，其占比在 2002 年以前持续维持在 20% 以上，从 2003 年经历了断崖式下跌后维持一种缓慢的持续增长的状态，到 2016 年占比也不足 1997 年的 1/3，但就整个能源消费总量的占比看，与煤炭增降趋势互补的是一次电力。

表 5 - 10 1997 ~ 2016 年吉林省能源消费总量及构成

年份	能源消费总量（万吨标准煤）	占能源消费总量的比重（%）			
		煤炭	石油	天然气	一次电力
1997	4177.2	58.8	18.1	0.7	22.4
1998	3626.8	54.9	20.7	0.9	23.6
1999	3693.2	53.2	21.1	0.8	24.9
2000	3527.7	53.0	20.9	0.8	25.3
2001	3712.7	53.7	19.9	0.7	25.6
2002	4209.0	56.2	18.5	0.7	24.7
2003	4468.8	73.8	22.4	2.1	1.0
2004	4778.7	75.6	20.5	2.2	1.5
2005	5258.5	76.5	20.9	1.9	1.8
2006	5871.5	77.7	19.3	1.7	1.1
2007	6465.9	76.1	19.4	2.0	1.2
2008	7100.1	77.7	16.9	2.5	1.1
2009	7553.4	78.7	16.0	2.8	1.4
2010	8172.8	77.9	17.8	2.9	2.1
2011	8886.9	78.2	16.6	2.9	1.6
2012	9028.3	77.3	15.9	3.4	1.7
2013	8645.4	71.8	17.0	3.7	6.1
2014	8559.8	71.7	17.0	3.5	5.2
2015	8141.9	69.3	16.8	3.5	4.3
2016	8014.1	67.4	18.0	3.6	6.4

资料来源：《吉林统计年鉴》。

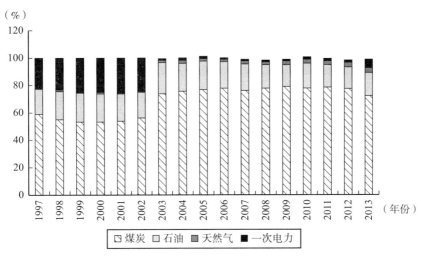

图5-3 1997~2016年吉林省能源消费构成比例

从表5-11和图5-4中可以看出，在分析年份中，黑龙江省能源消耗总量在经历了缓慢下降后开始上升，在2012年能源消费总量达到最大值为12757.8万吨标准煤，随之出现短期下滑后再次经历回升状态。从能源消费总量占比看，从表5-11中列出的三类一次能源可见，煤炭占比最高，其次是石油。煤炭占比一直维持在一个相对稳定的空间内变动，在占比最大时的2008年75.4%与占比最小时的56.5%间相对平缓变动，石油消费量占比整体上呈现一种下滑状态。从1997年的29.1%下降到2016年的22.1%，天然气消费量占比的变动呈现先上升后下降又上升再下降随后又缓慢上升的一种趋势。其中，与煤炭消费总量占比变动呈现互补关系的是石油，一次电力消费总量占比整体呈现出上升趋势，在2008年前上升幅度并不显著，从2008年后以相对较快速度增长，到2016年一次能源消费总量占全部能源消费总量的2.9%，清洁能源消费占比的增加使污染相对较重的重化产业降低污染排放量，以期实现黑龙江省经济绿色增长。

表5-11　　　　　　　1997~2016年黑龙江省能源消费总量及构成

年份	能源消费总量（万吨标准煤）	占能源消费总量的比重（%）			
		煤炭	石油	天然气	一次电力
1997	6635.5	66.5	29.1	3.8	0.6
1998	6702.1	64.1	30.8	4.3	0.8
1999	6390.0	62.1	32.5	4.6	0.8

年份	能源消费总量（万吨标准煤）	占能源消费总量的比重（%）			
		煤炭	石油	天然气	一次电力
2000	5663.1	57.8	37.0	4.3	0.9
2001	5830.8	56.5	38.1	4.6	0.8
2002	6204.2	59.9	35.1	4.0	1.0
2003	6309.8	60.2	35.3	3.7	0.8
2004	7515.0	65.6	30.5	3.1	0.8
2005	8075.8	71.3	26.3	4.0	0.2
2006	8727.5	69.5	26.5	3.7	0.8
2007	9374.0	70.3	26.5	4.4	0.7
2008	9979.4	75.4	20.1	4.2	1.0
2009	10466.7	69.1	24.0	3.8	1.5
2010	11139.3	68.4	24.3	3.6	2.0
2011	12118.5	68.7	25.1	3.4	2.0
2012	12757.8	69.5	25.1	3.5	2.2
2013	11853.3	70.6	22.2	3.9	3.0
2014	11954.9	70.4	23.9	3.9	2.3
2015	12126.2	69.3	23.9	3.9	2.4
2016	12280.5	69.6	22.1	4.1	2.9

资料来源：《黑龙江统计年鉴》。

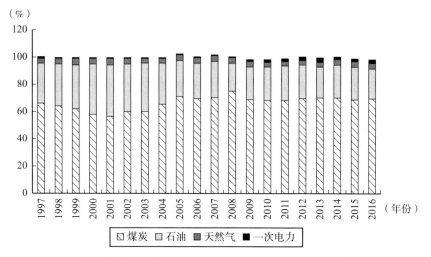

图5-4 1997~2016年黑龙江省能源消费构成比例

三、东北地区碳排放分析

1. 东北地区碳排放演进态势分析

（1）总体趋势分析。

研究为便于比较分析，各类终端能源的具体折算标准煤的系数如表 5-12 所示。

表 5-12　　　　　　　　各类能源二氧化碳排放系数

能源名称	平均低位发热量	折标准煤系数	单位热值含碳量（吨碳/TJ）	碳氧化率	二氧化碳排放系数
原煤	20908kJ/kg	0.7143kgce/kg	26.37	0.94	1.9003kg（CO_2）/kg
焦炭	28435kJ/kg	0.9714kgce/kg	29.5	0.93	2.8604kg（CO_2）/kg
原油	41816kJ/kg	1.4286kgce/kg	20.1	0.98	3.0202kg（CO_2）/kg
燃料油	41816kJ/kg	1.4286kgce/kg	21.1	0.98	3.1705kg（CO_2）/kg
汽油	43070kJ/kg	1.4714kgce/kg	18.9	0.98	2.9251kg（CO_2）/kg
煤油	43070kJ/kg	1.4714kgce/kg	19.5	0.98	3.0179kg（CO_2）/kg
柴油	42652kJ/kg	1.4571kgce/kg	20.2	0.98	3.0959kg（CO_2）/kg
液化石油气	50179kJ/kg	1.7143kgce/kg	17.2	0.98	3.1013kg（CO_2）/kg
炼厂干气	46055kJ/kg	1.5714kgce/kg	18.2	0.98	3.0119kg（CO_2）/kg
油田天然气	38931kJ/m³	1.3300kgce/m³	15.3	0.99	2.1622kg（CO_2）/kg

注：①低（位）发热量等于 29307 千焦（kJ）的燃料，称为 1 千克标准煤（1kgce）；②"二氧化碳排放系数"计算方法：以"原煤"为例：1.9003 = 20908 × 0.000000001 × 26.37 × 0.94 × 1000 × 3.66667。

资料来源：表 5-12 前两列来源于《综合能耗计算通则》（GB/T 2589—2008）；后两列来源于《省级温室气体清单编制指南》（发改办气候〔2011〕1041 号）。

从表 5-13 东北地区二氧化碳排放总量看，2007～2016 年二氧化碳的排放总量从 87528 万吨增加到 96659 万吨，整体呈现一种上升发展趋势。二氧化碳在分析期内排放量峰值分别出现在 2010 年和 2015 年，随后出现下降走势。与总体发展趋势极度相似的为工业产业，峰值及拐点出现在相同年份，且工业产业二氧化碳排放量居于行业排放量榜首。紧接其后的为交通运输储运业和邮政业，二氧化碳排放出现较为平稳持续上升趋势，与此同时，农、林、牧、渔业整体也呈现一种缓慢上升趋势，排放量最低的为建筑业，二氧化碳排放量峰值出现在 2008 年，2009 年出现极速下滑，之后在缓慢上升到 2011 年后出现下滑趋势。

表5-13　　　　2007~2016 年东北地区二氧化碳排放总量及构成　　　单位：万吨

年份	2007	2008	2009	2010	2011	2012	2013	2014	2015	2016
消费总量	87528	94161	95508	107601	99146	102751	105794	97504	112666	96659
农、林、牧、渔业	1581	1491	1361	1367	1466	1716	1811	1917	2054	2239
工业	75290	81847	83625	94238	83441	85580	86365	79995	92268	75910
建筑业	434	518	354	440	477	439	466	443	389	371
交通运输储运业和邮政业	4479	4791	4942	5284	6363	6665	6795	7187	7427	7456
批发、零售业和住宿、餐饮业	1353	1243	1133	1156	1652	1421	3113	1313	2955	2675
其他行业	1278	1372	1494	1305	1684	2400	3122	2447	3850	4190
城乡居民生活	3114	2899	2599	3811	4062	3930	4123	3390	3721	3818

资料来源：作者计算。

从表 5-14 二氧化碳排放量占比看，二氧化碳排放量占比位居第二的交通运输储运业和邮政业，其占比整体上呈现逐年上升的增长趋势，到 2016 年相对达到最大为 7.37%，其后占比较高的是城乡居民生活相关产业，但是近几年农林牧渔业占比出现快速增长态势，在 2015 年超过城乡居民生活相关产业，且增长势头有持续上升趋势。建筑业、批发零售业和住宿、餐饮业及其他产业二氧化碳排放量占比均呈现上升趋势，其中工业占比最高，2007 年工业二氧化碳排放量占比呈现逐年上升趋势，到 2010 年占比达到峰值为 87.58%，随后出现逐年下降趋势，2013~2015 年出现反趋势上升后出现快速下滑，在 2016 年达到分析期的最低占比为 78.53%。从占比增速看，工业二氧化碳占比增速除在 2008~2010 年及 2014 年出现正向增长外，其他年份均为负增长，且在 2016 年二氧化碳出现高达 4 个百分点的负增速，东北经济开始由高污染、高排放的粗放型发展模式向相对绿色的环保型发展方式转变。

表 5－14	2007~2016 年东北地区分行业二氧化碳排放量占比						单位：%
年份	农、林、牧、渔业	工业	建筑业	交通运输储运业和邮政业	批发、零售业和住宿、餐饮业	其他行业	城乡居民生活
2007	1.81	86.02	0.50	5.12	1.55	1.46	3.56
2008	1.58	86.92	0.55	5.09	1.32	1.46	3.08
2009	1.43	87.56	0.37	5.17	1.19	1.56	2.72
2010	1.27	87.58	0.41	4.91	1.07	1.21	3.54
2011	1.48	84.16	0.48	6.42	1.67	1.70	4.10
2012	1.67	83.29	0.43	6.49	1.38	2.34	3.82
2013	1.71	81.63	0.44	6.42	2.94	2.95	3.90
2014	1.97	82.04	0.45	7.37	1.35	2.51	3.48
2015	1.82	81.90	0.35	6.59	2.62	3.42	3.30
2016	2.32	78.53	0.38	7.71	2.77	4.33	3.95

资料来源：作者计算。

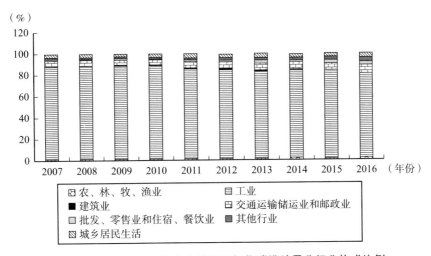

图 5－5　2007~2016 年东北地区二氧化碳排放量分行业构成比例

（2）各地区分行业碳排放量占比趋势分析。

从表 5－15 可以得出，辽宁省二氧化碳排放量占比中工业产业稳居第一。分析期内占比最低的年份也高达 88.95%，这是因为辽宁省自新中国成立来，在中国工业原料基地和最大装备制造业基地的打造过程中一直走在全国前列，工业作为辽宁省脊梁，在辽宁经济发展中起着举足轻重的作用。随着近些年，大力提倡经济绿色环保发展，工业产业二氧化碳排放占比自 2013 年出现持续下降趋势。二氧化碳排放量占比位居第二的是交通运输储运业和邮政业，从发展趋势看，呈现逐年缓慢增加的状态，从 2014 年开始占比超过 5%。在其他行业中，增长幅度相对较大的为其他行业和城乡居民生活相关行业。建筑业以及批发零售和住宿餐饮业的二氧化碳占比相对最低，占比不足 1%。

表 5 – 15　　　2007~2016 年辽宁省分行业二氧化碳排放量占比　　单位：%

年份	农、林、牧、渔业	工业	建筑业	交通运输储运业和邮政业	批发、零售业和住宿、餐饮业	其他行业	城乡居民生活
2007	0.97	90.96	0.36	4.71	0.20	0.56	2.10
2008	0.92	91.06	0.37	4.96	0.20	0.56	1.92
2009	0.89	90.85	0.36	4.83	0.37	1.09	1.62
2010	0.77	91.15	0.41	4.69	0.34	0.79	1.85
2011	0.76	90.95	0.41	4.76	0.35	0.83	1.95
2012	0.74	90.61	0.34	4.89	0.37	1.04	2.01
2013	0.74	90.89	0.35	4.84	0.39	1.06	1.72
2014	0.78	90.10	0.23	5.05	0.40	1.36	2.08
2015	0.79	88.95	0.17	5.28	0.40	1.92	2.49
2016	0.77	88.83	0.15	5.33	0.43	1.89	2.60

资料来源：作者计算。

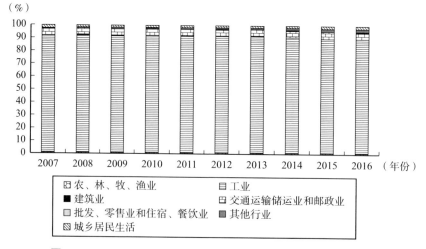

图 5 – 6　2007~2016 年辽宁省二氧化碳排放量分行业构成比例

从表 5-16 可以看出，吉林省工业产业二氧化碳排放量占比在 2007~2016 年整体呈现下降趋势，而表 5-16 中其他产业同期整体呈现上升趋势。吉林省二氧化碳排放量占比最高的为工业产业，整个发展走势呈现一个"M"趋势，峰值分别出现在 2010 年和 2015 年，在 2016 年工业产业二氧化碳排放量占比降到分析期内最低水平为 62.08%。从增长率看，2010~2014 年以及 2016 年均呈现负增长，这表明吉林省在工业经济发展过程中，注重经济增速的同时更加注重绿色经济增长发展，以达到经济增长同环境保护双赢局面。相对于工业而言，其他产业二氧化碳排放量占比及其增速发展走势呈现整体一致现象，特别在 2014 年整体出现占比下滑，到 2015 年达到局部最低值，在 2016 年占比集体上升，且上升幅度均较明显。

表 5-16　　　　2007~2016 年吉林省分行业二氧化碳排放量占比　　　　单位：%

年份	农、林、牧、渔业	工业	建筑业	交通运输储运业和邮政业	批发、零售业和住宿、餐饮业	其他行业	城乡居民生活
2007	1.88	84.31	0.96	3.48	2.13	3.42	3.83
2008	1.67	84.97	1.07	3.49	2.04	3.34	3.43
2009	0.87	88.82	0.47	3.66	1.28	2.61	2.29
2010	0.84	88.68	0.50	3.49	1.50	2.37	2.62
2011	1.75	75.58	1.06	7.43	2.89	4.94	6.36
2012	1.88	75.43	1.13	7.77	3.07	5.28	4.94
2013	1.94	75.08	1.17	7.98	2.87	5.18	5.78
2014	2.77	72.04	2.05	11.31	2.09	4.16	5.58
2015	1.40	85.41	0.84	5.06	1.25	2.96	3.08
2016	3.96	62.08	2.17	12.73	3.25	7.70	8.12

资料来源：作者计算。

从表 5-17 可以看出，黑龙江省工业虽然为碳排放量的主要来源，但是相较辽宁省和吉林省，工业产业碳排放量占比处于较低水平。分析期内辽宁省碳排放量占比在 2016 年达到最低时为 88.83%，吉林省在 2016 年最低为 62.08%，而黑龙江省早在 2010 年碳排放量就降为 61.32%。整体看黑龙江省工业产业二氧化碳排放量占比整体呈现下降趋势，在 2013 年碳排放量降为总排放量的一半以下，在 2016 年降为分析期内最低比例为

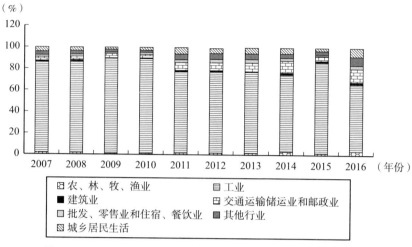

图 5-7 2007~2016 年吉林省二氧化碳排放量分行业构成比例

42.10%。城乡居民生活相关产业碳排放量占比在 2010 年达到峰值 17.07% 后，出现持续下降趋势，到 2016 年下降到 7.39%。其他行业及农林牧渔业碳排放量占比整体呈现相对较快的增长趋势。建筑业碳排放量占比最低，其发展路径呈现一种向右上方倾斜的走势，但是在最大值时占比也不足 0.3%。

表 5-17　　　　2007~2016 年黑龙江省分行业二氧化碳排放量占比　　　　单位：%

年份	农、林、牧、渔业	工业合计	建筑业	交通运输、仓储和邮政业	批发、零售业和住宿、餐饮业	其他行业	城乡居民生活
2007	6.37	61.34	0.14	11.43	7.80	1.76	11.16
2008	5.70	65.26	0.19	10.63	6.62	1.88	9.71
2009	6.15	64.10	0.19	11.14	5.98	1.81	10.63
2010	5.71	61.32	0.18	10.15	4.71	0.87	17.07
2011	5.52	53.01	0.23	15.29	8.21	3.27	14.47
2012	6.52	51.18	0.23	13.89	5.25	6.51	12.59
2013	6.19	42.78	0.24	12.69	15.26	10.11	12.74
2014	7.32	49.45	0.28	15.92	5.52	6.97	8.83
2015	7.37	43.02	0.27	15.40	15.35	11.13	7.46
2016	8.34	42.10	0.28	15.35	13.21	13.33	7.39

资料来源：作者计算。

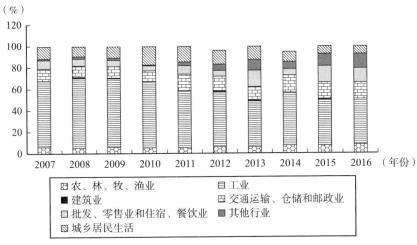

（%）

图 5－8   2007～2016 年黑龙江省二氧化碳排放量分行业构成比例

2. 碳排放结构分析

从 2007～2016 年东北地区分行业二氧化碳排放量占比份额可以看出，工业二氧化碳排放量份额虽逐年有所下降，但直至 2016 年二氧化碳的排放总份额仍高达 78.53%，是东北地区最重要的碳污染排放源。有鉴于此，下面分别从能源和经济双重约束的视角下对东北地区工业碳排放结构进行详细解析。

借鉴刘宇（2016）对能源约束和经济约束的选择标准，以 2016 年全国平均单位产值能耗 0.5843 万吨标准煤/亿元作为纵坐标临界点的划分标准，以 2016 年全国平均劳动生产率 95889 元/人为横坐标临界点的划分标准。选取 2016 年辽宁、吉林、黑龙江 39 个工业细分子行业的相关数据，以上述标准将辽宁、吉林、黑龙江 39 个工业行业，分别划分高能耗高效益、高能耗低效益、低能耗高效率、低能耗低效率四种类型。

（1）辽宁省碳排放结构。

图 5－9 显示，在分析的四个象限中，辽宁省 39 个行业中，行业数占比最高的行业集合于第四象限（低碳量高效率），其占比高达 43.59%，包含烟草制品业、农副食品加工业等 17 个行业。行业数占比最低的为第一象限（高碳量高效率）为 7.7%，包含石油加工、炼焦和核燃料加工业、电力、热力生产和供应业以及非金属矿物制品业三个行业。位于第二象限高碳量低效率的产业数占比为 12.8%，包含化学纤维制造业、石油和天然气开采业等 5 个行业。位于低碳量低效率象限的产业数占 35.9%，包

含通用设备制造业、非金属采矿选业等 14 个行业。

从行业整体分布看，辽宁省工业结构相对较为合理，经济生产效率有待提高，低效率产业占比较大，达到 43.59%；高碳量产业中低效率产业超过高效率产业；在低碳量产业中高效率产业数量较低且效率相差不大。

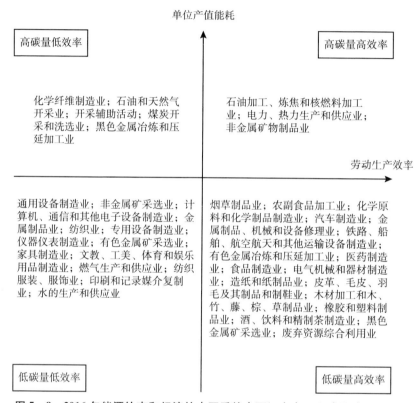

图 5-9　2016 年能源约束和经济约束双重约束下辽宁省工业碳排放结构分析

将表 5-18 能耗和产值占比结合图 5-10 看，高碳量高效率行业占分析行业的 7.7%，其能耗占到 69.57%，而产值贡献率仅为 25.06%，高碳量行业能耗占比 96.28%，产值贡献率仅为 37.21%，在高碳量行业中能源利用率极低，其对经济的拉动依靠巨大的能源消耗为代价。在经济新形势下，追求的是经济增长与环境保护相结合的绿色增长方式，而这种粗放式发展模式不能满足现阶段经济要求，亟须解决。

表 5 – 18　　　　　　　　2016 年辽宁省各类工业能耗与产值占比　　　　　单位：%

比例	高碳量高效率	高碳量低效率	低碳量高效率	低碳量低效率
能耗占比	69.57	26.71	2.73	0.98
产值占比	25.06	12.15	46.08	16.63

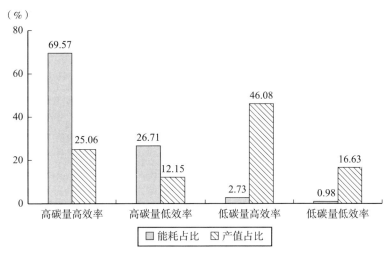

图 5 – 10　2016 年辽宁省各类工业能耗与产值占比

（2）吉林省碳排放结构。

从图 5 – 11 中的工业碳排放结构组成可知，依据单位产值耗能和劳动生产率将吉林省 39 个工业产业划分为 4 个象限。

以此划分为四种类型：高碳量高效率行业、高碳量低效率行业、低碳量高效率行业和低碳量低效率行业。具体来看，在分析的 39 个行业中，煤炭开采业和洗选业、石油和天然气开采业等 4 个行业属于高碳量低效率，占行业数量的 10.26%；黑色金属冶炼和压延加工业、燃气生产和供应业等 6 个行业属于高碳量高效率行业，占比为 15.38%；水的生产和供应业、电气机械和器材制造业等 5 个行业属于低碳量低效率行业，占比为 12.82%；占比最高的为低碳量高效率行业集合，占比为 61.54%，包含黑色金属矿采选业、农副食品加工业等 24 个行业。

从行业整体分布来看，四个行业类型中，占比最高的为低碳量高贡献率行业，高碳量高效率行业占比其次，与低效率高碳量及低效率低碳量行业占比基本相同。因此，从吉林省工业产业分布来看，产业结构相对理想，低碳量高效率行业发展符合绿色经济增长发展要求，在加大生产效率

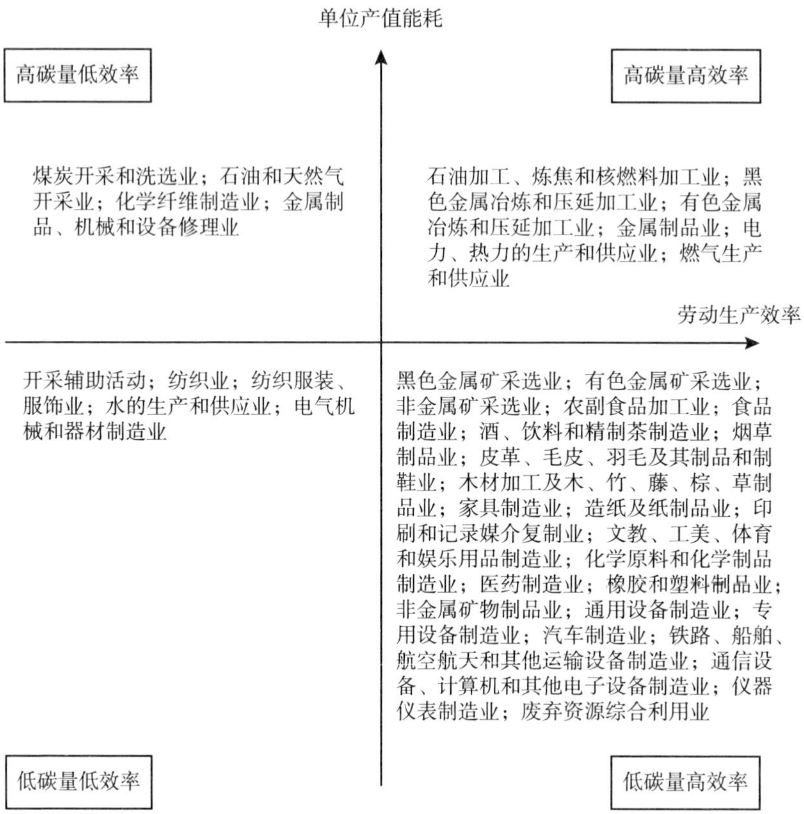

单位产值能耗

高碳量低效率

煤炭开采和洗选业；石油和天然气开采业；化学纤维制造业；金属制品、机械和设备修理业

高碳量高效率

石油加工、炼焦和核燃料加工业；黑色金属冶炼和压延加工业；有色金属冶炼和压延加工业；金属制品业；电力、热力的生产和供应业；燃气生产和供应业

劳动生产效率

开采辅助活动；纺织业；纺织服装、服饰业；水的生产和供应业；电气机械和器材制造业

黑色金属矿采选业；有色金属矿采选业；非金属矿采选业；农副食品加工业；食品制造业；酒、饮料和精制茶制造业；烟草制品业；皮革、毛皮、羽毛及其制品和制鞋业；木材加工及木、竹、藤、棕、草制品业；家具制造业；造纸及纸制品业；印刷和记录媒介复制业；文教、工美、体育和娱乐用品制造业；化学原料和化学制品制造业；医药制造业；橡胶和塑料制品业；非金属矿物制品业；通用设备制造业；专用设备制造业；汽车制造业；铁路、船舶、航空航天和其他运输设备制造业；通信设备、计算机和其他电子设备制造业；仪器仪表制造业；废弃资源综合利用业

低碳量低效率

低碳量高效率

图 5 - 11　2016 年能源约束和经济约束双重约束下吉林省工业碳排放结构分析

提升的同时降低能源消耗量，将推动吉林经济发展进入环境友好发展快车道。

从表 5 - 19 能耗及产值占比看，吉林省高碳量行业能源消耗占分析行业的 49.32%，经济贡献率仅为 11.81%，低效率行业中能源消耗为 35.76%，经济贡献率不足 5%，仅为 4.33%；在高碳量行业中低效率行业能耗占比较大，经济贡献率低，这种用资源环境双重供给换取的经济增长，严重制约吉林经济可持续发展。

表 5 - 19　　　　　2016 年吉林省各类工业能耗与产值占比　　　　　单位：%

比例	高碳量高效率	高碳量低效率	低碳量高效率	低碳量低效率
能耗占比	18.67	30.65	45.57	5.11
产值占比	9.80	2.01	85.88	2.32

(%)
100
80
60
40
20
0
18.67
9.80
30.65
2.01
45.57
85.88
5.11
2.32
高碳量高效率
高碳量低效率
低碳量高效率
低碳量低效率
能耗占比
产值占比

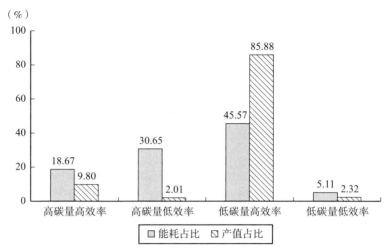

图 5－12　2016 年吉林省各类工业能耗与产值占比

（3）黑龙江省碳排放结构。

从图 5－13 可以得出，黑龙江省 39 个工业行业中，农副食品加工业、橡胶和塑料制品业等 12 个行业属于低碳量高效率行业，占分析行业总量的 30.77%。石油加工、炼焦和核燃料加工业，化学原料和化学制品制造

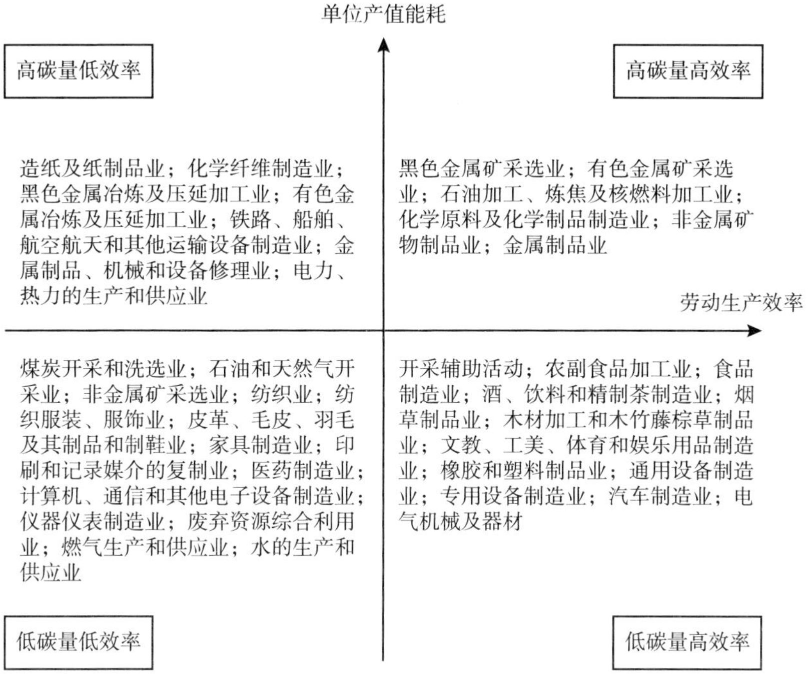

单位产值能耗
高碳量低效率
高碳量高效率
造纸及纸制品业；化学纤维制造业；黑色金属冶炼及压延加工业；有色金属冶炼及压延加工业；铁路、船舶、航空航天和其他运输设备制造业；金属制品、机械和设备修理业；电力、热力的生产和供应业
黑色金属矿采选业；有色金属矿采选业；石油加工、炼焦及核燃料加工业；化学原料及化学制品制造业；非金属矿物制品业；金属制品业
劳动生产效率
煤炭开采和洗选业；石油和天然气开采业；非金属矿采选业；纺织业；纺织服装、服饰业；皮革、毛皮、羽毛及其制品和制鞋业；家具制造业；印刷和记录媒介的复制业；医药制造业；计算机、通信和其他电子设备制造业；仪器仪表制造业；废弃资源综合利用业；燃气生产和供应业；水的生产和供应业
开采辅助活动；农副食品加工业；食品制造业；酒、饮料和精制茶制造业；烟草制品业；木材加工和木竹藤棕草制品业；文教、工美、体育和娱乐用品制造业；橡胶和塑料制品业；通用设备制造业；专用设备制造业；汽车制造业；电气机械及器材
低碳量低效率
低碳量高效率

图 5－13　2016 年能源约束和经济约束双重约束下黑龙江省工业碳排放结构分析

业等 6 个行业属于高碳量高效率行业，占比 15.38%；黑色金属冶炼及压延加工业、铁路、船舶、航空航天和其他运输设备制造业等 7 个行业属于高碳量低效率行业，占比 17.95%；皮革、毛皮、羽毛及其制品和制鞋业、印刷和记录媒介的复制业等 14 个行业属于低碳量低效率行业，占比为 35.90%。

从行业整体看，黑龙江的工业分布相对较为均衡，但是内部结构有待改进。低效率行业占比较大，表明经济效率不够理想；高碳量占比与吉林和辽宁相比较大，表明能源利用率相对较低，能源利用率不足、经济效益相对较低必然会阻碍黑龙江的经济发展。

从表 5 - 20 和图 5 - 14 可以看出，黑龙江省高碳量行业中，能耗占比远远高于产值占比，在低碳量行业中产值占比远高于能耗占比。从数值来看，高碳量行业中，能耗占比高达 80.49%，经济贡献率仅为 32.45%，在低碳量行业中，能耗仅占 19.51%，经济贡献率高达 67.03%。在低效率行业中，能耗占比为 43.9%，经济贡献率仅为 29.56%；黑龙江高碳量、低贡献率行业较辽宁和吉林相对较多，这种非良性的产业结构发展方式，在绿色发展日益提倡的新经济形式下，必然会制约黑龙江的经济持续发展。

表 5 - 20　　　　　　2016 年黑龙江省各类工业能耗与产值占比　　　　单位：%

比例	高碳量高效率	高碳量低效率	低碳量高效率	低碳量低效率
能耗占比	47.86	32.63	8.24	11.27
产值占比	19.73	12.72	50.19	16.84

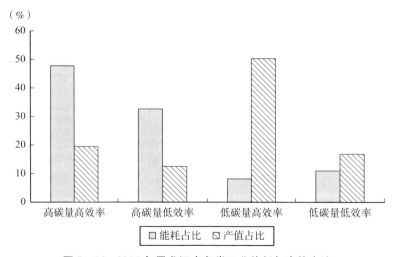

图 5 - 14　2016 年黑龙江省各类工业能耗与产值占比

第三节 东北地区绿色发展水平评价模型构建

一、绿色发展评价指标体系构建

现阶段，已有部分权威组织从不同研究视角出发，尝试构建绿色发展评价指标体系。2011 年，经济合作与发展组织（OECD）发布了"绿色增长战略"宣言，分别从环境与资源生产率、自然资产基础、生活质量和政策响应这 4 个部分构建绿色增长评价框架。2012 年，世界银行（WB）分别从环境效益、经济效益和社会效益这三个方面提出了绿色增长政策评价指标体系。2012 年，联合国环境规划署（UNEP）分别从环境、政策和幸福公平这三个方面提出了绿色增长测度指标体系。2013 年，中国—东盟（上海合作组织）环境保护合作中心与全球绿色发展署（GGGI）分别从国家现状、社会发展、资源环境可持续性这三个方面构建绿色增长计划评估指标体系。2012 年，中国科学院可持续发展战略研究组分别从生存支持、发展支持、环境支持、社会支持与智力支持五个方面构建中国可持续发展能力评估指标体系。2011 年，北京市委、市政府印发了《北京市"十二"时期绿色北京发展建设规划》，分别从绿色生产、绿色消费、绿色环境这三个方面提出了"绿色北京"指标体系。2012 年，北京师范大学分别从经济增长绿化度、资源环境承载潜力、政府政策支持度这三个方面构建中国绿色发展指数指标体系。

董锋等（2010）在考虑到固定资本折旧、资源变化和污染损失的基础上，分别从经济、社会、资源与环境四个方面构建资源型城市可持续发展评价模型。庞智强和王必达（2012）分别从目标模式、生产要素、体制机制和市场需求这四个方面构建资源枯竭地区经济转型评价指标体系。Jouvel（2013）指出经济绿色增长包括改变生产和消费过程，研究分别从扩大效率、能源转换、自然资本价值和环境污染定价这四个方面着手分析绿色增长体系。吕晓菲和卢小丽（2016）分别从社会经济、资源环境、生活质量和政策支持这四个方面构建资源型城市绿色增长能力评价模型。马骥（2018）分别从资源约束、环境友好、社会建设和经济效益这四个方面构建绿色增长发展评价模型。

研究遵循科学性原则、可比性原则、系统性原则和可获得性原则，结合上述相关文献的评价内容，根据东北地区绿色发展的特点，以经典性和高频次的指标为基础，将绿色自然资源系统和经济发展系统相结合，分别从绿色发展能力、绿色环境支撑压力、绿色生态承载空间、绿色环境治理强度这四个维度构建绿色经济发展评价指标体系，并从 20 个子指标层面进行拓展。整个绿色发展水平评价指标体系既能够反映出自然资源动态的发展状况，又能体现出由资源环境变化所带来的居民生活质量和经济持续发展的综合情况，具体指标选择的主要情况如表 5－21 所示。

表 5－21　　　　　　　　中国绿色发展水平评价指标体系

一级指标		序号	二级指标	指标解释	指标单位	指标属性
A	绿色经济发展质量	A1	单位产值能耗	能源消费总量/地区生产总值	吨标准煤/万元	负向
		A2	单位工业增加值能耗	工业能源消费总量/地区工业销售总产值	吨标准煤/万元	负向
		A3	单位产值电耗	电力消耗总量/地区生产总值	千瓦小时/万元	负向
		A4	单位产值水耗	用水总量/地区生产总值	立方米/万元	负向
		A5	环境污染治理投资占产值比重	环境污染治理投资总额/地区生产总值×100%	%	正向
B	绿色生态支撑压力	B1	人均能源消耗量	能源消费总量/地区人口数量	吨标准煤/人	负向
		B2	人均二氧化硫排放量	二氧化硫排放总量/地区人口数量	吨/人	负向
		B3	人均氮氧化物排放量	氮氧化物排放总量/地区人口数量	吨/人	负向
		B4	人均工业废水排放量	工业废水排放总量/地区人口数量	吨/人	负向
		B5	人均工业固体废物生产量	一般工业固体废物产生总量/地区人口数量	吨/人	负向
C	绿色资源承载空间	C1	绿化覆盖率	绿化覆盖面积/城市用地总面积×100%	%	正向
		C2	人均绿化覆盖面积	绿化覆盖面积/地区人口数量	公顷/万人	正向
		C3	人均能源储量	石油、天然气和煤炭能源储存总量/地区人口数量	千克标准煤/人	正向
		C4	人均水资源储量	水资源总量/地区人口数量	立方米/人	正向
		C5	人均矿产资源储量	黑色、有色、非金属矿产基础存量/地区人口数量	吨/人	正向

	一级指标	序号	二级指标	指标解释	指标单位	指标属性
D	绿色环境治理强度	D1	人均环境污染投资额	环境污染治理投资总额/地区人口数量	元/人	正向
		D2	生活垃圾无害处理率	垃圾无害化处理总量/生活垃圾清运总量×100%	%	正向
		D3	人均环境污染治理投资额	环境污染治理投资总额/地区人口数量	元/人	正向
		D4	人均工业污染治理投资额	工业污染源治理投资总额/地区人口数量	元/人	正向
		D5	节能环保支出占财政支出比重	财政支出环境保护部分/财政总支出×100%	%	正向

（1）绿色经济发展质量指标。主要集中反映一个区域的经济生产对资源的有效利用程度。研究主要从单位产值能耗、单位工业增加值能耗、单位产值电耗、万元产值水耗和环境污染治理投资占产值比重这五个方面衡量。其中单位产值能耗、单位工业增加值能耗、单位产值电耗和单位产值水耗指标能够直观的体现经济结构和资源利用效率的变化程度，有效判断能源经济效益的高低水平，以及能源消费所产生的经济社会效益的程度，单位产值能耗、电耗、水耗水平越低，说明每单位产值的能耗、电耗、耗水量越少，绿色增长发展情况越好。而环境污染治理投资占产值比重指标能够有效反映出各区域的经济节能潜力。

（2）绿色生态支撑压力指标。主要反映人类经济活动对整个自然资源消耗和破坏程度。研究主要从人均能源消耗量、人均二氧化硫排放量、人均氮化物排放量、人均工业废水排放量和人均工业固体废物生产量这五个方面衡量。其中，人均能源消耗量、人均二氧化硫排放量和人均氮化物排放量能够体现出区域环境气态污染强度的集中趋势。而人均工业废水排放量和人均工业固体废物生产量则能够体现出区域工业液态和固态污染的集中趋势。

（3）绿色资源承载空间指标。主要反映人类在不断获取自然资源、破坏生态系统服务功能的过程中，生态系统对人类活动的最大承受强度。研究主要从绿化覆盖率、人均绿化覆盖面积、人均能源储量、人均水资源储量和人均矿产资源储量这五个方面衡量。其中，绿化覆盖率、人均绿化覆盖面积指标能够体现出区域健康生态系统水平，而人均能源储量、人均水资源储量和人均矿产资源储量指标能够有效量化区域经济的可持续发展程度。

（4）绿色环境治理强度指标。主要反映区域绿色增长发展的成长空间。研究主要从人均环境污染投资额、生活垃圾无害处理率、人均环境污染治理投资额、人均工业污染治理投资额和节能环保支出占总体财政支出比重这五个方面衡量。其中，生活垃圾无害处理率指标能够体现出区域整体"污染代谢"能力，而人均环境污染投资额、人均环境污染治理投资额、人均工业污染治理投资额和节能环保支出占总体财政支出比重指标能够体现出政府绿色增长可持续发展的实际支持强度。具体的绿色增长发展水平指标体系详见表5-21。

下面主要从绿色经济发展质量、绿色生态支撑压力、绿色资源承载空间、绿色环境治理强度这四个维度构建绿色发展水平评价指标体系，对东北三省健康经济发展演进态势进行分析。分析数据来源于2008~2017年《中国统计年鉴》《黑龙江统计年鉴》《吉林统计年鉴》《辽宁统计年鉴》《中国环境统计年鉴》《中国工业统计年鉴》《中国能源统计年鉴》。

二、评价模型选取

在经济领域普遍存在大量不确定的事物和现象，特征较为复杂，其随机性和模糊性常常混杂在一起难以区分和独立存在，语言作为人类思维和认知载体的主观表述，表现尤为明显。针对其处理多应用不确定的理论和相关方法有概率论、模糊理论，粗糙集理论等，但这些方法在描述其不确定时仍然存在一些不足，不能够同时刻画不确定中所存在的随机性和模糊性特征。云模型是一种能够实现定性概念和定量信息之间相互转换的模型，李德毅院士在概率论和模糊理论的基础之上提出了云模型理论，将不确定信息中的随机性和模糊性结合起来，实现了定性表述和定量分析之间的转换，并证明了正态云应用的普适性。

三、基于云模型的绿色发展评价模型

1. 云模型的数字特征

定义1：假设U是可以用精确数值表示的定量论域，有C为U上的定性概念表述，若有x∈U，且x为定性概念C上的一次随机实现，x对C的

隶属度 $\mu_C(x) \in [0, 1]$ $x \in U$ 是具有稳定倾向的随机数，则 x 在论域 U 上的分布称为云，每个 x 称为云滴。

定义2：云的数字特征用三个参数（Ex，En，He）来表示，称为云模型（Ex，En，He），其中云的期望 Ex 表示云滴在论域空间 U 分布的期望值，即最能够代表定性概念 C 的点；云的熵 En 表示定性概念 C 的模糊性度量，可以用来描述云的跨度，反映期望值的离散程度；超熵 He 是熵的不确定性度量，反映熵的离散程度和隶属度在不确定方面的随机性，如图 5 - 15 所示。

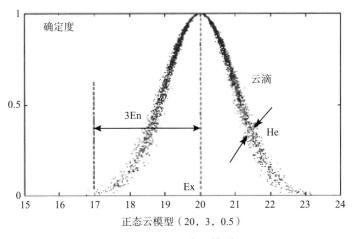

图 5 - 15　正态云模型

定义3：假设 U 是可以用精确数值表示的定量论域，有 C 为 U 上的定性概念表述，若有 $x \in U$，x 为定性概念 C 上的一次随机实现，若随机变量 $x \sim N(Ex, En'^2)$，$En' \sim N(En, He^2)$，且 x 对 C 的隶属度满足：

$$\mu_C(x) = e^{-\frac{(x-Ex)^2}{2En'^2}}$$

称 x 在论域 C 上的分布为正态云分布。

2. 云模型基本原理

云模型可以通过正向云发生器来模拟云滴生成及其隶属度计算，进而实现对定量数据范围以及其分布规律的分析，正向云发生器可视为实现由定性概念到定量表示的映射过程，即由云的数字特征产生云滴的具体模拟过程，记为 FCG，有正向云发生器算法 FCG（Ex，En，He，N）表述如下：

输入：数字特征（Ex，En，He），云滴数 N。

输出：N 个云滴的精确值及云滴的隶属度。

其具体步骤为：（1）生成以 En 为期望，He 为标准差的正态随机数 En′；（2）生成以 Ex 为期望，En′ 为标准差的正态随机数 x；（3）令 x 为定性概念 C 的一次具体量化，称为云滴，计算 $\mu_C(x) = e^{-\frac{(x-Ex)^2}{2En'^2}}$；（4）则 $\{x, \mu_C(x)\}$ 完整的完成了本次定性定量转换的实现，重复（1-4）直到产生了 N 个云滴为止。其过程如图 5-16 所示。

图 5-16 正向云发生器

基于正向云发生器，云模型可通过 X-条件云发生器对某定量数据 x 的隶属度 $\mu_C(x)$ 进行分析。在给定的论域 U 中，已知云数字特征（Ex，En，He），首先通过正向云发生器生成一个定量数据 $x = x_0$，则称

$$En' \sim N(En, He^2) \quad \mu_C(x) = e^{-\frac{(x-Ex)^2}{2En'^2}}$$

为 X-条件云发生器，由 X-条件云发生器模拟大量云滴所构成的云图是以 Ex 为中心的正态云，若云滴在云中心处的聚集程度较为密集说明定性概念在 Ex 处的隶属度较大。有 X-条件云发生器算法 $CG_X(Ex, En, He, N)$ 表述如下：

输入：数字特征（Ex，En，He），$x = x_0$，云滴数 N。

输出：$x = x_0$ 属于定性概念 C 隶属度 $\mu_C(x)$ 的综合评价值。

3. 数据指标的处理

以东北地区（辽宁、吉林和黑龙江）一级指标绿色发展能力为例，该一级指标共下设五个二级指标，包括单位 GDP 能耗（U_{11}）、单位工业增加值能耗（U_{12}）、单位 GDP 电耗（U_{13}）、万元 GDP 用水量（U_{14}）、环境污染治理投资占 GDP 比重（U_{15}），由于指标间量纲及量级的不一致，应先对其进行无量纲处理，选取初值化算法对指标数据进行归一化，便于后续综合评价分析的展开，东北地区归一化后的标准数据如表 5-22 和表 5-23 所示。

表 5 - 22 绿色发展水平指标数据标准化处理

年份	U₁₁(吨标准煤/万元)	U₁₂(吨标准煤/万元)	U₁₃(千瓦小时/万元)	U₁₄(立方米/万元)	U₁₅(%)	U₂₁(吨标准煤/人)	U₂₂(吨/人)	U₂₃(吨/人)	U₂₄(吨/人)	U₂₅(吨/人)
2007	1.0000	1.0000	1.0000	1.0000	1.0000	1.0000	1.0000	1.0000	1.0000	1.0000
2008	0.8934	0.8635	0.8757	0.7991	0.9857	1.0740	0.9343	0.9680	1.0051	1.2042
2009	0.8633	0.9075	0.8210	0.6592	0.9802	1.1396	0.8838	0.9480	1.0173	1.3543
2010	0.7770	0.7695	0.7685	1.2171	1.0319	1.2279	0.8636	0.9280	1.0449	1.4318
2011	0.6968	0.6820	0.6879	0.5809	1.0209	1.3310	0.9495	0.8960	1.1545	1.6671
2012	0.6520	0.6715	0.6318	0.7787	1.1167	1.3803	0.9091	0.8720	1.2042	1.8182
2013	0.5581	0.5884	0.6106	0.9723	1.0914	1.2829	0.8737	0.8280	1.1679	1.8078
2014	0.5300	0.5841	0.5881	0.5164	1.0947	1.2861	0.8485	0.7960	1.2357	1.6849
2015	0.5220	0.6443	0.5747	0.4869	1.0881	1.2797	0.8232	0.7200	1.2410	1.6021
2016	0.5675	0.8232	0.6596	0.6749	1.0419	1.2641	0.4798	0.5320	1.0779	1.4086

资料来源：作者计算。

表 5 - 23 绿色发展水平指标数据标准化处理

年份	U₃₁(%)	U₃₂(公顷/万人)	U₃₃(千克标准煤/人)	U₃₄(立方米/人)	U₃₅(吨/人)	U₄₁(%)	U₄₂(%)	U₄₃(元/人)	U₄₄(元/人)	U₄₅(%)
2007	1.0000	1.0000	1.0000	1.0000	1.0000	1.0000	1.0000	1.0000	1.0000	1.0000
2008	1.0096	1.0107	0.9707	0.9986	0.9757	1.1400	1.0097	1.3696	0.9329	1.0618
2009	1.0252	1.0827	0.9326	1.0219	1.0611	1.2200	1.0890	1.6059	1.0770	0.9891
2010	1.0542	1.1739	0.9762	1.0807	0.9751	1.2300	1.3238	1.9500	1.1667	1.1964
2011	1.1669	1.1913	0.9223	1.1067	0.9906	1.3900	1.4737	2.6581	1.2577	1.0982
2012	1.2188	1.6415	0.9048	1.2996	0.8267	1.9900	1.4480	2.7548	1.3241	1.1127
2013	1.1832	1.6522	0.8692	1.2832	0.6203	1.3800	1.5056	3.1659	1.3756	1.1273
2014	1.2463	1.7040	0.8398	1.3146	0.5499	0.9600	1.4620	2.3241	1.7239	1.1382
2015	1.2493	1.7394	0.8168	1.3235	0.5262	0.9700	1.6915	2.3603	1.2066	1.2109
2016	1.0853	1.7085	0.7954	1.2544	0.5100	0.8300	1.8228	1.8390	1.1195	0.9491

资料来源：作者计算。

4. 评价指标权重确定

鉴于所构建的绿色发展评价指标体系综合性较强，其所涵盖的信息量也较为复杂，因此选用熵权法来确定各指标的权重。熵权法主要根据数据自身所含的信息量大小及效用价值确定各个指标权重，根据数据信息论原理，数据信息是系统有序程度的度量，而熵是系统无序程度的度量，所以数据信息量越大其不确定性越小，熵值越小；反之，数据信息量越小不确定性越大，熵值也越大。

将已经标准化后的数据矩阵记为 R，其中 r_{ij} 表示第 i 个评价项目的第 j 项评价指标数据，共有 m 个评价项目，n 项指标。

$$R = \begin{bmatrix} r_{11} & r_{21} & \cdots & r_{i1} \\ r_{12} & r_{22} & \cdots & r_{i2} \\ \cdots & \cdots & \cdots & \cdots \\ r_{1j} & r_{2j} & \cdots & r_{ij} \end{bmatrix}$$

其具体确定权重步骤如下：

（1）计算第 j 项评价指标下第 i 个评价项目的比重值；

$$f_{ij} = r_{ij} \Big/ \sum_{i=1}^{m} r_{ij}, \ i = 1, 2, \cdots, m, \ j = 1, 2, \cdots, n$$

（2）计算第 j 项评价指标的熵值 e_j；

$$e_j = -k \sum_{i=1}^{m} f_{ij} \ln f_{ij}, \ i = 1, 2, \cdots, m, \ j = 1, 2, \cdots, n, \ k = 1/\ln m$$

（3）计算第 j 项评价指标的差异系数 g_j；

$$g_j = 1 - e_j, \ j = 1, 2, \cdots, n$$

（4）计算第 j 项评价指标的熵权 w_j；

$$w_j = g_j \Big/ \sum_{j=1}^{n} g_j, \ j = 1, 2, \cdots, n$$

由此可以获得指标体系内不同指标的权重值 W。

5. 基于云模型的模糊综合评价步骤

在给出上述云模型数字特征及基本原理基础上，对绿色发展水平进行模糊综合评价，具体步骤如下：

（1）确定评价对象及其因素集。评价对象为绿色发展水平，记为 U，根据所构建的评价指标体系，一级指标因素集记为 U = {U_1，U_2，U_3，U_4}，二级指标因素集记为 U_1 = {U_{11}，U_{12}，U_{13}，U_{14}，U_{15}}、U_2 = {U_{21}，U_{22}，U_{23}，U_{24}，U_{25}}、U_3 = {U_{31}，U_{32}，U_{33}，U_{34}，U_{35}}、U_4 = {U_{41}，U_{42}，U_{43}，U_{44}，U_{45}}。

（2）依据熵权法对评价指标体系中各指标的权重进行计算，其权重信息如表5-24所示。

表5-24 绿色发展能力指标数据权重

指标	权重	指标	权重	指标	权重	指标	权重
U_{11}	0.0567	U_{21}	0.0378	U_{31}	0.0655	U_{41}	0.0374
U_{12}	0.0513	U_{22}	0.0268	U_{32}	0.0756	U_{42}	0.0487
U_{13}	0.0503	U_{23}	0.0325	U_{33}	0.0477	U_{43}	0.0392
U_{14}	0.0461	U_{24}	0.0669	U_{34}	0.0735	U_{44}	0.0364
U_{15}	0.0550	U_{25}	0.0400	U_{35}	0.0678	U_{45}	0.0448

资料来源：作者计算。

（3）构建评价指标的评价集。记为 $V = \{V_1, V_2, \cdots, V_n\}$，评价集中评价项目采用五级标度法，将其分为五个等级，以 V_1 为例，令 $V_1 = \{低，较低，一般，较高，高\}$ 对我国绿色增长发展水平进行评价。依据上文所构建的绿色发展评价指标体系，选用中国总体数据生成各评价集等级，相应指标及等级如表5-25所示。

表5-25 绿色发展能力指标数据等级确定

评价目标	评价准则	评价因素	评价标准				
			高	较高	一般	较低	低
绿色发展水平	绿色经济发展质量 U_1	U_{11}	<0.49	≥0.49~0.63	≥0.63~0.77	≥0.77~0.91	≥0.91
		U_{12}	<0.53	≥0.53~0.68	≥0.68~0.83	≥0.83~0.98	≥0.98
		U_{13}	<0.98	≥0.98~1.26	≥1.26~1.54	≥1.54~1.82	≥1.82
		U_{14}	<0.45	≥0.45~0.58	≥0.58~0.71	≥0.71~0.83	≥0.83
		U_{15}	≥1.40	≥1.18~1.40	≥0.97~1.18	≥0.75~0.97	<0.75
	绿色生态支撑压力 U_2	U_{21}	<0.84	≥0.84~1.08	≥1.08~1.32	≥1.32~1.56	≥1.56
		U_{22}	<0.57	≥0.57~0.73	≥0.73~0.89	≥0.89~1.06	≥1.06
		U_{23}	<0.57	≥0.57~0.73	≥0.73~0.90	≥0.90~1.06	≥1.06
		U_{24}	<0.80	≥0.80~1.03	≥1.03~1.38	≥1.26~1.49	≥1.49
		U_{25}	<1.07	≥1.07~1.37	≥1.37~1.68	≥1.68~1.98	≥1.98

评价目标	评价准则	评价因素	评价标准				
			高	较高	一般	较低	低
绿色发展水平	绿色资源承载空间 U₃	U_{31}	≥1.43	≥1.21~1.43	≥0.99~1.21	≥0.77~0.99	<0.77
		U_{32}	≥1.52	≥1.29~1.52	≥1.06~1.29	≥0.82~1.06	<0.82
		U_{33}	≥1.47	≥1.24~1.47	≥1.02~1.24	≥0.79~1.02	<0.79
		U_{34}	≥1.39	≥1.18~1.39	≥0.96~1.18	≥0.75~0.96	<0.75
		U_{35}	≥1.13	≥0.96~1.13	≥0.78~0.96	≥0.61~0.78	<0.61
	绿色环境治理强度 U₄	U_{41}	≥1.47	≥1.25~1.47	≥1.02~1.25	≥0.79~1.02	<0.79
		U_{42}	≥1.56	≥1.32~1.56	≥1.08~1.32	≥0.84~1.08	<0.84
		U_{43}	≥2.67	≥2.26~2.67	≥1.85~2.26	≥1.44~1.85	<1.44
		U_{44}	≥1.45	≥1.23~1.45	≥1.01~1.23	≥0.78~1.01	<0.78
		U_{45}	≥1.47	≥1.24~1.47	≥1.01~1.24	≥0.79~1.01	<0.79

资料来源：作者计算。

（4）在评价对象的因素集 U 和评价集 V 之间进行单因素评价。建立相应的模糊关系矩阵 H，H 中元素 h_{ij} 为评价对象因素集 H 中第 i 因素指标所对应的评价集 V 中第 j 等级的单因素隶属度，μ_{ij} 通过将相应的指标数据带入正向云发生器求得，正向云发生器将重复运算 1000 次。假设 i 因素所对应的等级 j 的评价标准上下界为 x_{ij}^1 和 x_{ij}^2，则 i 因素对应等级 j 的定性概念可由云模型表示为：

$$Ex = |x_{ij}^1 + x_{ij}^2|/2$$

由于评价标准的临界值同样是其相邻评价等级的临界值，因此临界值对于两相邻评价等级而言其模糊隶属度应大致相等：

$$\exp\left[-\frac{(x_{ij}^1 - x_{ij}^2)^2}{8(En_{ij})^2} \right] \approx 0.5$$

$$En_{ij} = (x_{ij}^1 - x_{ij}^2)/2.355$$

超熵值 He 不确定，一般根据试验取值，超熵值反应的是云的厚度，其取值越小，正态云会越薄，由此正态云模型的数字特征可以通过以上计算确定。

（5）针对经过标准化的评价对象指标数据和已确定的正态云数字特征，可以通过 X - 条件云发生器来确定各评价指标所对应评价集不同等级的隶属度，代入某评价指标数据 x_0，可获得其相对应云模型隶属度：

$$\mu = \exp\left[-\frac{(x_0 - Ex)^2}{2En'^2}\right]$$

其中，En' 是以 En 为期望，He^2 为方差生成的正态随机数，有 $En' \sim N(En, He^2)$，对于该隶属度 N 次运行 X – 条件云发生器，求解其不同隶属度情况下的平均综合评价值：

$$\mu_{ij} = \sum_{k=1}^{N} \mu_{ij}^k \Big/ N$$

由此可获得相应评价对象指标和对应评价集等级的隶属度关系矩阵，记为 $Z = (\mu_{ij})_{n \times m}$。

以东北地区绿色发展能力下单位 GDP 能耗指标（U_{11}）为例，其 2016 年为 0.7885 吨标准煤/万元，可得相应标准化后，$x_0 = 0.5675$，由表 5 – 25 中 U_{11} 所对应五个评价等级标准所构建的正态云图如图 5 – 17 所示，当取 N = 1000 时，可由 X – 条件云发生器得到其隶属度的平均综合评价值，东北地区绿色增长发展能力 2007 年及 2016 年相应数据详见表 5 – 26 与表 5 – 27 中数据。由于篇幅所限，不一一列举各评价指标的正态云图及相应隶属度数据。

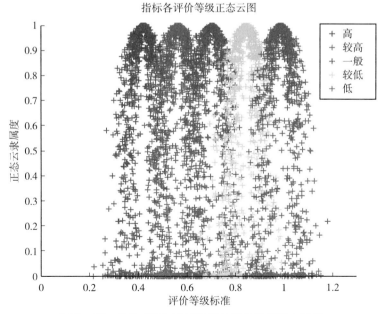

图 5 – 17　单位 GDP 能耗指标各评价等级正态云图

表 5 - 26　　　2007 年绿色发展能力指标数据隶属度平均综合评价值

评价准则	评价因素	评价标准				
		高	较高	一般	较低	低
绿色经济发展质量 U_1	U_{11}	0.0002	0.0022	0.0146	0.1442	0.8553
	U_{12}	0.0003	0.0044	0.0454	0.3557	0.5950
	U_{13}	0.3720	0.5277	0.0269	0.0007	0.0000
	U_{14}	0.0001	0.0006	0.0049	0.0387	0.2802
	U_{15}	0.0026	0.0530	0.5960	0.3074	0.0200
绿色生态支撑压力 U_2	U_{21}	0.0777	0.8397	0.2043	0.0096	0.0003
	U_{22}	0.0008	0.0110	0.1102	0.8114	0.2274
	U_{23}	0.0008	0.0108	0.1201	0.8050	0.2287
	U_{24}	0.0418	0.5851	0.3182	0.0207	0.0009
	U_{25}	0.7330	0.2511	0.0088	0.0002	0.0000
绿色资源承载空间 U_3	U_{31}	0.0015	0.0352	0.4882	0.4025	0.0285
	U_{32}	0.0005	0.0162	0.2593	0.7017	0.0603
	U_{33}	0.0012	0.0256	0.3875	0.5126	0.0421
	U_{34}	0.0027	0.0561	0.6272	0.2988	0.0195
	U_{35}	0.0865	0.6823	0.2663	0.0242	0.0020
绿色环境治理强度 U_4	U_{41}	0.0008	0.0249	0.3816	0.5367	0.0392
	U_{42}	0.0003	0.0088	0.1983	0.8520	0.0778
	U_{43}	0.0000	0.0000	0.0001	0.0087	0.3783
	U_{44}	0.0012	0.0248	0.4110	0.4800	0.0347
	U_{45}	0.0011	0.0257	0.3774	0.5244	0.0371

资料来源：作者计算。

表 5 - 27　　　2016 年绿色发展能力相应指标数据隶属度平均综合评价值

评价准则	评价因素	评价标准				
		高	较高	一般	较低	低
绿色经济发展质量 U_1	U_{11}	0.1553	0.9412	0.1874	0.0258	0.0023
	U_{12}	0.0072	0.0617	0.4617	0.4182	0.0531
	U_{13}	0.3060	0.0135	0.0002	0.0000	0.0000
	U_{14}	0.0156	0.1098	0.6639	0.3093	0.0502
	U_{15}	0.0048	0.0815	0.8254	0.1997	0.0133

评价准则	评价因素	评价标准				
		高	较高	一般	较低	低
绿色生态支撑压力 U_2	U_{21}	0.0020	0.0528	0.7138	0.2489	0.0115
	U_{22}	0.9411	0.1341	0.0155	0.0015	0.0001
	U_{23}	0.6686	0.2714	0.0312	0.0032	0.0001
	U_{24}	0.0132	0.2771	0.6670	0.0559	0.0023
	U_{25}	0.0124	0.3313	0.5896	0.0309	0.0005
绿色资源承载空间 U_3	U_{31}	0.0055	0.1207	0.9298	0.1603	0.0088
	U_{32}	0.6785	0.0633	0.0022	0.0001	0.0000
	U_{33}	0.0001	0.0015	0.0343	0.4766	0.4216
	U_{34}	0.0979	0.8654	0.1775	0.0118	0.0005
	U_{35}	0.0000	0.0006	0.0118	0.1237	0.9109
绿色环境治理强度 U_4	U_{41}	0.0001	0.0020	0.0487	0.6251	0.3103
	U_{42}	0.3713	0.0199	0.0007	0.0000	0.0000
	U_{43}	0.0001	0.0092	0.4280	0.5006	0.0125
	U_{44}	0.0060	0.1259	0.9972	0.1274	0.0062
	U_{45}	0.0004	0.0135	0.2199	0.7694	0.0678

资料来源：作者计算。

（6）结合指标权重 W 与隶属度矩阵 Z 进行模糊变换，可得评价指标在评价集 V 上的模糊子集 $B = (b_1, b_1, \cdots, b_m)$，

$$B = W \cdot Z \quad b_j = \sum_{i=1}^{n} w_i \cdot z_{ij}, \quad j = 1, 2, \cdots, m$$

b_j 表示评价对象归属于第 j 项评价等级的隶属度，依据最大隶属度原则，应选择隶属度集中的 $\max\{b_j\}$ 所对应的评价等级作为最终的评价结果，以东北绿色发展 2007 年的评价结果（0.0604，0.1699，0.2637，0.3252，0.1397）为例，其 2007 年东北绿色发展水平的综合评价结果为 0.3252，属于较低发展水平。

综合 2007~2016 年的绿色发展趋势和云模型测算结果，可得各地区绿色增长总体发展水平的最终评价结果，虽然通过云模型进行的模拟评价结果具有一定的随机性和模糊性，但是经过 X - 条件云发生器重复进行 1000 次仿真，进而计算各评价指标在不同隶属度值下的综合平均评价值，结合其权重值信息所得的最终评价结果是比较可信的，能一定程度上反映出各年度的绿色综合发展水平。

第四节 东北地区绿色发展水平研究

一、东北地区绿色发展态势研究

1. 绿色发展综合分析

研究以东北地区 2007 ~ 2016 年 10 年的数据为分析样本，结合 20 个具体指标，采用 Matlab 软件通过 X – 条件云发生器重复进行 1000 次仿真模拟，在测算出二级指标评估值的基础上，再结合各个指标的权重值得出不同隶属度下的综合分值，进一步量化东北地区近十年间绿色发展的整体水平，具体结果如表 5 – 28 所示。

（1）绿色发展演进态势。

从表 5 – 28 中能够看出，2007 ~ 2014 年为东北地区绿色发展的稳步上升期。在这 8 年间，东北地区绿色发展综合水平整体呈现阶梯状的上升发展趋势，由"灰"向"青"，从起初的较低水平向较高水平迈进，这表明在此期间东北地区的绿色综合发展能力处于日趋优化的良好态势，对整体的地区资源环境压力相对较小。而 2015 ~ 2016 年东北地区绿色发展强度经历了短时间的下降，由较高水平回落至一般水平。

表 5 – 28　　　　　　　　　东北地区绿色发展能力评价

年份	评价标准					评价结果
	高	较高	一般	较低	低	
2007	0.0606	0.1696	0.2639	0.3243	0.1374	较低
2008	0.0601	0.1641	0.3331	0.3982	0.0909	较低
2009	0.0675	0.1729	0.4170	0.3660	0.1172	一般
2010	0.0508	0.1819	0.5934	0.3718	0.0753	一般
2011	0.0706	0.1777	0.4989	0.3245	0.0558	一般
2012	0.1515	0.3339	0.3398	0.3069	0.0598	一般
2013	0.1540	0.2895	0.2736	0.2525	0.0804	较高
2014	0.1346	0.3414	0.3076	0.2460	0.0838	较高
2015	0.1551	0.2438	0.3137	0.2388	0.0878	一般
2016	0.1525	0.3158	0.3507	0.1882	0.1041	一般

资料来源：作者计算。

为了探究表 5-28 中隐匿在评价数据中的内在规律，研究采用 Rosen-blatt 和 Parsen 提出的 Kernel 核密度估计方法，用连续平滑的密度曲线代替叠聚集的条形图，来分析每一类绿色发展等级的动态分布形态，如图 5-18 所示。

在图 5-18 有三个评价等级呈单峰状态，其中东北绿色发展最强的高等级呈尖峰状，评价的隶属优度概率集中在 0.05～0.1 的低密概率范围内，绿色发展最弱的低等级的评价隶属概率峰值变宽，但仍集中在 0.05～0.15 的低密概率范围内，东北地区整体绿色发展能力隶属于这两个极化的绿色发展等级的概率较低。绿色发展处于较低等级的评价隶属概率峰值最宽且最为平缓，且所覆盖的评价隶属优度的概率值覆盖在 0.2～0.4 范围内，分布更为广泛。绿色发展较高等级的评价隶属优度概率呈毗邻的双峰状，分布集中的 0.15～0.35 的中低等密度概率范围内。绿色发展处于一般等级则呈现微弱的双峰分布特征，主体峰值主要分布在 0.25～0.4 中等密概率范围内，此等级分布在该峰的右侧高密概率范围内出现一个弱"拖尾峰"的现象，评价隶属优度分布值最为宽泛。综合东北地区绿色发展等级的 Kernel 核密度分布演进图像，能够进一步印证东北地区在 2007～2014 年的绿色发展综合能力处于中等偏优的状态。

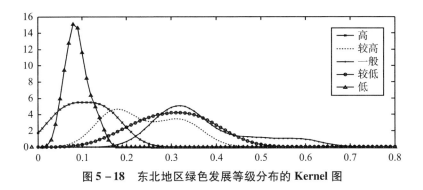

图 5-18　东北地区绿色发展等级分布的 Kernel 图

（2）绿色发展演进特征。

结合表 5-8 中东北产值和能耗的相关数据，可以将 2007～2016 年这 10 年间东北地区绿色发展综合水平划分为 2 个发展阶段：第一个阶段为 2007～2012 年。东北地区的整体绿色发展综合能力在此期间攀升了一个等级，生产总值由 2007 年的 23373.18 亿元提升至 50477.25 亿元，年均增幅为 16.65%，产值占全国比重略有小幅增长从 8.48% 升至 8.76%，而在能源消费方面，能耗占比由全国比重 2007 年的 10.15% 攀升至 10.97%，上升了约 0.8 个百分点。经济高增量、能源高消耗是这一阶段东北地区绿色发展的态势的主要特点。

第二个阶段为 2013~2016 年。东北地区的整体绿色发展综合能力略有波动，由前进的较高水平滑落至一般等级。在经济方面，东北地区受到资源、区位、人力等多重因素的叠加制约，整体经济转型速度相对滞后，生产总值由 2013 年的 54714.53 亿元滑至 52409.79，出现了负增长的严峻态势，整个东北经济如临冽冬。其间东北地区能耗占比由全国比重由 2013 年的 9.83% 缩减至 9.21%，总体降低了约 0.6 个百分点。在此阶段，经济增长乏力、能源消耗降低是第二阶段东北地区绿色发展的态势的主要特点。

2. 东北地区绿色发展强度差异化分析

东北绿色发展能力的综合评价值主要是由经济、生态、资源和环境这四方面因素层共同作用的结果。因此，在探究东北地区综合绿色发展态势的基础上，分别从绿色经济发展、绿色生态空间、绿色资源储备和绿色环境治理这 4 个方面着手，进一步分析东北地区绿色发展的差异性特征，从而明确东北地区在整个绿色发展过程中所存在的薄弱环节。

（1）绿色经济发展质量分析。

如表 5-29 所示，东北地区绿色经济整体发展虽呈现良性攀升态势，由 2007 年最低水平发展至一般水平，但在每个时间段均落后整体区域综合绿色发展水平一个等级，制约了东北地区绿色经济发展的步伐。图 5-19 中五类等级隶属概率峰值均分布在 0.2 以内，侧面反映出东北地区绿色经济质量不佳。由此可以看出，整个东北地区仍承受着传统生产和消费方式所带来的不良后果影响，能源和资源经济效益不高，在绿色经济发展过程中存在多耗能源和资源的情况。东北三省经济结构相似，均依赖规模大、资本密集、高消耗低效率为特点的传统重工业和资源型产业拉动经济增长，而产业结构调整与转型升级是一个渐进的过程，所以东北三省须转变发展思路，无序增加要素投入无法发挥东北三省的资源优势，而提高效能才是东北三省进一步发展的可行之路。政府在重点培育经济发展动能的同时，仍需要关注东北的能源和资源的利用效率，进一步挖掘能源消耗和节能降耗的空间潜力。

表 5 – 29　　　　　　　　　　东北地区绿色经济发展质量评价

评价准则	年份	评价标准					评价结果
		高	较高	一般	较低	低	
绿色经济发展质量 U_1	2007	0.0193	0.0299	0.0383	0.0451	0.0907	低
	2008	0.0462	0.0138	0.0545	0.1196	0.0397	较低
	2009	0.0496	0.0153	0.0815	0.1276	0.0254	较低
	2010	0.0391	0.0166	0.1098	0.1515	0.0061	较低
	2011	0.0276	0.0376	0.1186	0.1305	0.0026	较低
	2012	0.0192	0.0749	0.1040	0.0831	0.0106	一般
	2013	0.0326	0.0581	0.0691	0.0607	0.0187	一般
	2014	0.0425	0.0662	0.0713	0.0686	0.0007	一般
	2015	0.0427	0.0252	0.0782	0.0596	0.0007	一般
	2016	0.0264	0.0672	0.1114	0.0482	0.0055	一般

资料来源：作者计算。

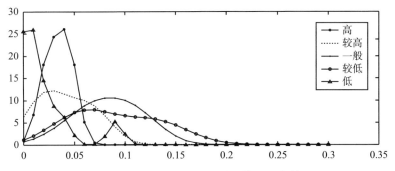

图 5 – 19　东北地区绿色经济发展质量等级分布的 Kernel 图

（2）绿色生态负荷承受力分析。

从表 5 – 30 能够看出东北绿色生态系统负荷承载能力和东北整体的绿色经济发展趋势相悖，从 2007～2008 年的较高程度滑落至一般水平，其间更是在 2012 年由"白"转"灰"一度跌至较低等级。由此可见，在初始阶段东北虽保有良好的生态基础性的优势，但生态环境对整体的经济发展支撑较强，面临的生态负荷压力未能得到缓解反而增加。东北作为我国的老工业基地，其地区经济发展主要依靠能源消费拉动，而东北地区的能源消耗主要以非清洁能源煤炭为主，产生典型的煤烟型大气污染。此外，东北仍存在重工业偏重，轻工业偏的产业结构不均衡的问题，重工业行业是废水、废气、固体废物等污染物排放的"重灾区"，叠加东北地区的超长的取暖期、焚烧秸秆等问题，严重挤压东北生态承载维度，影响了东北地区整体的绿色发展进程。

表 5 - 30　　　　　　　东北地区绿色生态负荷承受力评价

评价准则	年份	评价标准					评价结果
		高	较高	一般	较低	低	
绿色生态支撑压力 U_2	2007	0.0349	0.0817	0.0365	0.0508	0.0138	较高
	2008	0.0091	0.0970	0.0552	0.0513	0.0072	较高
	2009	0.0039	0.0668	0.0905	0.0409	0.0047	一般
	2010	0.0024	0.0430	0.1214	0.0393	0.0040	一般
	2011	0.0006	0.0114	0.1206	0.0809	0.0071	一般
	2012	0.0005	0.0836	0.0924	0.1085	0.0096	较低
	2013	0.0009	0.0743	0.0945	0.0503	0.0059	一般
	2014	0.0011	0.0844	0.1246	0.0643	0.0040	一般
	2015	0.0025	0.0662	0.1383	0.0510	0.0029	一般
	2016	0.0488	0.0472	0.0970	0.0148	0.0007	一般

资料来源：作者计算。

（3）绿色资源承载潜力分析。

从表 5 - 31 能够看出，东北作为典型的资源型地区在绿色资源储量方面具有一定的优势。2007 ~ 2011 年绿色承载空间的评价等级处于中等一般状态，期间每年评价隶属优度均呈稳步上升态势，由 0.1333 提升至 0.2007。而后随着城市绿化工程的强力推行和实施修复性资源开采活动，东北绿色资源评价等级在 2013 年迎来第二次增长攀升，提升至较高等级水平，且一直保有良好的发展态势。然而，东北地区虽然自然资源具有一定的基础存量，但能源消耗量偏高的矛盾仍比较突出，如果过度依仗资源优势，无节制地对矿物资源和化石能源进行过度开采，则会同样面临资源枯竭所引发的一系列可持续发展问题。在全国 69 个资源枯竭型城市中，东北地区占 20 个，且类型较为相似，如黑龙江省鸡西市、鹤岗市、双鸭山市、鹤岗市，吉林省辽源市，辽宁省阜新市、抚顺市、本溪市、盘锦市均为能源枯竭型城市。这些城市的财政实力不足、招商引资困难、人才流失严重等困难使其产业转型、经济发展陷入困境。而大庆市相对较早地意识到地区的绿色资源承载潜力即将消失，积极转型于旅游业，为城市的经济发展争取了一定的存续时间和产业转型的方向与空间。

表5-31   东北地区绿色资源承载潜力评价

评价准则	年份	评价标准					评价结果
		高	较高	一般	较低	低	
绿色资源 承载空间 U₃	2007	0.0063	0.0543	0.1333	0.1274	0.0095	一般
	2008	0.0044	0.0447	0.1394	0.1301	0.0102	一般
	2009	0.0129	0.0730	0.1541	0.1051	0.0083	一般
	2010	0.0058	0.0637	0.2339	0.0649	0.0047	一般
	2011	0.0083	0.0893	0.2007	0.0639	0.0056	一般
	2012	0.0917	0.1258	0.0896	0.0677	0.0082	较高
	2013	0.0842	0.1034	0.0560	0.0774	0.0355	较高
	2014	0.0720	0.1169	0.0302	0.0496	0.0663	较高
	2015	0.0594	0.1022	0.0291	0.0388	0.0818	较高
	2016	0.0590	0.1746	0.0767	0.0418	0.0822	较高

资料来源：作者计算。

（4）绿色环境治理能力分析。

从表5-32能够看出，2007~2016年东北地区绿色环境治理效果差强人意，评价等级始终徘徊在较低和一般水平，同样阻滞了东北绿色发展进程，绿色发展推进的任务艰巨。东北在改革初期发展时受益于传统"黑色"发展模式，但同时也滞留了根深蒂固的"黑色"发展思维，而东北老工业基地想要紧随新时代经济发展的步伐，必定要走绿色可持续发展道路来重获"生机"。因此，政府必需要转换实施方式和执政理念，完善绿色发展体制机制，大力推进绿色发展方面的政策扶持力度。

表5-32   东北地区绿色环境治理强度评价

评价准则	年份	评价标准					评价结果
		高	较高	一般	较低	低	
绿色环境 治理强度 U₄	2007	0.0001	0.0037	0.0558	0.1010	0.0234	较低
	2008	0.0004	0.0086	0.0840	0.0972	0.0338	较低
	2009	0.0011	0.0178	0.0909	0.0924	0.0788	较低

评价准则	年份	评价标准					评价结果
		高	较高	一般	较低	低	
绿色环境治理强度 U₄	2010	0.0035	0.0586	0.1283	0.1161	0.0605	一般
	2011	0.0341	0.0394	0.0590	0.0492	0.0405	一般
	2012	0.0401	0.0496	0.0538	0.0476	0.0314	一般
	2013	0.0363	0.0537	0.0540	0.0641	0.0203	较低
	2014	0.0190	0.0739	0.0815	0.0635	0.0128	一般
	2015	0.0505	0.0502	0.0681	0.0894	0.0024	较低
	2016	0.0183	0.0268	0.0656	0.0834	0.0157	较低

资料来源：作者计算。

二、东北地区绿色增长发展区域差异性研究

1. 辽宁省绿色发展综合分析

根据最大隶属度原则，辽宁省绿色发展能力除 2007~2008 年外，整体一直处于中等一般水平，绿色增长水平仍有待于进一步提高。结合表5-33至表5-37中各二级指标层的评价结果能够看出，辽宁在绿色经济发展方面呈现出由较低到较高再到一般的 M 型波动态势，2007~2013 年，辽宁省绿色经济发展质量一直呈上升态势，由较低水平演化至较高水平，但在 2014 年出现转折点，绿色经济发展水平又回到一般水平。辽宁省以钢铁、机械等高耗能特性的重工业闻名全国，2010 年辽宁省高耗能行业所占比例达到 92.12%。但随着节能措施的有效实施，辽宁省 2007~2013 年工业能源消耗强度均有下降，能源利用效率有明显升高，此阶段能源效率上升的原因不仅是终端能源使用效率的提高，也是能源加工转换损失量的下降，是辽宁省在能源使用与生产方面科技水平和管理水平综合提升的结果。

在绿色生态负荷能力方面总体处于一般中等水平，说明在经济质量和生态负荷这两个维度有助于辽宁整体的绿色发展。2007~2008 年辽宁省的生态负荷承受能力较强，但是随着重化工业的进一步发展和近些年城镇化的加速发展和经济的高速增长，使辽宁省能源消耗总量逐年攀升，进而产生烟尘、废气、二氧化硫等污染物，降低了辽宁省生态负荷承受能力，辽宁省自 2009~2016 年的生态负荷承受能力降至一般水平，尽管生态负荷能力还可支撑辽宁省绿色发展，但需要高瞻远瞩，制定相关策略与措施，防止生态符合承受能力水平的进一步下降，影响辽宁省绿色发展的可持

续性。

而在绿色资源利用和绿色环境治理方面的总体评价态势趋于一致，均在初始阶段呈现出有小幅上升，但随后急速滑落至最差的低等级。说明辽宁在绿色发展过程中存在资源过度消耗的情况，并且已经出现"资源预警"，同时还存在着绿色发展政策落实力度不足的问题，政府应引起重视，避免资源无序化开采和经济发展过程中资源浪费性消耗。2007~2009年，辽宁省资源开发利用对地区绿色发展影响较为明显，此时期，辽宁省资源开放强度加大，而资源利用效率不高，环境政策与投资不大，使资源开发利用对地区绿色发展影响明显。2009~2016年，资源开发利用较往年尤为突出，对生态环境影响明显，资源开发利用所带来的环境问题较为严峻。另外，辽宁省环境政策与投资以波动状态下降，使地方绿色发展后劲不足。

表 5 - 33 　　　　　　　　　　辽宁绿色发展能力评价

年份	评价标准					评价结果
	高	较高	一般	较低	低	
2007	0.0670	0.1779	0.2413	0.3797	0.0899	较低
2008	0.0613	0.2110	0.3381	0.3386	0.1083	较低
2009	0.0842	0.2315	0.3674	0.2895	0.1014	一般
2010	0.0663	0.2018	0.4631	0.1741	0.0484	一般
2011	0.1121	0.2702	0.4397	0.1338	0.0217	一般
2012	0.0334	0.1667	0.3276	0.1277	0.0771	一般
2013	0.0756	0.1612	0.3399	0.1677	0.0625	一般
2014	0.0590	0.1346	0.2894	0.2507	0.1207	一般
2015	0.0863	0.1234	0.2910	0.2201	0.1624	一般
2016	0.1059	0.1379	0.2846	0.1797	0.2175	一般

资料来源：作者计算。

表 5 - 34 　　　　　　　　　　辽宁省绿色经济发展质量评价

评价准则	年份	评价标准					评价结果
		高	较高	一般	较低	低	
绿色经济发展质量 U_1	2007	0.0236	0.0357	0.0305	0.0931	0.0401	较低
	2008	0.0464	0.0249	0.0748	0.0881	0.0399	较低
	2009	0.0619	0.0687	0.078	0.0596	0.0083	一般

评价准则	年份	评价标准					评价结果
		高	较高	一般	较低	低	
绿色经济发展质量 U₁	2010	0.0460	0.0207	0.1053	0.0401	0.0047	一般
	2011	0.0741	0.0911	0.0662	0.0097	0.0010	较高
	2012	0.0278	0.0739	0.0501	0.0092	0.0305	较高
	2013	0.0359	0.0643	0.0594	0.0295	0.0041	较高
	2014	0.0111	0.0610	0.0521	0.0365	0.0080	一般
	2015	0.0535	0.0188	0.0724	0.0356	0.0038	一般
	2016	0.0494	0.0348	0.0705	0.0547	0.0545	一般

资料来源：作者计算。

表 5－35　　　　　　　辽宁省绿色生态负荷承受力评价

评价准则	年份	评价标准					评价结果
		高	较高	一般	较低	低	
绿色生态支撑压力 U₂	2007	0.0365	0.0805	0.0345	0.0561	0.0148	较高
	2008	0.0073	0.0989	0.0578	0.0506	0.0068	较高
	2009	0.0054	0.0687	0.1050	0.0390	0.0048	一般
	2010	0.0052	0.0681	0.1165	0.0347	0.0031	一般
	2011	0.0023	0.0334	0.0863	0.0678	0.0092	一般
	2012	0.0021	0.0287	0.0993	0.0592	0.0323	一般
	2013	0.0036	0.0425	0.1079	0.0352	0.0256	一般
	2014	0.0036	0.0351	0.1226	0.0675	0.0067	一般
	2015	0.0064	0.0530	0.1228	0.0498	0.0027	一般
	2016	0.0512	0.0439	0.0877	0.0202	0.0007	一般

资料来源：作者计算。

表 5－36　　　　　　　辽宁省绿色资源承载潜力评价

评价准则	年份	评价标准					评价结果
		高	较高	一般	较低	低	
绿色资源承载空间 U₃	2007	0.0067	0.0581	0.1194	0.1307	0.0104	较低
	2008	0.0050	0.0556	0.1443	0.1236	0.0096	一般
	2009	0.0156	0.0707	0.1077	0.0917	0.0672	一般

评价准则	年份	评价标准					评价结果
		高	较高	一般	较低	低	
绿色资源承载空间 U_3	2010	0.0062	0.0693	0.1887	0.0252	0.0013	一般
	2011	0.0084	0.0883	0.2149	0.0350	0.0021	一般
	2012	0.0016	0.0195	0.0954	0.0514	0.0042	一般
	2013	0.0075	0.0128	0.0446	0.0754	0.0312	较低
	2014	0.0009	0.0111	0.0384	0.0639	0.0934	低
	2015	0.0008	0.0125	0.0349	0.0637	0.1312	低
	2016	0.0048	0.0497	0.0489	0.0487	0.0785	低

资料来源：作者计算。

表 5 – 37　　　　　　　　辽宁省绿色环境治理强度评价

评价准则	年份	评价标准					评价结果
		高	较高	一般	较低	低	
绿色环境治理强度 U_4	2007	0.0002	0.0036	0.0569	0.0998	0.0246	较低
	2008	0.0026	0.0316	0.0612	0.0763	0.0520	较低
	2009	0.0013	0.0234	0.0767	0.0992	0.0211	较低
	2010	0.0089	0.0437	0.0526	0.0741	0.0393	较低
	2011	0.0273	0.0574	0.0723	0.0213	0.0094	一般
	2012	0.0019	0.0446	0.0828	0.0079	0.0101	一般
	2013	0.0286	0.0416	0.1280	0.0276	0.0016	一般
	2014	0.0434	0.0274	0.0963	0.0428	0.0126	一般
	2015	0.0256	0.0391	0.0609	0.0700	0.0247	较低
	2016	0.0005	0.0095	0.0775	0.0561	0.0838	低

资料来源：作者计算。

2. 吉林省绿色发展综合分析

吉林省整体的绿色发展水平呈现阶梯式的逐步上升趋势。由 2007 年的较低发展水平攀升至较高发展水平，绿色发展建设成效显著，且发展程度明显优于辽宁和黑龙江地区。结合表 5 – 38 至表 5 – 42 中的经济、生态、资源和环境等评价因素能够看出，吉林在绿色经济发展质量、绿色生态负荷能力和绿色环境治理能力方面均取得了较好的成绩，均由低向高稳步提升。而吉林省绿色资源环境承载潜力相对较弱，与辽宁省绿色发展所存在困境相似，同样面临资源危机，应尽快改变过度依赖资源密集型产业的经济发展方式，积极优化产业结构摆脱经济发展过程对资源的过度依赖，削弱"资源诅咒"，从而减轻资源压力对吉林绿色增长的影响。

吉林省绿色经济发展质量一直呈上升趋势。2007～2016 年，吉林省万元地区生产总值能耗、万元规模以上工业增加值能耗等指标均呈下降趋势，资源利用效率的改善取得了一定的进展，相比于辽宁省与黑龙江省，吉林省的绿色发展能力质量提升幅度大且趋势较为稳定。

2007～2016 年吉林省的绿色生态负荷能力先下降后上升，呈现"U"型发展趋势。2007 年吉林省重点取缔水资源保护区排污口，首次实现全省一级水源保护区无排污口的目标。松花江等重点流域水污染防治工作取得较大进展，断面水质得到改善。2007～2010 年，吉林省化学需氧量排放量、二氧化硫排放量降速均较大，而 2011 年后降速有所下降。空气质量优良天数占全年总天数的比例于 2012 年开始有所下降。从绿色生态负荷整体能力来看，2014 年后吉林省生态负荷能力恢复至较高水平，取得了一定的成果。

吉林省绿色资源承载力于 2007～2013 年呈现一般的发展水平。"十二五"期间，吉林省对东部长白山资源实行强制性保护，对东中部水资源进行主动性保护，对中部黑土地资源进行积极性保护，对西部生态脆弱区实行抢救性保护。全省森林面积从"十五"规划末期 817.6 万公顷，提高到现在的 828.1 万公顷，森林覆盖率从 43.2% 提高到 44.2%，森林植被、林相结构和生物多样性明显改善。虽然吉林省自然资源呈现相对较高的多样性，原始森林、次生植被、草原湿地、水资源和矿产资源较为丰富，且随着矿产勘查活动的进行，吉林省的一些中小矿山被不断发现，进一步提升了其资源保障程度。但 2014 年及以后，随着吉林省对能源及矿物原材料的需求旺盛程度不断增加，资源的消耗量也在不断增加，相应地，吉林省的绿色资源承载能力呈现下降趋势。

绿色环境治理强度于 2007～2014 年呈上升态势，达到较高水平。生态省建设以来，吉林省实施一系列生态保护建设工程，生态文明建设取得显著成效。2015 年、2016 年回落至一般水平。2006 年，吉林省成立长白山保护开发区管理委员会，对长白山实施统一管理与保护开发。2007 年，吉林省制定了矿山生态环境恢复治理办法，要求所有开采矿山的企业缴存矿山生态环境恢复治理保证金以保证土地复垦。截至 2014 年，吉林省已有 19 个矿山纳入国家级绿色矿山建设。在资源开发整合方面，2012 年，吉林省开展了金属、非金属矿山整顿关闭工作，2013 年进行了煤炭企业兼并重组，制定了矿产资源开发的准入条件和最低开采规模。吉林省2013年底矿山减少2000余个，为整个前矿山总数的53.6%。吉林省在绿色环境治理方面有较好的意识，应继续采取措施，将环境治理强度维持在较高水平，争取达到治理能力的高水平发展。

表5-38　　　　　　　　　　吉林省绿色发展能力评价

年份	评价标准					评价结果
	高	较高	一般	较低	低	
2007	0.0929	0.1615	0.2298	0.2993	0.1584	较低
2008	0.0702	0.1879	0.2785	0.2894	0.2290	较低
2009	0.0491	0.1678	0.3274	0.3700	0.0853	较低
2010	0.0626	0.1972	0.4425	0.2270	0.0415	一般
2011	0.0508	0.1855	0.4275	0.2278	0.0380	一般
2012	0.0529	0.2579	0.3650	0.2167	0.0624	一般
2013	0.0393	0.2162	0.3857	0.2030	0.0344	一般
2014	0.0457	0.3321	0.1871	0.2296	0.0612	较高
2015	0.1157	0.3235	0.2605	0.2092	0.0323	较高
2016	0.1638	0.2165	0.2049	0.1558	0.0616	较高

资料来源：作者计算。

表5-39　　　　　　　　　　吉林省绿色经济发展质量评价

评价准则	年份	评价标准					评价结果
		高	较高	一般	较低	低	
绿色经济发展质量 U₁	2007	0.0390	0.0255	0.0304	0.0435	0.1086	低
	2008	0.0210	0.0517	0.0407	0.0557	0.1468	低
	2009	0.0403	0.0541	0.0314	0.0746	0.0091	较低
	2010	0.0390	0.0724	0.0806	0.0359	0.0043	一般
	2011	0.0344	0.0294	0.0859	0.0131	0.0009	一般
	2012	0.0239	0.0361	0.0414	0.0360	0.0038	一般
	2013	0.0054	0.0229	0.0641	0.0244	0.0109	一般
	2014	0.0063	0.0456	0.0020	0.0162	0.0210	较高
	2015	0.0216	0.1237	0.0064	0.0337	0.0083	较高
	2016	0.0248	0.0782	0.0086	0.0043	0.0305	较高

资料来源：作者计算。

表 5 - 40 　　　　　　　　 **吉林省绿色生态负荷承受力评价**

评价准则	年份	评价标准					评价结果
		高	较高	一般	较低	低	
绿色生态支撑压力 U_2	2007	0.0479	0.0783	0.0317	0.0533	0.0139	较高
	2008	0.0443	0.0734	0.0420	0.0599	0.0078	较高
	2009	0.0062	0.0777	0.1059	0.0483	0.0057	一般
	2010	0.0008	0.0481	0.1596	0.0568	0.0055	一般
	2011	0.0007	0.0133	0.1356	0.0728	0.0137	一般
	2012	0.0008	0.0337	0.1349	0.0836	0.0115	一般
	2013	0.0009	0.0520	0.1155	0.0992	0.0101	一般
	2014	0.0010	0.1068	0.0742	0.0857	0.0060	较高
	2015	0.0031	0.1178	0.0875	0.0556	0.0044	较高
	2016	0.0719	0.0724	0.0500	0.0087	0.0004	较高

资料来源：作者计算。

表 5 - 41 　　　　　　　 **吉林省、辽宁省绿色资源承载潜力评价**

评价准则	年份	评价标准					评价结果
		高	较高	一般	较低	低	
绿色资源承载空间 U_3	2007	0.0058	0.0529	0.1008	0.0847	0.0062	一般
	2008	0.0038	0.0436	0.1308	0.0611	0.0041	一般
	2009	0.0025	0.033	0.1363	0.0967	0.0103	一般
	2010	0.0045	0.0477	0.0902	0.0475	0.0048	一般
	2011	0.0049	0.0533	0.1059	0.0845	0.0081	一般
	2012	0.0183	0.0873	0.1061	0.047	0.0047	一般
	2013	0.0077	0.028	0.1037	0.0479	0.0043	一般
	2014	0.0147	0.076	0.0665	0.1028	0.0107	较低
	2015	0.0295	0.0522	0.0743	0.0791	0.0074	较低
	2016	0.0527	0.0441	0.0507	0.0918	0.0044	较低

资料来源：作者计算。

评价准则	年份	评价标准					评价结果
		高	较高	一般	较低	低	
绿色环境治理强度 U_4	2007	0.0002	0.0048	0.0669	0.1178	0.0297	较低
	2008	0.0011	0.0192	0.0650	0.1127	0.0703	较低
	2009	0.0001	0.0030	0.0538	0.1504	0.0602	较低
	2010	0.0183	0.0290	0.1121	0.0868	0.0269	一般
	2011	0.0108	0.0895	0.1001	0.0574	0.0153	一般
	2012	0.0099	0.1008	0.0826	0.0501	0.0424	较高
	2013	0.0253	0.1133	0.1024	0.0315	0.0091	较高
	2014	0.0237	0.1037	0.0444	0.0249	0.0235	较高
	2015	0.0615	0.0298	0.0923	0.0408	0.0122	一般
	2016	0.0144	0.0218	0.0956	0.0510	0.0263	一般

资料来源：作者计算。

3. 黑龙江省绿色发展综合分析

黑龙江省总体的绿色发展水平与辽宁省相似，除 2007～2009 年外整体一直处于中等一般水平，仍具有一定的绿色增长发展空间。结合表 5－43 至表 5－47 中各级大类指标的评价数值能够看出，绿色经济发展、绿色资源储量、绿色环境维护是推进黑龙江省绿色发展的主要因素。

黑龙江省绿色发展质量于 2007～2016 年由低水平演化至较高水平。近些年黑龙江省整合煤矿开采，淘汰不符合国家产业政策和高耗能企业，实现了全省万元 GDP 能耗的下降，大幅提升了资源利用效率，未来黑龙江省应采用先进技术继续维持较高水平的绿色发展质量。

黑龙江省绿色资源承载能力 2007～2010 年均为较低水平。"双保"行动落实后，2011～2016 年黑龙江省绿色资源承载能力较之前年份稍有改善，并一直维持在一般水平。"十一五"期间，黑龙江省的森林覆盖率仅有 45.2%，截至 2016 年，这一比例上升至 47.07%。此外，松花江流域重点支流水质明显改善，黑龙江、乌苏里江及兴凯湖的水环境、生态环境保护与治理取得一定成效。

黑龙江省绿色环境治理能力呈现逐年上升趋势，与生态负荷承受能力的变化呈相反态势。说明黑龙江省在绿色环境质量能力方面虽然有所作为，但其治理能力水平的提升契机均出现在生态负荷能力出现明显下降时，说明其未能提前形成对资源节约、环境保护意识。未来黑龙江省应该形成绿色发展的预测判断机制，提前形成相应措施，避免生态负荷能力、承载能力的未预期性下降对绿色经济发展的影响。

黑龙江省绿色生态负荷承受能力"高开低走"，于2007~2016年呈现逐年下降趋势，2010年从上年的较高水平下滑至一般水平，2015年又由上年的一般水平下滑至较低水平，整个生态系统则在近10年的发展中承受着巨大的污染压力，是阻碍黑龙江绿色发展的主要因素。从表5-43中能够看出，黑龙江虽同样具有一定的基础性的资源优势，但随着生态压力负荷的逐渐增大，这也是制约地区资源承载力的重要原因。虽然近十年自然保护力度在不断增大，但是生态负荷压力还是不断下降，说明其资源利用与环境保护的整体规划和实施力度均存在一定问题。因此，未来黑龙江想要继续发展绿色可持续增长之路就必须严格控制重工业产业的发展规模与数量，降低重化工行业的污染物排放量，从而减轻生态系统压力。

表5-43　　　　　　　　黑龙江省绿色发展能力评价

年份	评价标准					评价结果
	高	较高	一般	较低	低	
2007	0.0714	0.1901	0.2274	0.3100	0.1552	较低
2008	0.0960	0.1816	0.1880	0.4141	0.1223	较低
2009	0.1168	0.1739	0.1920	0.3388	0.1256	较低
2010	0.1659	0.1124	0.2793	0.2504	0.0471	一般
2011	0.1231	0.1585	0.3543	0.2305	0.0523	一般
2012	0.0864	0.0661	0.2948	0.1854	0.1157	一般
2013	0.0467	0.1023	0.2530	0.1653	0.0513	一般
2014	0.0934	0.1742	0.2079	0.1994	0.1093	一般
2015	0.0815	0.1911	0.2242	0.1973	0.1055	一般
2016	0.1197	0.2324	0.2963	0.1734	0.1041	一般

资料来源：作者计算。

表 5－44　　　　　　　　　黑龙江省绿色经济发展质量评价

评价准则	年份	评价标准					评价结果
		高	较高	一般	较低	低	
绿色经济发展质量 U₁	2007	0.0294	0.0441	0.0284	0.0409	0.1071	低
	2008	0.0664	0.0407	0.0195	0.1029	0.0799	较低
	2009	0.0789	0.0192	0.0118	0.1049	0.0931	较低
	2010	0.0993	0.0119	0.0266	0.1008	0.0204	较低
	2011	0.0655	0.0256	0.0980	0.0691	0.0102	一般
	2012	0.0280	0.0202	0.0822	0.0559	0.0495	一般
	2013	0.0292	0.0518	0.0478	0.0240	0.0029	较高
	2014	0.0552	0.0724	0.0422	0.0318	0.0560	较高
	2015	0.0307	0.0880	0.0389	0.0584	0.0544	较高
	2016	0.0414	0.0839	0.0706	0.0455	0.0222	较高

资料来源：作者计算。

表 5－45　　　　　　　　　黑龙江省绿色生态负荷承受力评价

评价准则	年份	评价标准					评价结果
		高	较高	一般	较低	低	
绿色生态支撑压力 U₂	2007	0.0363	0.0943	0.0419	0.0637	0.0163	较高
	2008	0.0167	0.0877	0.0576	0.0750	0.0136	较高
	2009	0.0058	0.0857	0.0799	0.0695	0.0099	较高
	2010	0.0020	0.0416	0.1366	0.0685	0.0090	一般
	2011	0.0009	0.0207	0.1290	0.0837	0.0197	一般
	2012	0.0004	0.0071	0.1142	0.0801	0.0431	一般
	2013	0.0012	0.0237	0.1143	0.1045	0.0177	一般
	2014	0.0015	0.0292	0.1111	0.1109	0.0121	一般
	2015	0.0028	0.0323	0.1026	0.1043	0.0116	较低
	2016	0.0210	0.0594	0.0943	0.1043	0.0043	较低

资料来源：作者计算。

表5-46　　　　　　　　　　黑龙江省绿色资源承载潜力评价

评价准则	年份	评价标准					评价结果
		高	较高	一般	较低	低	
绿色资源承载空间 U₃	2007	0.0056	0.0477	0.0968	0.0971	0.0074	较低
	2008	0.0020	0.0249	0.0509	0.1154	0.0113	较低
	2009	0.0060	0.0377	0.0364	0.0812	0.0086	较低
	2010	0.0148	0.0302	0.0532	0.0686	0.0074	较低
	2011	0.0232	0.0614	0.0632	0.0529	0.0140	一般
	2012	0.0214	0.0257	0.0603	0.0442	0.0168	一般
	2013	0.0161	0.0265	0.0544	0.0303	0.0263	一般
	2014	0.0168	0.0291	0.0491	0.0218	0.0337	一般
	2015	0.0254	0.0327	0.0450	0.0195	0.0385	一般
	2016	0.0180	0.0356	0.0856	0.0153	0.0449	一般

资料来源：作者计算。

表5-47　　　　　　　　　　黑龙江省绿色环境治理强度评价

评价准则	年份	评价标准					评价结果
		高	较高	一般	较低	低	
绿色环境治理强度 U₄	2007	0.0001	0.0040	0.0603	0.1083	0.0244	较低
	2008	0.0109	0.0283	0.0600	0.1208	0.0175	较低
	2009	0.0261	0.0313	0.0639	0.0832	0.0140	较低
	2010	0.0498	0.0287	0.0629	0.0125	0.0103	一般
	2011	0.0335	0.0508	0.0641	0.0248	0.0084	一般
	2012	0.0366	0.0131	0.0381	0.0052	0.0063	一般
	2013	0.0002	0.0003	0.0365	0.0065	0.0044	一般
	2014	0.0199	0.0435	0.0055	0.0349	0.0075	较高
	2015	0.0226	0.0381	0.0377	0.0151	0.0010	较高
	2016	0.0393	0.0535	0.0458	0.0083	0.0327	较高

资料来源：作者计算。

第五节　以绿色发展深入推进东北振兴的政策建议

结合上述分析，能够看出 2007～2014 年东北地区绿色发展综合水平呈现阶梯状的稳步上升阶段。目前虽处于一般的中等发展水平阶段，但仍具有一定的优化潜力，特别是在绿色经济发展质量和绿色环境治理强度这两个弱势驱动因素方面具有较大的提升空间。鉴于此，研究从以下 5 个方面提出相应的政策建议，力求积极推进东北绿色增长的步伐。

一、推进产业提质增效，开辟绿色经济增长点

大力发展战略性新兴产业和现代服务业等低能耗高效益产业，适当压缩石油加工、炼焦和核燃料加工业、化学原料和化学制品制造业等碳排放较为严重的高能耗高收益的重工行业，限制发展冶金、建材等属于高能耗低效益的产业。应尽快调整产业发展战略，加快技术革新步伐，聚焦创新驱动培育壮大新动能，重点关注"投入产出效益"和"碳排放强度"对产业发展的评价与引导，突出生态效益，提高东北整体的绿色发展质量。

二、改造传统工业产业，促重工业"轻化"转型

针对传统重工业应提升产业原材料的精深加工水平，有计划、有步骤地推进钢铁、煤炭、有色、化工、石油等行业的绿色改造升级，深度挖掘存量产能的新消费点和效益增长空间，逐步化解钢铁、煤炭等过剩产能。对于重工业行业中能耗、环保、安全不过关的生产设备进行升级换代，引进高效能设备有序淘汰低端生产设备。试点推行绿色工业产业链，构建低碳环保供应链管理体系，制定采购、生产、营销、物流等绿色供应标准，延伸生产者责任制度，培育发展一批具备现代工业化、市场化、城市化联动提升型的特色环保工业产业集群。

三、合理开发资源，提升能源使用效率

在资源开发利用过程中要重视能源安全。在"出口"方面可通过先进技术提高能源加工转换率，在全生命周期链条下把控各个环节的能源损耗量；在"入口"方面，减少化石能源的消费比例，加大对零污染的风能、水能、太阳能等清洁型能源的开发利用，减少对煤炭、石油等不可再生资源的过渡性依赖。构建以市场经济为导向、工业企业为创新成果转化主

体、高校科研机构为培养基础、节能技术应用为核心的"产学研用"协同自主创新体系，加快推动"产学研用"的结合和节能环保技术的成果转化，推广低碳减排技术的应用，提高能源使用效率能源。

四、搭建绿色技术共享平台，拓宽绿色工业发展融资渠道

积极推进绿色技术创新资源共享机制，面向开放的市场环境跨省域搭建重点绿色工业技术创新、开发服务平台，共享低碳工业整体解决方案，解决东北地区工业产业技术信息闭塞、创新资源不通畅的问题，构建区域性绿色工业产业联盟体系。开辟多样式的融资新渠道，工业企业不能再局限于向金融机构借款、企业内部集资、向社会发行债券和股票等传统的融资模式，可以探索性尝试 P2P 金融、金融租赁等更快捷新型互联融资模式。积极引导社会资本参与绿色环保工业工程建设，鼓励社会资本按市场化原则创建专项绿色工业产业基金。

五、完善绿色发展制度，建立绿色增长长效机制

增强东北地区政府绿色发展意识，不断优化法律和政策，既为绿色增长提供制度保障，又能发挥法律在绿色发展中的约束作用。要加强生态环境的保护，适当增加城乡生活空间、生态用地，保护和扩大林地、绿地、水域、湿地等生态空间。与此同时，东北地区要制定相应的绿色增长评价实施考核机制，适当增加"生态文明"相关指标或提高指标比重，严守环境质量的底线。

第六章　以开放发展深入推进东北振兴

习近平总书记指出，深入推进东北振兴要"深度融入共建'一带一路'，建设开放合作高地"①。开放是国家繁荣发展的必由之路，是中国迈向现代化强国的鲜明旗帜。东北是我国向北开放的重要窗口，在建设"一带一路"加强东北亚区域合作中具有十分重要的战略地位，必须以开放发展深入推进东北振兴。

第一节　东北地区开放发展的现状

一、东北地区开放发展的历史回溯

东北地区自新中国成立以来，一直都是我国重工业发展的中心和对外开放的前沿。健全的基础设施、完备的工业体系、充足的自然资源和漫长的边界线，拥有着优越的对外开放合作的地理条件。回溯东北地区开放和发展的历史，大致可分为以下五个阶段。

第一阶段：改革开放初期（1978～1991年）。随着1978年党的十一届三中全会的胜利召开，中国逐步拉开了改革开放的序幕。1979年辽宁首次使用外资，并在1983年成立中外合资企业。为进一步加快中国改革开放的进程，1984年5月，大连成为东北地区首个全国第一批沿海开放城市，标志着东北地区开放合作的开始。1988年3月中共中央和国务院，将辽东半岛、胶东半岛以及其他沿海地区开辟为沿海经济开放区。1991年3月年国务院再次批准成立了包括沈阳、大连在内的21个高新技术产业开发区，以促进我国和东北地区的高新技术产业发展。

---

① 习近平在东北三省考察并主持召开深入推进东北振兴座谈会［EB/OL］. 中华人民共和国中央人民政府，2018-09-28.

第二阶段：改革开放初步发展阶段（1992~2001年）。1992年邓小平南方谈话和党的十四大召开，确定了我国改革开放的目标和社会主义市场发展方向，标志着中国进入了改革开放和现代化建设新阶段。东北地区的开放合作也实现了进一步发展。1992年3月，中国开放了吉林省的珲春市，黑龙江省的绥芬河市和黑河市等13个市、镇。1994年国务院提出统一政策、开放经营、平等竞争、自负盈亏、工贸结合、推行代理制的我国对外贸易体制目标，以更大程度适应国际经济运行体制，加快中国对外开放合作的步伐。2001年，中国正式加入世界贸易组织，为东北地区的开放合作提供良好的发展机遇。

第三阶段：改革开放加速阶段（2002~2007年）。随着对外开放的步伐加快，东北地区经济发展开始落后于东南沿海地区。为进一步激发东北地区经济增长活力，加快东北地区等老工业基地调整改造。2003年10月，国务院提出实施东北地区等老工业基地振兴战略，并强调通过进一步扩大东北地区的开放领域、优化投资环境，以吸引内外资，促进东北地区产业和企业结构调整，同时提出加强东北地区与俄罗斯、日本、韩国、朝鲜等国次区域合作。振兴东北老工业基地战略的提出，使东北地区的对外开放发展进入了飞速发展的时期。在振兴战略迅速发展时期，东北地区迎来对外开放合作的发展高潮，特别是作为我国装备制造业中心沈阳，利用自身完备的制造业体系，2004年沈阳实际用外资额位居辽宁省第一。如2003年德国宝马集团在沈阳建立的合资企业 - 华晨宝马汽车有限公司，业务涵盖BMW品牌汽车的生产、销售和售后服务。2004年沈飞集团与日本日野集团建立中外合资沈飞日野集团有限公司，建立当时最先进的轿车生产线。除了中外合资企业建立，2006年8月继上海洋山、天津东疆保税港区后，国务院正式批准建立大连大窑港保税港区，推动出口加工区的建立，同时促进东北地区对外贸易的发展。2007年国务院正式批复《东北地区振兴规划》，进一步推动了东北地区对外经济合作发展。

第四阶段：改革开放调整时期（2008~2014年）。2008年全球金融危机的爆发，阻碍了东北地区开放合作的发展进程。2009年9月国务院发布了《关于进一步实施东北地区等老工业基地振兴战略的若干意见》，再一次强调扩大东北地区开放程度，并先后批复了《辽宁沿海经济带规划》和《中国图们江区域合作开发规划纲要——以长吉图为开发开放先导区》。2010年4月，国家发改委正式批复沈阳经济区为国家新型工业化综合配套改革试验区。"十二五"规划纲要在振兴东北战略中，强调重点推进辽宁沿海经济带和沈阳经济区、长吉图开发开放先导区等开放合作区域发展。

2014年8月国务院提出《国务院关于近期支持东北振兴若干重大政策举措的意见》，其中强调扩大向东北亚区域及发达国家开放合作、打造一批重大开放合作平台、完善对外开放政策、推动东北地区与环渤海、京津冀地区统筹规划，融合发展。

第五阶段：新一轮对外开放阶段（2015年至今）。随着"一带一路"倡议的提出和逐步发展，东北地区依托优越的地理位置，成为了中国"一带一路"向北开放的重要窗口。其中2014年黑龙江政府提出的"龙江丝路带"也成为"一带一路"中蒙俄经济走廊建设的主要部分，提高了东北地区对外开放的速度，拓宽了开放发展的空间。为进一步衔接"一带一路"的建设发展，加快东北地区的开放合作的步伐以及振兴东北地区经济。2015年12月国务院先后批复同意在哈尔滨建立新区以及支持建造中德（沈阳）高端装备制造产业园，致力于打造国际化、智能化、绿色化的高端装备制造业园区，加快培育沈阳经济区新的增长点。2017年，辽宁自由贸易试验区在沈阳市揭牌，进一步对接高标准国际经贸规则，在更广领域、更大范围形成各具特色、各有侧重的试点格局，推动全面深化改革扩大开放，引领东北地区转变经济发展方式。《中华人民共和国国民经济和社会发展第十四个五年规划和2035年远景目标纲要》提出应加快中西部和东北地区开放步伐，坚持实施更大范围、更宽领域、更深层次对外开放。"十四五"时期是东北三省全面深化改革、全方位扩大开放合作、构建开放型经济新体制、加速全面振兴的重要时期。

二、东北地区对外经济发展现状

随着综合实力的提升，东北地区在对外贸易发展、吸引外商直接投资、对外直接投资方面都取得了显著的成效，这些成效对东北地区的经济发展、产业结构转型升级以及技术的进步起到了积极的作用。

1. 对外贸易

进出口贸易总额（见表6-1）。东北地区的进出口贸易呈现出上升趋势。截至2019年，东北地区进出口总额达到1513.3亿美元，占全国进出口总额的3.33%。2015年、2016年、2017年、2018年、2019年东北地区进出口总额占全国进出口总额的比重分别为3.34%、3.29%、3.33%、3.50%、3.33%。从以上数据可以看出，虽然东北地区的进出口贸易额逐年增长，但是占全国进出口贸易的比重的份额却出现下滑的趋势。

表 6 - 1 东北三省进出口总额

年份	辽宁			吉林			黑龙江		
	总额	出口	进口	总额	出口	进口	总额	出口	进口
2008	724.3	420.6	303.6	133.3	47.7	85.6	231.3	168.1	63.2
2009	629.3	334.1	295.1	117.4	31.2	86.2	162.3	100.8	61.4
2010	807.1	430.9	376.1	168.4	44.8	123.7	255.2	162.8	92.3
2011	960.4	510.4	449.9	220.6	50.0	170.6	385.2	176.7	208.5
2012	1040.9	579.6	461.3	245.6	59.8	185.8	375.9	144.4	233.9
2013	1144.8	645.2	499.6	258.3	67.4	190.9	388.8	162.3	226.4
2014	1140.0	587.5	552.5	263.3	57.8	206.0	389.0	173.4	215.7
2015	959.5	507.1	452.4	188.7	46.1	142.6	210.1	80.4	129.8
2016	865.6	430.6	434.9	184.5	42.0	142.5	165.4	50.0	114.9
2017	996.0	448.7	547.3	185.4	44.2	141.2	189.5	52.1	137.4
2018	1146.0	487.9	658.1	206.8	49.4	42.0	264.4	44.5	219.9
2019	1053.2	454.4	598.8	189.0	47.0	142.0	271.1	50.7	220.4

资料来源：国家统计局。

分地区来看，辽宁省的进出口总额远高于吉林省和黑龙江省的进出口总额。其中，辽宁进出口总额由 2008 年的 724.3 亿美元增至 2019 年的 1053.2 美元，约增长 45.4%；吉林进出口总额由 2008 年的 133.3 亿美元增至 2019 年的 189.0 亿美元，约增长 42.1%；黑龙江进出口总额由 2008 年的 231.3 亿美元增加到 2019 年的 271.1 亿美元，约增长 17.2%。从中还可以发现，辽宁的进口额与出口额相差无异，吉林的出口总额却远远小于其进口总额。

进出口贸易的国家（地区）分布（见表 6 - 2）。虽然在"一带一路"建设中，东北三省对东南亚、中东地区的进出口贸易额有所增长，但东北三省的主要贸易伙伴仍然是日本、韩国、俄罗斯、美国、欧盟等。2019 年东北三省对日本进出口总额为 184.1 亿美元、韩国 114.8 亿美元、俄罗斯 270.6 亿美元、美国 124.7 亿美元。其中，辽宁的主要进出口贸易国是日本、美国和韩国；吉林的主要出口贸易国是欧盟、德国和日本；黑龙江的主要贸易伙伴国是俄罗斯。2018 年是标志性突破的一年，黑龙江对俄罗斯进出口总值 264.1 亿美元，占同期全省进出口总值的 69.8%，占同期全国对俄进出口总值的 17.3%，黑龙江省自俄进口原油 2663.9 万吨，增加

59.4%。表6-2为东北三省与主要贸易伙伴的对外贸易概况。

表6-2　　　　　　　东北三省与主要贸易伙伴进出口概况　　　　　　单位：亿美元

年份	日本	韩国	俄罗斯	美国
2008	169.78	100.45	134.22	86.53
2009	151.34	70.03	60.63	79.44
2010	188.97	84.63	96.99	102.13
2011	210.27	101.96	218.60	120.48
2012	189.73	104.00	245.86	133.86
2013	190.69	105.50	254.84	138.99
2014	182.96	107.24	262.92	133.22
2015	146.67	97.59	143.85	113.87
2016	148.46	89.20	128.81	96.54
2017	167.91	110.18	156.85	148.42
2018	205.72	120.23	264.10	134.74
2019	184.12	114.82	270.54	124.74

资料来源：根据各年份辽宁、吉林、黑龙江统计年鉴计算整理。

从表6-2中可以看出，东北三省与日本的进出口贸易由2008年的169.8亿美元增加到2019年184.1亿美元，与韩国的100.45亿美元增加到2019年的114.8亿美元，与俄罗斯的对外贸易由134.22亿美元增加到2019年的270.54亿美元，其中2018年东北三省对主要贸易伙伴的进出口额出现突飞猛进地增长，尤其是与俄罗斯的进出口贸易，由2017年的156.85亿美元上升到270.54亿美元，主要是由于黑龙江省自俄进口原油2663.9万吨，同比增加59.4%。整体来看，东北三省对美国的进出口贸易进出口总额逐年呈递减趋势。

对外贸易方式。东北地区的一般贸易比加工贸易发展速度更快，其中2019年吉林省一般贸易额为159.6亿美元，加工贸易进出口总额为13.5亿美元；黑龙江省一般贸易进出口222.8亿美元，增长10.5%，加工贸易进出口13.9亿美元，增长2.2%；辽宁省一般贸易进出口630.4亿美元，比上年增长0.4%；加工贸易进出口为204.4美元，增长1.0%，保税物流进出口总额145.6亿美元，下降22.9%。

进出口商品种类。随着对外贸易的发展，东北地区的高新产品和机电产品的进出口总额逐年递增，在出口总额中，机电产品出口 214.9 亿美元，比上年增长 3.4%；高新技术产品出口 88.0 亿元，增长 27.5%；农产品出口 51.3 亿美元，增长 4.5%；钢材出口 44.5 亿美元，下降 20.2%。在进口总额中，机电产品进口 158.5 亿美元，比上年下降 6.3%；高新技术产品进口 56.3 亿美元，下降 27.1%；农产品进口 52.5 亿美元，增长 5.3%；汽车零配件进口 53.2 亿美元，增长 24.2%；原油进口 162.2 亿美元，下降 1.1%。

2. 实际利用外商直接投资

随着经济的发展和全球进程的加快，吸引外商投资已经成为推动地区经济发展的一种重要方式，各地区纷纷制定优惠政策，从而不断吸引外资进入，推动东北地区加快发展。

实际利用外资规模（见表 6-3）。2009~2014 年东北地区实际利用外资的规模和增速都呈现出逐渐上升的趋势，2009 年东北地区实际利用外资为 224.71 亿美元，占全国实际使用外资 24.48%。随着经济的发展，实际利用外商直接投资也呈现出逐年上涨的趋势，并在 2014 年达到 402.36 亿美元，比 2008 年增长约 1.27 倍，其在全国所占比重也达到 33.61%。但是在 2015 年却出现了断崖式下跌，跌至 193.07 亿美元，在全国实际利用外商直接投资的比重也下降至 15.29%，2016 年下降至 14.55%，2017~2019 年实际利用外商投资额继续出现断崖式下跌。

表 6-3 　东北地区 2009~2019 年实际利用外资增长情况 　　单位：亿美元、%

年份	东北地区实际利用外资金额	全国实际使用外资金额	占全国比重
2009	224.71	918.04	24.48
2010	276.75	1088.21	25.43
2011	326.74	1176.98	27.76
2012	365.99	1132.94	32.30
2013	404.14	1187.21	34.04
2014	402.36	1197.05	33.61
2015	193.07	1262.67	15.29
2016	183.30	1260.01	14.55
2017	114.81	1363.00	8.42
2018	115.52	1383.00	8.35
2019	47.09	1412.30	3.33

资料来源：根据辽宁省、吉林省、黑龙江省各年份统计年鉴计算而得。

外资主要来源地。日本、韩国、中国香港是东北地区外资主要来源地,其中,中国香港对辽宁2019年投资额为16.06亿美元,占全省对外投资额的48.37%,荷兰、日本、新加坡、韩国的投资额分别为3.32亿美元、2.36亿美元、0.70亿美元、0.78亿美元,占比分别为10.0%、7.11%、2.11%、2.35%。2009~2016年,日本对辽宁的投资由2014年30.17亿美元骤减至2016年2.40亿美元,韩国由2014年10.96亿美元降至2015年2.46亿美元。吉林省外商投资主要来源于韩国、中国香港地区、日本、美国、中国台湾地区,在投资总额中占比约90%。其中来自韩国的投资约占1/3,其次为中国香港和日本,占比29%和9%。黑龙江省外商投资来源主要集中于亚洲地区,占比68%,其中中国香港外商投资居于榜首,约占50%,其次为维尔京群岛、英国、美国和开曼群岛。

外商直接投资结构(见表6-4)。外商对东北地区第一产业投资较少,大多数集中于第二产业和第三产业。以辽宁外商投资结构为例。

表6-4　　　　　　　辽宁省2009~2019外商直接投资结构　　　　　　单位:亿美元

年份	总投资	第一产业	第二产业	第三产业
2009	154.4	1.3	74.1	79
2010	207.5	1.8	83.7	122
2011	242.7	3.4	123	116.3
2012	267.9	4.3	166.3	97.3
2013	290.4	4.1	171.6	114.7
2014	274.2	4	141.9	128.3
2015	51.9	0.7	14.5	36.7
2016	29.99	0.02	10.3	19.67
2017	53.4	0.3	30.9	22.2
2018	49.0	0.2	69.2	30.6
2019	33.2	0.3	56.0	43.7

资料来源:根据各年份辽宁省统计年鉴整理。

由此可见,引进外资大多集中于制造业。由于东北地区缺少内部经济协调和互补机制,导致外商投资领域单一,其他行业如房地产、交通运输、邮电通信基本保持稳步上升的趋势,批发零售、餐饮业、采掘业等均在不断波动的状态中轻微下降。

3. 对外直接投资

从总体来看，东北地区对外直接投资金额和项目较少，且主要集中于俄罗斯、朝鲜和蒙古国。从东北亚地区来看，黑龙江对外投资的主要国家是俄罗斯，辽宁对外投资的主要国家是蒙古国，吉林对外投资的主要国家是朝鲜。

辽宁省是东北地区对外投资发展的主要推动力，其对外投资额约为吉林省和黑龙江省总和。除东北亚地区外，辽宁的主要投资国家（地区）为美国、卢森堡、中国香港，主要投资领域涵盖文化产业、水产养殖、制造业和农业。黑龙江主要投资领域为矿产、不动产、养殖业和种植业。吉林的主要投资领域为矿产开发、金属冶炼、农业种植等行业。

对外投资流量。东北地区对非金融类直接投资在全国所占的比例不高，且呈现出逐年递减的趋势。如表6-5所示，2010年东北地区对外直接投资流量占全国对外直接投资的前三名，占比10.9%，2012年占比8.1%，此后逐年下降。2019年，中央企业和单位对外非金融类直接投资流量272.1亿美元，同比增长18%；地方企业897.4亿美元，同比下降8.7%，占全国非金融类流量的76.7%，较上年下降4.3个百分点。其中，东部地区715.6亿美元，同比下降5.6%，占地方投资流量的79.7%；西部地区78.1亿美元，同比下降22.4%，占比为8.7%；中部地区91.1亿美元，同比下降10.2%，占比为10.2%；东北三省12.6亿美元，同比下降43.8%，占比为1.4%。

表6-5　　　　　2010~2019年东北三省对外直接投资流量情况

年份	流量（亿美元）	比重（%）	同比（%）
2010	19.4	10.9	—
2011	11.4	4.8	−41.2
2012	27.6	8.1	142.1
2013	13.0	3.6	13.8
2014	14.8	2.7	14.2
2015	21.2	2.3	43.5
2016	32.5	2.2	1.4
2017	19.1	2.2	−41.2
2018	22.4	2.3	17.3
2019	12.6	1.4	−43.8

资料来源：根据辽宁省各年份、吉林省各年份、黑龙江省各年份统计年鉴计算。

对外投资存量。2019 年东北三省企业对外非金融类直接投资存量为 215.7 亿美元，占地区对外非金融类投资存量总和的 2.8%，同期东部地区、西部地区、中部地区对外直接投资存量分别为 6409.4 亿美元、669.1 亿美元、561.3 亿美元，占比分别为 81.6%、8.5%、7.1%。

境外产业园建设。辽宁省初步规划建设 10 个境外工业园区，如俄罗斯巴什科尔托斯坦石化工业园、中俄尼古拉商贸物流保税园区、纳丹商贸物流园区、罗马尼亚辽宁工业园等。吉林省推进 12 个境外合作园区的建设，涵盖俄罗斯泰源农牧业产业园区、美来中信木业俄罗斯友好工业合作区、俄罗斯伊尔库茨克木材加工园区、赞比亚（吉林）农业合作园区等。黑龙江省共建设 16 个境外园，产业主要涉及综合、林业、农业三类，其中乌苏里斯克经贸委国家级产业园，其余为省级产业园。

三、东北地区开放合作区域建设现状

1. 辽宁省沿海经济带

2009 年国务院正式批准《辽宁沿海经济带发展规划》，使东北地区对外开放合作得到进一步的发展。辽宁沿海经济带包括大连、营口、锦州、丹东、盘锦、葫芦岛等沿海城市，地处环渤海地区重要位置和东北亚经济圈关键地带，资源禀赋优良，工业实力较强，交通体系发达。随着东北地区开放经济的发展，辽宁沿海经济带逐步形成以大连为核心，大连—营口—盘锦为主轴，盘锦—锦州—葫芦岛和大连—丹东黄海沿岸为两翼的"一核、一轴、两翼"的发展格局，对于振兴东北老工业基地和进一步扩大东北地区的对外开放水平具有重要的意义。

（1）经济发展和城市建设。

总体状况。通过比较表 6-6、表 6-7 数据可知，自 2009 年提出建设辽宁沿海经济带以来，辽宁沿海经济带经济发展和城市建设取得较大的进展。截至 2019 年，辽宁沿海经济带生产总值达到 11410.4 亿元，较 2009 年增加 33.27%；人均可支配收入达到 30936 元。增加了 49.9%；社会消费品零售总额达到 5909.6 亿元，超出一倍多；建成区面积 1067.1 平方公里，增加了 74.7%；人均道路面积达到 14 平方米，高出 30.5%。但年末人口总数有所下降，下降了 5 万人。

总体布局。逐渐形成"一核、一轴、两翼"的发展格局，其中大连、营口和盘锦是辽宁沿海经济带发展的主轴，2019 年主轴城市在城市建设各个方面发展速度都领先于其他城市，人均收入、生产总值、建成区面积和人均道路面积得到较高幅度的增加。丹东、锦州和葫芦岛，城市建设虽然也取

得较快的发展，但在生产总值、人均可支配收入和城市基础建设发展速度与主轴城市存在差距，在未来的辽宁沿海经济带建设中拥有较大的发展潜力。

表6－6　　　　　2009年辽宁省沿海经济经济带发展和城市建设

地区	年末总人口（万人）	生产总值（亿元）	人均可支配收入（元）	社会消费品零售总额（亿元）	建成区面积（平方公里）	人均道路面积（平方米）
大连	584.8	4349.5	19014.4	1396.7	258.0	14.1
锦州	310.2	727.3	15386.1	269.9	70.6	9.4
丹东	242.6	607.5	12827.3	234.0	53.4	11.1
盘锦	130.0	676.9	18563.2	156.9	58.9	12.3
营口	235.0	807.0	15858.0	211.4	97.7	8.0
葫芦岛	282.3	445.6	15305.3	198.4	72.3	9.7
辽宁沿海经济带	1784.9	7613.7	16159.1	2467.3	610.8	10.8

资料来源：根据《2010年辽宁省统计年鉴》整理。

表6－7　　　　　2019年辽宁沿海经济带经济发展和城市建设

地区	年末总人口（万人）	生产总值（亿元）	人均可支配收入（元）	社会消费品零售总额（亿元）	建成区面积（平方公里）	人均道路面积（平方米）
大连	595.6	6810.2	38050.0	3410.1	433.3	14.3
锦州	302.2	1032.8	28484.0	610.7	88.3	12.3
丹东	237.9	751.2	26111.0	542.0	77.1	14.0
盘锦	130.1	1012.5	34322.0	372.7	192.3	13.7
营口	232.8	1156.2	32311.0	502.7	188.8	19.3
葫芦岛	280.5	647.4	26338.0	471.4	87.3	11.3
辽宁沿海经济带	1779.1	11410.4	30936.0	5909.6	1067.1	14.1

资料来源：根据《2020年辽宁省统计年鉴》整理。

（2）对外经济合作。

对外贸易发展现状（见图6－1）。辽宁沿海经济带对外贸易额变化较大，发展不稳定。对外贸易总额在2014～2016年呈现下降趋势，2014年和2016年分别出现贸易逆差为2亿美元和7亿美元。从进口和出口增长率来看变化较大，整体呈下降趋势。2010年进出口增长率达到历史最高值，分别为25.54%和28.95%；2011～2013年，进出口增长率虽然逐年下降，但依然保持较低的正增长。2015～2016年，进口和出口增长率发展缓慢，出现双重负增长，2015年进口增长率为－13.32%，出口增长率达到最低的－16.27%；2017～2018年，进出口增长率有所回升，但在2019年又迅速回落，再次出现双重负增长，进口增长率为－12.9%，出口率增长率为－3.54%。

各城市对外贸易占比（见表6－8）。从各个城市在辽宁沿海经济带贸易占比来看，2010～2019年，大连长期保持着75%以上的贸易份额；而其他城市贸易占比则有不同程度的增长，其中营口增长最快，2019年贸易比重达到8.45%；锦州为4.20%；盘锦为3.81%；丹东为2.75%；葫芦岛发展最为缓慢，仅为1.76%。

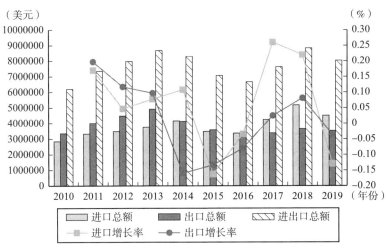

图6－1 辽宁省沿海经济带对外贸易发展现状

资料来源：根据《2020年辽宁省统计年鉴》整理。

表6－8　　　各城市贸易额占辽宁沿海经济带贸易总额比重变化　　　单位：%

地区	2010年	2011年	2012年	2013年	2014年	2015年	2016年	2017年	2018年	2019年
大连	83.88	82.41	80.45	79.32	77.76	77.89	78.57	80.23	81.25	77.85
丹东	4.73	5.28	5.77	5.90	5.53	5.83	5.97	4.42	2.53	2.75
锦州	3.74	3.56	3.80	4.04	5.09	3.44	3.01	3.17	3.97	4.20
营口	4.71	5.91	6.89	7.71	8.27	9.31	8.11	7.15	7.34	8.45

地区	2010 年	2011 年	2012 年	2013 年	2014 年	2015 年	2016 年	2017 年	2018 年	2019 年
盘锦	0.77	1.09	1.39	1.51	1.11	1.26	3.23	2.09	2.88	3.81
葫芦岛	2.17	1.75	1.70	1.53	2.24	2.26	1.10	1.94	1.41	1.76

资料来源：作者根据《2020 年辽宁省统计年鉴》整理所得。

实际利用外资（见表 6 - 9）。2010 ~ 2014 年，辽宁省沿海经济带实际利用外资额不断增加，2013 年实际利用外资额达到 193.19 亿美元，是 2009 年的 2.5 倍；2014 年虽然有所下降，但依然高于 2012 年之前实际利用外资额；但 2015 ~ 2016 年出现断崖式下跌。2016 年，实际利用外资额为 19.38 亿美元，仅为 2013 年的 1/10，而且个别城市如丹东和葫芦岛实际利用外资仅为 0.03 亿美元和 0.06 亿美元。综上可知，辽宁省沿海经济带实际利用外资能力在 2010 ~ 2014 年得到较快提升，但 2015 ~ 2016 年呈现大幅度下滑，2017 ~ 2018 年小幅提升，2019 年有回落趋势。

表 6 - 9 　　　　　　　　　　辽宁省沿海经济带实际利用外资额　　　　　　　　单位：亿美元

地区	2010 年	2011 年	2012 年	2013 年	2014 年	2015 年	2016 年	2017 年	2018 年	2019 年
大连	100.30	110.12	123.50	136.00	140.05	27.03	16.99	32.49	26.78	8.70
丹东	7.05	10.17	12.01	11.00	7.27	2.51	0.06	1.54	0.14	0.35
锦州	5.00	5.38	10.04	11.40	12.55	0.88	0.21	1.34	0.58	0.64
营口	8.60	11.03	12.13	13.30	14.01	0.51	0.24	1.20	1.46	1.40
盘锦	9.13	20.01	16.10	15.03	7.49	2.32	1.85	1.97	2.59	0.21
葫芦岛	2.23	4.44	5.30	6.45	5.58	0.17	0.03	0.39	0.34	0.29
辽宁沿海经济带	132.32	161.15	179.09	193.19	186.94	33.42	19.38	38.93	31.89	11.59

资料来源：根据《2020 年辽宁省统计年鉴》整理。

2. 沈阳经济区

沈阳经济区最早由沈阳、鞍山、抚顺、本溪、营口、盘锦、辽阳、铁岭 8 座城市所构建的辽宁中部城市群发展而来。早在 2005 年沈阳 8 城市签署了辽宁中部城市群合作协议，形成了沈阳经济特区的初步架构（后将盘锦划入了辽宁沿海经济带）。2006 年，将推动沈阳和抚顺同城化作为构建沈阳经济区建设的突破口。2008 年 7 月，将阜新纳入辽宁中部城市群，并改名为沈阳经济区。2010 年 4 月，国家发改委正式批复沈阳经济区为国家新型工业化综合配套改革试验区。至此随着沈阳经济区的不断发展，沈阳经济区逐渐形成以沈阳为核心，辐射鞍山、抚顺、本溪、营口、阜新、辽阳、铁岭 7 座城市的"一核""7 副"的发展格局，对促进区域经济一体化，实现辽宁经济发展和东北老工业基地振兴具有重要意义。2017 年 9 月，辽宁省政府为进一步实现周边城镇产业园区一体化、基础设施、公共服务一体化以及城市群级一体化的突破，对已有的 8 座城市进行重新调整。新的沈阳经济区包含沈阳、鞍山、抚顺、本溪、辽阳 5 个城市，使沈阳的首位度更突出、各市阵容更整齐、经济空间更紧密、支柱产业更衔接、交通通信更便捷。2018 年 1 月为更进一步实现沈阳经济区一体化发展，沈阳市政府与鞍山市政府、抚顺市政府、本溪市政府、辽阳市政府共同签署《沈阳经济区一体化发展共同行动计划（2018—2020 年)》。

（1）经济发展和城市建设。

总体状况（见表 6 - 10）。截至 2019 年，沈阳经济区生产总值达到 10674.8 亿元，人均可支配收入为 37765.14 元，总人口 1621 万人，社会消费品零售总额 5222.7 亿元，建成区面积达 1306.9 平方公里，人均道路面积 16.07 平方米。其中沈阳在人口、生产总值、人均可支配收入和建成区面积都领先于其他城市，而人均道路面积低于平均水平，道路建设有待加强。相比沈阳，其他四座城市，在以沈阳为核心的经济区一体化带动下，鞍山整体发展较好，抚顺、本溪次之，辽阳发展相对较慢，但人均道路面积最大，城市基础设施建设较好，有利于吸引投资，具有较强的发展潜力。

表 6 - 10　　　　　　2019 年沈阳经济区经济发展和城市建设

地区	年末总人口（万人）	生产总值（亿元）	人均可支配收入（元）	社会消费品零售总额（亿元）	建成区面积（平方公里）	人均道路面积（平方米）
沈阳	755.4	6470.3	46785.5	3847.0	633.7	15.33
鞍山	339.8	1745.3	37756.2	745.3	236.8	20.98
抚顺	206.7	847.1	34580.8	206.5	160.6	11.62
本溪	144.5	781.1	35129.5	163.5	136.1	14.07
辽阳	174.4	831.0	34573.7	260.4	139.7	18.34
沈阳经济区	1620.8	10674.8	37765.14	5222.7	1306.9	16.068

资料来源：根据《2020 年辽宁省统计年鉴》整理。

（2）经济合作。

对外贸易（见图 6 - 2）。沈阳经济区对外贸易发展呈现较大的波动变化，大体分为 2010 ~ 2013 年和 2014 ~ 2016 年、2017 ~ 2018 年三个阶段。从阶段变化来看，2010 ~ 2014 年，沈阳经济区对外贸易额稳定增加，并在 2013 年达到最高，出口增长率明显高于进口增长率，扭转前期存在的贸易逆差；2014 ~ 2016 年，贸易总额开始下降，2016 年下降到最低点；2017 ~ 2018 年，对外贸易开始有所逆转，但在 2019 年又出现断崖式下降。

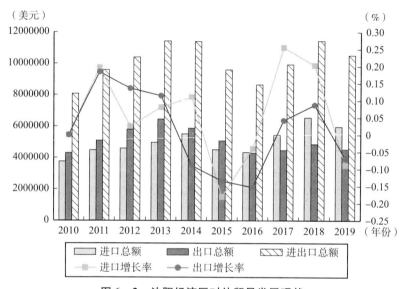

图 6 - 2　沈阳经济区对外贸易发展现状

资料来源：根据《2020 年辽宁省统计年鉴》整理。

各城市对外贸易占比（见表 6 - 11）。沈阳市的核心地位突出，贸易份额占比逐年增加。鞍山占比有升有降，总体保持在 23% ~ 24% 之间。但相比 2010 年，其他三座城市占比相应降低，2019 年抚顺市对外贸易额市场份额占比为 3.15%，下降了 46.16%；本溪下降为 15.44%，下降了 22.21%；辽阳下降为 3.08%，下降幅度接近 56.7% 左右。

表 6 - 11　　　各城市贸易额占沈阳经济区贸易总额比重变化　　　单位：%

地区	2010 年	2011 年	2012 年	2013 年	2014 年	2015 年	2016 年	2017 年	2018 年	2019 年
沈阳	44.87	60.65	72.80	81.83	90.00	80.21	64.71	73.36	85.38	88.87

地区	2010 年	2011 年	2012 年	2013 年	2014 年	2015 年	2016 年	2017 年	2018 年	2019 年
鞍山	22.29	27.07	23.47	27.87	26.33	16.23	15.58	23.21	24.79	24.19
抚顺	5.85	5.69	5.57	6.13	5.24	5.08	4.45	3.35	3.86	3.15
本溪	19.85	23.55	23.36	25.49	25.66	19.16	14.73	21.56	21.55	15.44
辽阳	7.14	4.38	5.21	5.25	5.78	6.40	5.99	4.54	4.18	3.08

资料来源：根据《2020 年辽宁省统计年鉴》整理。

利用外资情况（见表 6 - 12）。沈阳经济区实际利用外资额在 2010 ~ 2013 年逐年增加，并在 2013 年达到最高，为 87.51 亿美元；而在 2014 ~ 2016 年，实际利用外资额呈现下降趋势，且下降幅度较大。2016 年实际利用外资额仅为 9.87 亿美元。2017 ~ 2019 年有所回升，2019 沈阳经济区实际利用外资额为 18.45 亿美元。各个城市 2010 ~ 2019 年实际利用外资发展变化与沈阳经济区趋同。

表 6 - 12　　　　　　　　沈阳经济区实际利用外资额　　　　　　　单位：亿美元

地区	2010 年	2011 年	2012 年	2013 年	2014 年	2015 年	2016 年	2017 年	2018 年	2019 年
沈阳	50.54	55.02	58.04	58.11	45.21	10.61	8.16	10.1	14.3	16.5
鞍山	9.05	11.03	12.75	13.84	15.90	0.96	0.26	0.41	0.39	0.56
抚顺	4.42	2.08	1.26	5.21	3.57	0.26	0.00	0.28	0.10	0.31
本溪	3.01	3.52	4.61	5.14	6.01	0.99	0.61	0.13	0.31	0.43
辽阳	3.34	3.91	4.51	5.20	6.00	3.65	0.84	0.35	0.55	0.65
沈阳经济区	70.35	75.57	81.18	87.51	76.69	16.47	9.87	11.27	15.65	18.45

资料来源：根据《2020 年辽宁省统计年鉴》整理。

3. 长吉图开发开放先导区

长吉图开发开放先导区处于中国图们江区域的核心地区，主要范围包括吉林省范围内的长春市、吉林市部分区域（长春市部分区域是指长春市城区、德惠市、九台市和农安县；吉林市部分区域是指吉林市城区、蛟河市和永吉县）和延边州（以下简称"长吉图"），户籍人口约 1100 万人，占全省的 40%，经济总量占 1/2，是中国参与图们江区域合作开发的核心地区和重要支撑。按照《中国图们江区域合作开发规划纲要》，建设长吉图开发开放先导区，将以珲春为开放窗口、延吉、龙井和图们为开放前沿，以长春、吉林市为主要依托，实施边境地区与腹地联动开发开放，率先突破、率先发展，形成具有较强实力的经济隆起带和对外开放的先行区，带动吉林加快发展振兴。① 长吉图开发开放先导区建设的目标，大体分为三个阶段：第一阶段是以 2009 年为基期，在 2010 年全面启动实施长吉图开发开放先导区建设；第二阶段即到 2012 年对外通道建设取得明显成效，一批国际、省际合作园区形成一定规模，目前已经建立珲春国际合作示范区、中新食品区和长春兴隆综保区等示范生产园区，并逐步进行边境口岸建设，使长吉图区域影响力和竞争力显著增强；第三阶段到 2020 年左右建成新型工业基地、现代农业示范基地、科技创新基地、现代物流基地和东北亚国际商务服务基地，形成我国东北地区经济发展的重要增长极。

（1）经济发展和城市建设。

长吉图开发开放先导区自 2009 年全面实施建设以来，在各项社会经济方面取得阶段性成果。如表 6－13 所示，相比 2009 年，2019 年长吉图开发开放先导区生产总值增加了 1.7 倍，达到 8044.1 亿元，社会消费零售总额实现巨大跨越，达到 2987.4 亿元；开放区建成区面积增加了 408.19 平方公里，人均城市道路面积增加 7.51 平方米。长吉图开发开放先导区城市发展也取得了较大的进步，其中长春市发展最快，成为长吉图开发开放先导区的核心，吉林市次之，延边州虽然发展较前两者有所不足，但依托延吉、龙井和图们成为面向东北亚的开放前沿，具备优越的地理位置优势。

表 6－13   2009 年和 2019 年长吉图开发开放先导区建设现状比较

2009 年				
地区	生产总值（亿元）	社会消费品零售总额（亿元）	建成区面积（平方公里）	人均道路面积（平方米）
长春	2848.56	0.11	365.28	16.62
吉林	1500.48	0.06	165.63	10.05
延边	450.34	0.02	97.60	9.30
长吉图	4799.38	0.19	628.51	11.99

① 《中国图们江区域合作开发规划纲要——以长吉图开发开放为先导区（全文）》，长吉图开发开放先导区战略实施网。

地区	2019 年			
	生产总值（亿元）	社会消费品零售总额（亿元）	建成区面积（平方公里）	人均道路面积（平方米）
长春	5904.1	2066.3	598.1	28.7
吉林	1416.6	557.5	280.5	10.5
延边	723.4	363.6	158.1	19.4
长吉图区	8044.1	2987.4	1036.7	19.5

资料来源：根据《2010 年和 2020 年吉林省统计年鉴》整理。

（2）对外经济合作。

对外贸易经济合作（见表 6 - 14）。2009～2019 年贸易总额整体呈现上升趋势，2015～2016 年贸易额有所下降，但总体波动变化较为平稳。但进出口贸易存在逆差，且贸易逆差不断扩大，特别是在 2014 年贸易逆差额达到 142 亿美元。其中长春市对外贸易逆差最大（主要是一汽集团进口额大于出口额）造成了长吉图先导区贸易发展长期存在逆差。而吉林市和延边州出口额大于进口额，存在贸易顺差，其中延边州的贸易顺差最大，尤其在 2013 年贸易顺差达到 17 亿美元；吉林市顺差较小，在长吉图开放开发先导区对外贸易中占比最小。

表 6 - 14 　　　　　　长吉图开发开放先导区进出口贸易额 　　　　　　单位：亿美元

项目		2010 年	2011 年	2012 年	2013 年	2014 年	2015 年	2016 年	2017 年	2018 年	2019 年
进口额	长春	112.2	150.7	167.8	171.2	182.6	120.7	122.5	124.3	136.3	122.8
	吉林	2.9	7.0	6.6	5.8	5.7	4.5	3.3	3.1	3.2	3.3
	延边	2.8	4.1	3.5	4.6	5.4	8.1	10.1	11.8	11.8	11.0
进口总额		117.9	161.8	177.8	181.6	193.7	133.3	135.9	139.3	151.3	137.2
出口额	长春	20.1	22.8	29.0	33.0	24.7	19.3	19.2	19.6	23.0	21.5
	吉林	5.4	5.7	4.9	5.2	8.5	6.2	4.5	6.8	8.8	6.1
	延边	12.7	14.5	17.1	22.1	15.8	12.2	10.2	9.9	8.9	10.7
出口总额		38.1	43.0	51.1	60.3	49.1	37.6	33.8	36.3	40.8	38.3
贸易总额		156.1	204.7	228.9	241.7	242.7	170.9	169.7	175.6	192.2	175.5

资料来源：根据《2010～2020 年吉林省统计年鉴》以及延边朝鲜族自治州统计公报整理。

实际利用外资（见表 6 - 15）。2009 ~ 2017 年实际利用外资额逐年增加，并在 2016 年达到最高的 16.8 亿美元。长春、吉林和延边的实际利用外资额也在不断增加，其中长春市实际利用外资额最高，2017 年为 14.0 亿美元，吉林市次之，为 2.9 亿美元。

表 6 - 15 　　　　　　长吉图开发开放先导区直接利用外资额 　　　　单位：亿美元

地区	2010 年	2011 年	2012 年	2013 年	2014 年	2015 年	2016 年	2017 年
长春	7.0	7.7	8.5	9.4	10.6	11.5	12.9	14.0
吉林	1.3	1.6	1.8	2.0	0.3	2.6	2.8	2.9
延边	0.6	1.0	1.2	1.4	1.7	1.7	1.8	*
长吉图	8.9	10.3	11.5	12.7	12.5	15.7	16.8	*

注：* 代表缺少数据。
资料来源：根据《2010 ~ 2020 年吉林省统计年鉴》以及延边朝鲜族自治州统计公报整理。

4. 龙江丝路带

2014 年 4 月，中共黑龙江省委提出构建"黑龙江陆海丝绸之路经济带"（以下简称"龙江丝路带"）的总体设想。2015 年，在《推动共建丝绸之路经济带和 21 世纪海上丝绸之路的愿景与行动》中，将"龙江丝路带"并入"一带一路——中蒙俄经济走廊"的建设中。"龙江丝路带"连接了"一带一路"的建设和发展，拓宽了黑龙江对外开放发展的道路，有利于东北地区对外开放合作的进一步发展。2015 年 4 月，在《"中蒙俄经济走廊"黑龙江陆海丝绸之路经济带建设规划》中提出了龙江丝路带建设的基本内容和目标。《规划》通过构建依托大连——哈尔滨——佳木斯——同江铁路、绥芬河——满洲里铁路、哈尔滨——黑河铁路以及总长为 2938 公里的沿边铁路；再加上公路、水路、航空、管道、电网、光缆、港口、机场和车站等交通方式，形成链接境内外的大通道，连接以省会哈尔滨为中心，牡丹江、齐齐哈尔等商贸城市为节点，以沿线黑河、绥芬河、同江、抚远等沿边城市的跨境产业园为依托的跨境产业链都市圈，从而形成"四位一体"的产业聚集格局。

目前，"龙江丝路带"建设已经取得阶段性成果：

一是陆海联运通道建设。2016 年 3 月"哈绥俄亚"陆海联运集装箱线路正式开通，并在 4 月实现常态化经营，货物从哈尔滨启运，经绥芬河和俄罗斯远东港口符拉迪沃斯托克（海参崴）到达韩国南部港口釜山。截至 2017 年 1 月至 3 月，共发出 16 个"哈绥俄亚"班列，2.72 万吨、货值

1.63 亿元的粮食和木材，通过这条陆海联运通道运往中国南方港口①。

二是中俄跨境大桥建设。2014 年 2 月开工的中俄同江跨境大桥，全长31.62 公里，跨越黑龙江干流，主桥长 2215.02 米，其中中方境内1900.05 米，俄方境内 314.97 米，项目设计年过货能力 2100 万吨，因在2017 年建设第四个桥墩时发生技术问题导致短暂停工。2019 年 11 月 29日，中俄跨阿穆尔河大桥（阿穆尔河上唯一的中俄跨境大桥）布拉戈维申斯克段竣工②。

三是油气管道输送建设。2015 年 6 月，中俄东线天然气管道在黑河开建。中俄东线天然气管道工程中方境内长 3371 公里，始于中俄边境城市黑河，终点在上海。工程于 2015 年 6 月动工，预计在 2024 年全线实现通气。这条管道的俄罗斯西伯利亚部分从 2014 年 9 月开始建设，全长近 4000 公里③。中俄东线天然气管道在我国境内途经 9 个省区市，境内段新建管道 3371 公里，利用已建管道 1740 公里，按照北、中、南三段分期建设。目前北段、中段均已建成投产；南段计划 2025 年全线贯通。贯通后，最大输气能力可达每年 380 亿立方米，惠及沿线 4 亿人口④。

四是铁路和机场更换升级。在铁路建设方面。2015 年 12 月，哈尔滨火车站枢纽改造工程启动，并于 2019 年 11 月完工。此次改造工程新建哈尔滨站场、哈尔滨东站改造、哈西站至哈站间铁路走行线等三大工程。工程完工后，哈东站新建高站台及高架候车厅，哈站铁路停车场扩容至 7 座站台 16 条铁路到发线，货运车辆将分流至哈南站、哈东站，加快哈尔滨铁路枢纽的交通运输能力。哈尔滨机场优化升级。哈尔滨机场扩建工程于2015 年 5 月全面开工，二期扩建工程按满足旅客年吞吐量 3800 万人次、货邮年吞吐量 30 万吨目标设计。项目在现有跑道东侧 760 米处新建 1 条长 3600 米、宽 45 米的东二跑道及相应的滑行道系统，飞行区等级指标为4E；新建 90 个机位的站坪、2 万平方米的货运站，配套建设助航灯光、消防救援、供电、供水等设施⑤。

① "陆海联运"大通道精彩之笔　"哈绥俄亚"班列"一箱难求" ［EB/OL］. 东北网，2017 – 03 – 27.

② 中俄两国首座跨江铁路大桥铺轨贯通 ［N/OL］. 中国日报网，2021 – 08 – 17.

③ 中俄东线天然气管道中方段与俄管道连接成功 ［EB/OL］. 新华网，2019 – 07 – 26.

④ 中俄东线天然气管道累计输气量突破 100 亿立方米 ［EB/OL］. 新华社，2021 – 08 – 11.

⑤ 旅客吞吐量达 3800 万人次！哈尔滨机场二期配套项目 5 月底前完工 ［EB/OL］. 哈尔滨新闻网，2024 – 03 – 08.

四、东北地区开放合作平台建设现状

1. 辽宁、黑龙江自由贸易试验区

中国（辽宁）自由贸易试验区是 2016 年 8 月经国务院批准设立的我国第三批自由贸易试验区，简称辽宁自由贸易区（以下简称"辽宁自贸区"）。根据 2017 年 3 月 31 日国务院印发中国（辽宁）自由贸易试验区发展总体方案，辽宁自贸区共确定实施范围 119.89 平方公里，涵盖三个片区：大连片区 59.96 平方公里（含大连保税区 1.25 平方公里、大连出口加工区 2.95 平方公里、大连大窑湾保税港区 6.88 平方公里），沈阳片区 29.97 平方公里，营口片区 29.96 平方公里。[①] 并依据不同片区的经济特点，划分不同的自贸区功能。其中大连片区主要功能发展港航物流、金融商贸、先进装备制造、高新技术、循环经济、航运服务等产业；沈阳片区重点发展装备制造、汽车及零部件、航空装备等先进制造业和金融、科技、物流等现代服务业；营口片区重点发展商贸物流、跨境电商、金融等现代服务业和新一代信息技术、高端装备制造等战略性新兴产业。辽宁自由贸易区意在建成高端产业集聚、投资贸易便利、金融服务完善、监管高效便捷、法治环境规范的高水平高标准自由贸易园区，以引领东北地区转变经济发展方式、提高开放型经济的质量和水平。2018 年 7 月 25 日，辽宁省政府为进一步加快辽宁自贸区建设，经辽宁省第十三届人民代表大会常务委员会第四次会议通过的《中国（辽宁）自由贸易试验区条例》，从 6 个方面详细阐述了自贸区建设的细则，为今后自贸区发展奠定基础。

中国（辽宁）自由贸易试验区是东北地区第一个自贸试验区。截至 2018 年 10 月，辽宁自贸区注册企业达 29493 户，注册资本 4211.4 亿元人民币，其中沈阳片区注册企业 16467 户，占据辽宁省注册企业的 50%，注册资本达到 1698.13 亿元，外资企业 209 户，注册资本 16.65 亿美元；注册资本过亿元企业 350 户，注册资本 932.22 亿元；完成进出口总额 30 亿元，同比增长 30.4%。大连片区注册企业 9173 家，注册资本 1102.07 亿元，外资企业 798 家，世界 500 强企业 21 家，三次产业比例为 0.7%∶22.9%∶76.4%，其中工业、贸易和物流三大产业对区域经济增长的贡献率分别为 22.5%、75.8%、6.5%。营口片区注册企业 4447 户，注册资本 1411.02 亿元，按照国务院、商务部要求，复制推广上海等地先进经验 109 项，经毕马威公司评估认定，已落地事项 102 项，占比 93.6%。[②]

---

①② 参见中国（辽宁）自由贸易试验区沈阳片区官网。

辽宁自贸区成立以来，不仅在规模上实现了较大发展，而且不断推陈出新，创新企业发展模式，改善营商环境。如沈阳片区在自贸区正式挂牌后，着力转变政府职能，推出 105 项改革措施助力自贸区建设，并与沈阳机床集团携手探索的"内创业"模式，促进企业的发展。截至 2018 年 11 月 26 日，沈阳片区已孵化设立 6 家"内创业"企业，使企业设备投入大幅减少，生产效率、能力产值和员工收入大幅提升。[①] 辽宁自贸区营口片区通过不断改善营商环境，提高园区企业入驻率，吸引企业投资，促进园区经济发展。自挂牌以来，辽宁自贸区营口片区极大压缩工程项目审批时间，其中 91 项改革试验任务在 2018 年 4 月全部推广落实。在此基础上，营口片区通过制度创新优化营商环境，以推广 79 项创新政策，总计 170 项改革试验任务；大连片区于 2018 年 7 月设立大连知识产权仲裁院，完善知识产权保护体系，优化自贸区法治化、国际化营商环境。

中国（黑龙江）自由贸易试验区于 2019 年 8 月 2 日经国务院正式批准设立。涵盖哈尔滨片区、黑河片区、绥芬河片区。总面积 119.85 平方公里。2019 年 9 月 17 日，黑河片区挂牌成立，标志着我国最北的自由贸易试验区正式启动。

2. 东北亚国际航运中心

东北亚国际航运中心以大连为主体港口枢纽，以其国际贸易、金融和经济为中心，集发达的航运、航线航班和物流于一体，具备航运交易、运输、信息服务、金融、保险以及法律等多项功能，以促进东北亚地区产业集聚和产业合理布局，同时带动东北亚区域经济协同发展。2011 年 12 月大连东北亚国际航运中心船舶交易市场正式揭牌试运营，标志着东北亚国际航运中心建设的开始。2016 年 4 月，为进一步加快东北亚国际航运中心建设，大连出台《大连东北亚国际航运中心发展规划》，提出到 2020 年建成大连东北亚国际航运中心，实现航运中心的经济管理体制与运作方式与国际全面接轨，集散功能、产业承接转移功能和城市综合服务功能全面完善，成为东北亚重要的商贸中心、物流中心、结算中心和航运服务中心。

（1）大连港口机场生产经营现状。

由表 6-16 统计 2012～2019 年大连港口生产经营数据可知，2012～2018 年大连港口生产经营状况较好，港口货物吞吐量和机场旅客吞吐量逐渐增加，2018 年大连港口货物吞吐量为 4.7 亿吨，机场旅客运输达 1875

---

① 参见中国（辽宁）自由贸易试验区沈阳片区官网，辽宁自贸区沈阳片区孵化 6 家"内创业"企业（全文），http://www.syftz.gov.cn/xxgk/xwzx/rdgz/201811/t20181128_2102.html.

万人次，2019 年，虽然港口货物吞吐量有所减少，但机场旅客吞吐量明显增加，为 2007 万人次，集装箱运输完成 977 万个 TEU；大连港已拥有外贸航线 86 条，其中远洋干线达 13 条；拥有集装箱、原油、成品油、粮食、煤炭、散矿和汽车等 82 个现代化专业泊位，其中万吨级以上泊位 57 个。

表 6－16　　　　　2012～2017 年大连港口机场生产经营现状

项目	2013 年	2014 年	2015 年	2016 年	2017 年	2018 年	2019 年
港口货物吞吐量（万吨）	40746.2	42336.8	41481.9	43660	45517	46784	36641
港口集装箱吞吐量（万 TEU）	1001	1013.2	944.9	958.3	970.7	876	977
机场旅客吞吐量（万人次）	1408.3	1355.1	1415.4	1526	1750	1875	2007

注："＊"代表缺少数据。
资料来源：《大连统计年鉴 2020》。

（2）东北亚国际航运中心信息化建设。

东北亚国际航运中心信息化建设步伐不断加快。2015 年大连口岸物流网有限公司开发了"大连港壹港通"移动应用 App，应用于集装箱物流、大宗货物流、船舶载运、危险货物运输以及客运滚装等领域的查询服务，为船公司、货主、场站、码头和乘船旅客提供了便利。2017 年，大连港口集团依托自身的业务资源，在国内沿海港口中率先完成了传统港口企业的大数据建设顶层设计，为大连港全面优化港口信息化整体效能提供了重要依据。

3. 中德（沈阳）高端装备制造产业园

中德（沈阳）高端装备制造产业园于 2015 年 12 月 23 日获国务院批复组织实施。中德（沈阳）高端装备制造产业园立足于"中国制造 2025"与"德国工业 4.0"战略，意在中国市场与德国技术优势互补基础上，将中德（沈阳）高端装备制造产业园打造成为国际化、智能化、绿色化的高端装备制造业园区，加快培育沈阳经济区新的增长点，促进辽宁省经济社会发展乃至东北地区老工业基地全面振兴。中德（沈阳）高端装备制造产业园位于沈阳经济技术开发区中部，规划面积 48 平方公里，核心区规划面积 20 平方公里，区域人口 120 万人[①]。其主要功能区分为两部分：一是生产功能区主要打造智能制造、高端装备、汽车制造、工业服务、战略新

---

① 参见中德（沈阳）高端装备制造产业园官网。

兴产业等簇群；二是服务功能片区主要打造总部基地、教育培训、居住配套、国际商务等簇群。

中德（沈阳）高端制造产业园区自建设以来，各方面都在不断地建设发展。2020 年，园区经济总量实现跨越式增长：规上工业总产值由 413.7 亿元增加到 830 亿元，年均增长 19%；全口径税收由 56.2 亿元增加到 101 亿元，年均增长 16%；固定资产投资由 39.6 亿元增加到 110 亿元，年均增长 29%，五年累计投资达 360 亿元；进出口总额由 70 亿元增加到 160 亿元，年均增长 23%。2018 年新开工项目 128 个，总投资额达 4000 亿元。在交通设施建设上，园区占据便利城市公路和省际公路交通运输方式，双跨沈阳城市三环线和四环线，距离沈阳国际机场路程仅为半小时，距离营口港一个半小时车程，通过京沈线和沈大线能够及时将产品运输至北京和大连；同时在园区内开通了沈阳到汉堡的沈满欧国际货运班列，运费每 40 英尺集装箱 1.6 万元，较海运更加便宜。在入驻企业方面，园区目前总计入住了包括宝马、麦德龙、巴斯夫等 40 家德国企业，累计投资额达 36.9 亿欧元，其中发动机工厂建设投资 8.98 亿欧元，整车工厂 26.37 亿欧元，研发中心 1.5 亿欧元。[①]

4. 珲春国际合作示范区

珲春市位于吉林省的东北端、图们江下游，隶属于延边朝鲜族自治州，地处于中、朝、俄三国交界处，也是长吉图开发开放先导区的重要组成部分。随着 2009 年长吉图开发开放先导的建设实施，经过两年的发展取得显著成就，2012 年为进一步推进长吉图开发开放先导区的开放建设以及推动珲春市沿边开放窗口城市的发展，经国务院同意批准在吉林省珲春市设立"中国图们江区域（珲春）国际合作示范区"。珲春国际合作示范区规划面积约 90 平方公里，包括珲春市城区（80 平方公里）和敬信镇区（10 平方公里）。其中包含国际产业合作区、边境贸易合作区、中朝珲春经济合作区和中俄珲春经济合作区等功能分区[②]。珲春国际合作示范区成立 6 年来，基础设施、经济发展和对外经济合作取得显著发展，有利于促进我国与周边国家特别是与朝鲜、俄罗斯的经贸合作，实现优势互补和互利共赢；加快东北老工业基地振兴步伐。

（1）经济发展和示范区建设。

珲春国际合作示范区 2017 年各项经济指标得到快速增长，地区生产

---

① 参见中德（沈阳）高端装备制造产业园官网。
② 参见中国（辽宁）自由贸易试验区沈阳片区官网。

总值 149 亿元，同比增长 3.5%；规模以上工业总产值 416.6 亿元，同比增长 3.4%；社会消费品零售总额 61.98 亿元，同比增长 6.5%；农林牧渔业总产值 11.5 亿元，同比增长 3.9%；全口径财政收入 19.2 亿元，同比下降 22.4%；财政支出 40 亿元，同比下降 9%；城镇常住居民人均可支配收入 24572 元，同比增长 6.5%；农村常住居民人均可支配收入 12076 元，同比增长 6.2%。[①]

（2）进出口贸易。

珲春国际示范区设立以来，依托自身优越的地理条件，对外开放合作取得显著发展。其中在对外贸易发展方面，2012 年国务院批准设立珲春国际合作示范区后（见图 6－3），珲春国际合作示范区 2012~2017 年，进出口贸易得到较大的增长，其中在 2013 年的对外贸易额达到 14 亿元，同比增加达到 85.92%，2014 年对外贸易额达到最高为 15.4 亿元，同比增加 104.52%。其中在国际产业合作区实现地区生产总值 84.4 亿元，互市贸易区实现边民入区 10.6 万人次、贸易额 3.5 亿元。在对外通道畅通建设方面，截至目前釜山航线累计运行 47 航次，进出口货物 977 标箱；开辟珲春－扎鲁比诺－萨哈林海产品运输航线；内贸外运开通宁波航线，运输货物 304 标箱。新圈河口岸联检楼主体封顶，铁路口岸完成扩能改造，年过货能力达 500 万吨。各口岸实现过货 330 万吨、过客 86 万人次。[②]

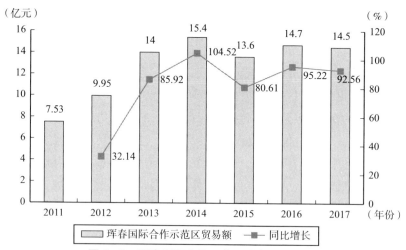

图 6－3　珲春国际合作示范区进出口贸易额

资料来源：笔者根据 2017 年珲春市政府工作报告整理所得。

①②　资料来源：《珲春市政府工作报告》。

（3）项目建设。

项目建设是拉动珲春国际合作示范区项目发展的重要动力。截至 2017 年，珲春国际合作示范区累计实施重点项目 1209 个，总投资 2043 亿元，已有来自国内外的 71 家加工贸易类企业落户区内。其中，加工类企业 30 家，省级名牌企业 6 家，州级名牌企业 3 家。工业总量和增幅均跃居延边州第一位，三次产业比重调整为 4.4∶68.4∶27.2，第三产业增加 1.4 个百分点，服务业对经济增长的贡献率稳步提高。① 珲春国际合作示范区自成立以来，不断地吸引外来企业进驻，其中浦项现代物流园区正式进入运营，国际木材产业园和大唐电厂二期、珲春矿业集团千万吨扩能工程、老龙口水库等重点项目正式运营。其中，顺利引进了 58 家以烟台大宸、兴阳水产等为代表的加工型企业，以友洋贸易、伟易达贸易等 116 家贸易型企业及 400 多家个体商户②。2018 年 8 月，珲春国际示范区签署 10 个重点项目，总计投资额 131.7 亿元，包括天然气、旅游、娱乐以及互联网培训教育等行业，其中仅与中国吉林国际合作（集团）股份有限公司签署的珲春市 150 万吨液化天然气省级应急储备项目总投资达 60 亿元，占据此次项目投资建设的 45%③。

5. 长春兴隆综合保税区

长春兴隆综合保税区是在 2011 年 12 月 16 日由国务院批准设立的全国第 19 个综合保税区，也是吉林省目前建立的唯一一个综合保税区。长春兴隆保税区作为长吉图开发开放先导区的核心建设区域，对于整个吉林省开放经济发展具有举足轻重的作用。从区域位置来看，长春兴隆综合保税区位于长春市东北部、长春经济技术开发区兴隆山镇内，规划面积 4.89 平方公里，分三期建设。2013 年 10 月 31 日一期基础和监管设施通过了国家十部委的联合验收。长春兴隆综合保税区自 2014 年封关运营以来，通过划分保税加工区、保税物流区、口岸作业区和综合服务区，整个园区已经初步具备保税加工、保税物流、货物贸易、服务贸易、口岸通关等功能，并逐步形成"两口岸、两通道、两体系、四平台"的运营格局：（1）两口岸，即一类铁路口岸和进口肉类指定口岸；（2）两通道，即长满欧班列和对俄货运包机航线；（3）两体系，即国际贸易和高端制造两个产业体

---

① 杜娟. 乘风破浪立潮头——写在中国图们江区域（珲春）国际合作示范区设立五周年之际 ［EB/OL］. 珲春示范区网，2017 – 04 – 24.

② Why? 没有海！"珲春造"海产品却闻名遐迩 ［EB/OL］. 中国吉林网，2017 – 01 – 13.

③ 珲春市政府与 10 家企业签约投资　总金额达 131.7 亿元 ［N］. 延边晨报，2018 – 08 – 30.

系；（4）四平台，即国际陆港物流平台、进出口商品展示交易平台、国际快件中转平台和冷链查验与仓储平台。

长春兴隆综合保税区在通过初创阶段之后，主要实现由功能区向产业区的转变。通过扩展口岸和对外通道，搭建物流发展平台，实现制造业和互联网跨境电商的产业联动发展，带动长春市及周边地区经济发展。2019年长春兴隆综保区园区业务额达100亿元，同比增长30%，其中一线进出口额实现50亿元，增长400%，总量和增速在东北综保区中均排名第一①。在汽车和轨道制造业发展方面，主要围绕汽车和轨道客车优势行业，目前在服务一汽、长客进出口业务、增加本地业务量的同时，已委托天津中国汽车研究中心就综保区发展新能源汽车产业进行了专题研究。在物流和跨境电商方面，综税区正在与包括日本运通物流、万达商业综合体、Alibaba"菜鸟"跨境电商等在内的139个项目进行积极洽谈，进一步扩充兴隆综税区的业务规模和增益水平。在对外通道方面，依托长春市的地理位置，借助中俄铁路、中俄海港、中朝海港，辐射东北亚，打通面向国际的物流通道。

6. 绥芬河和黑瞎子岛跨境经济合作区

（1）绥芬河跨境经济合作区。

绥芬河市位于黑龙江省东南部，是由牡丹江市代管黑龙江省直辖县级市，2011年成为由黑龙江省直管的试点市，东部与俄罗斯滨海边疆区波格拉尼奇内区接邻，边界线长27公里，也是龙江丝路带向外延伸的重要节点城市。绥芬河市密切连接着中国东北地区和东北亚区域，是中国东北对外开放的重要窗口。绥芬河市一直充分发挥着其面向俄罗斯和东北亚的优越地理位置，在1992年被国务院批准为首批沿边开放城市，设立绥芬河边境经济合作区。1999年6月，经中俄两国政府批准成立中俄"绥—波"互市贸易区即中国绥芬河——俄罗斯波格拉尼奇内互市贸易区。2013年经国务院批准，绥芬河市正式成为中国首个可以使用卢布的试点市和跨境电子商务试点，并具备中俄海关监管结果互认试点及俄公民入境免签、境外旅客购物离境退税等一系列对外开放优惠政策。同时绥芬河口岸建设发展迅速。2017年，绥芬河口岸进出口货物累计1136.79万吨，同比增长25.9%。其中进口1091.21万吨，同比增长25.5%；出口45.58万吨，同比增长34.6%②。绥芬河铁路口岸是黑龙江省重要的对俄铁路口岸，也是

---

① 长春兴隆综保区：打造创新开放新高地［N］. 吉林日报，2020－01－15.
② 黑龙江绥芬河口岸2017年进出口货物1136.79万吨［EB/OL］. 经济视野网，2018－01－23.

中欧班列重要的进出境口岸之一。2021年以来，哈尔滨海关共监管中欧班列60列，同比增长150%；监管集装箱标箱5278标箱，同比增长155%①。随2015年"一带一路"倡议的提出，中蒙俄经济走廊——龙江丝路带的建设发展，使得对于建立中俄跨境经济区更加重要。绥芬河市在对接"一带一路"、东北亚国际大通道以及振兴东北地区经济上，具有重要的地理优势。绥芬河市经过改革开放40年的发展，积累了对外开放和跨境经济合作丰富的建设经验，具备建立跨境经济合作区的良好条件。

目前中俄绥—波跨境经济合作区已经步入加速阶段。2018年2月7日，中俄两国副总理将中俄"绥—波"跨境经济合作区建设上升到国家层面，中俄双方企业签署合作建设中俄绥—波跨境经济合作区框架协议。中俄双方将在中国绥芬河——俄罗斯波格拉尼奇口岸区内建立跨境经济合作区，总投资15亿美元。其中俄方区域面积为2.33平方公里，中方范围将涵盖绥芬河市世茂假日酒店北侧至天长山宾馆区域，面积为3平方公里②。跨境经济合作区规划建设六大功能区，即国际商贸区、旅游休闲区、进出口加工区、对俄跨境电子商务服务区、保税物流园区及国际金融服务区。中俄绥—波跨境经济合作区是中俄战略合作的重要平台，也是沿边地区重要的经济增长点。

（2）黑瞎子岛跨境经济合作区。

黑瞎子岛又称抚远三角洲，位于中国黑龙江和乌苏里江的交汇处。2004年，随着中俄领土争议的解决，黑瞎子岛西半部为中华人民共和国所有，东半部为俄罗斯联邦所有。2010年11月23日，中国和俄罗斯共同发表题为"双方将共同对黑瞎子岛进行综合开发"的联合公报，标志着中俄"两国一岛"经济开放建设的开始。

一是黑瞎子岛跨境经济合作区开发基础。黑瞎子岛拥有建立跨境经济合作区的天然地理优势，地处东北亚中心地带，与俄罗斯远东首府哈巴罗夫斯克隔江相望，对内承接"龙江丝路带"和"一带一路"的建设发展，对外链接俄罗斯远东地区以及东北亚地区，占据着重要的经济开发开放发展通道。在基础设施建设方面，黑龙江省在黑瞎子岛先后启动了多个基础设施建设项目，包括登岛大桥乌苏大桥及引道工程、岛内主干道工程、莽吉塔港工程、抚远水道综合整治工程等，已基本实现连接抚远内陆地区的交通畅通。黑瞎子岛拥有丰富的农业和湿地资源，其所处的抚远县农业发

---

① 绥芬河铁路口岸　进出境中欧班列同比增长150%［EB/OL］. 东北网，2021-03-14.
② 加快推进中俄"绥波"跨境经济合作区建设［N］. 黑龙江日报，2018-06-20.

展水平较高，地势平坦，有大量未利用土地，人均水资源和耕地面积均居全国前列，农副产品多样，具备精深加工的潜力。湿地资源主要包括沼泽湿地、水域湿地、灌丛湿地、草木湿地等多种类型，其中小叶樟沼泽和苔草沼泽属于极为少见的湿地类型。富集的湿地资源给赋予了黑瞎子岛各类珍稀动植物，有利于开发旅游服务业。

二是中俄黑瞎子岛跨境经济合作区合作现状。自2010年提出共同开发黑瞎子岛的联合声明后，中俄两国双方不断促进黑瞎子岛跨境经济区的建设发展。2015年12月17日，中俄总理举行第二十次定期会晤共同签署联合公报声明提出"继续推进黑瞎子岛（大乌苏里岛）设立口岸工作，联合进行开放开发"。2016年4月中俄双方通过外交部沟通，俄方建议增设大乌苏里岛（俄方）—黑瞎子岛（中方）国际公路客运口岸，并允许8座及以下小型车辆穿越国界。同时中俄双方提出建立共同开发黑瞎子岛规划。

目前，黑瞎子岛跨境经济合作区逐步形成以黑瞎子岛为核心，抚远莽吉塔港园经济区、东极小镇和抚远镇的"一岛三区"的开发建设格局。其中黑瞎子岛主要功能区划分为公路口岸通道及其配套服务区、跨境经济合作区、生态旅游区、湿地公园、湿地自然保护区；抚远莽吉塔港园经济区作为黑瞎子岛的口岸配套加工物流基地。主要功能区包括：水运口岸、跨境合作加工区、综合保税区、临港经济区，以及国际物流园区。[1] 2017年7月，抚远莽吉塔港园经济区已经联通从抚远市莽吉塔港口到上海和陕西铁路专用线，莽吉塔港建成2个3000吨级泊位、1个5000吨级泊位及堆场等设施，完成中俄26万吨货物的运输任务。[2] 东极小镇重点承接黑瞎子岛旅游商贸配套服务功能，以PPP模式进行开发建设，2015年开工建设，总投资40多亿元，计划开发周期为10年，整体规划分5期进行实施[3]。抚远镇作为黑瞎子岛的综合服务区，不断完善基础设施，在住宿、餐饮等方面加强管理，城市服务能力得到提升。满洲里市中俄互贸免税交易大厅入驻俄罗斯商户55户，主要开展中俄边民贸易，包括食品类、饮品类、日用百货、手工艺品、服装箱包等，近1000种商品。2018年，满洲里中俄互贸区进出口交易额1.71亿元。[4]

---

① 抚远市建跨境经济合作区展"两国一岛"新魅力 [EB/OL]. 黑龙江人民政府网，2016 – 08 – 05.

② 抚远莽吉塔港江铁联运 吸引全国客商云集 [EB/OL]. 人民网，2017 – 08 – 15.

③ 东极小镇开建抚远发展提速出版日期 [N]. 黑龙江日报，2015 – 08 – 28.

④ 中俄边境互市贸易政策惠及越来越多中俄边民 [EB/OL]. 新华社新媒体，2019 – 05 – 12.

第二节　东北地区开放合作的问题与制约因素

一、东北地区开放合作存在的问题

1. 对外经济发展有待提高

（1）外贸依存度。

根据统计数据，东北地区 2019 年外贸依存度仅为 17.9%，比全国平均水平低将近 17 个百分点，与其他发达地区相比更加落后。东北地区外贸依存度属于全国沿海沿江沿边地区低端水平。东北三省中经济开放度最低的地区是吉林省，2019 年外贸依存度为 11.1%，低于东北地区平均水平。辽宁省作为东北地区发展的主要力量，2019 年外贸依存度为 20.1%，接近全国平均外贸依存度，但是作为沿海省份，辽宁省的外贸依存度相较于浙江、江苏等沿海地区相比，仅仅为其一半左右①。虽然东北地区的发展模式和结构相较于其他地区不同，但是总体对外贸易程度远低于其他沿海沿边地区。

（2）出口商品结构技术含量。

东北地区出口商品结构总体呈现技术含量低下，以劳动密集型产品为主，科技含量远远落后于沿海先进省份的状况。目前东北地区进出口产品中以机电产品为主，资源型和技术型产品互补。进出口结构不平衡导致总体贸易水平缺乏竞争力，不能成为拉动东北地区经济发展的主要力量。其中黑龙江作为东北地区经济薄弱的省份，需要大力发展外贸，不断优化贸易结构。随着"一带一路"建设的发展，黑龙江到欧洲的班列已经建设完成，黑龙江可以借此机会提升其整体的贸易结构和贸易程度，进而带动整个东北地区贸易的完善和深化。

（3）引资用资方式。

2001～2019 年，东北地区外资利用状况呈现波动上升趋势，主要引资用资集中在辽宁省，总体上长期处于失衡状态。东北地区外资利用和增长率低迷的主要原因在于引资用资方式落后。目前，东北利用外资最多的是第二产业，第一产业和第三产业外资利用不足。此外，东北地区作为沿海沿边地区，虽然具有吸引外资的良好条件，但其引资方式仍然是粗放型的

---

① 根据国家统计局数据计算而得。

统招方式，且主要的外资利用地集中于沿海城市和省会城市。

2. 区域合作机制不健全

（1）对内开放合作。

东北地区在开放发展过程中，对内的开放合作仍然处于较低水平。首先，东北三省的开放合作程度有待加强。东北地区相继建立了辽宁沿海经济带、沈阳经济区、长吉图开发开放先导区以及龙江丝路带一系列合作发展区域，但东北三省内部的合作体系尚未真正形成，各方发展相对独立，缺乏完善的合作机制。此外，地区合作主要针对沿海发达城市，对于内部城市的发展规划甚少。其次，东北地区与京津冀、长三角、粤港澳，以及国家重大战略对接，与发达地区的开放合作，需要进一步走深走实，以便使东北更好融入全国统一大市场。

（2）对外开放合作。

随着"一带一路"倡议的提出，东北地区作为"丝绸之路经济带"的一部分、中国向北开放的重要窗口，应该搭乘"便车"广泛开展国际性合作，与东北亚周边国家及主要发达国家建立经贸合作和发展项目，加强资源共享和地区融合，促进双方的经济发展。但由于东北亚区域合作的复杂性，致使东北亚六国的合作走走停停，同时现有的贸易保护机制严重阻碍东北亚地区的开放与发展，导致东北地区与东北亚其他国家的国际性合作难以落实和发展。

3. 合作平台亟须创新

（1）沿海沿边开放平台。

东北地区沿海开放平台主要集中在辽宁沿海经济带，包括大连、丹东、锦州、营口、盘锦和葫芦岛六个沿海城市。沈阳经济区的建设使辽宁沿海经济带与腹地经济区形成相互连接的状态。长吉图开发开放先导区以及龙江丝路带的建设使东北地区沿边开放进入新阶段。这些平台的建立和发展在很大程度上促进了东北地区的经济和贸易发展，但是目前东北地区的开放平台仅有这几个，与其他沿海沿边城市相比，开放合作的范围和程度远远不足。相对而言，长江三角洲地区覆盖 16 个城市、占人口比例 11.6%、占全国面积 2.2%，围绕上海国际经济中心建设，与多个国家有贸易合作往来，已经成为中国发展重要驱动力量之一。而东北地区作为东北亚的中心，目前的开放平台仍然缺乏，未能发挥东北亚区域经济中心、"一带一路"向北开放的重要窗口的区位优势。

（2）对外开放方式。

目前东北地区主要的开放方式以进出口贸易为主，整体出口技术低下，物流运输缓慢，贸易行业主要集中于传统产业，对于新兴产业诸如旅游产业、金融服务业、信息服务业以及相关的文化产业鲜有涉足，第三产业的贸易发展不能与现代发展相契合。未能引进新能源、新技术以及新材料，现有产业优化升级动力不足。对周边市场利用程度较低，仅限于俄罗斯，未能与东北亚的其他国家建立长期合作关系。因此东北地区应该创新开放方式，推进东北地区服务业与通信业等现代产业的贸易和优化，增加对高新技术产业以及现代服务业和制造业的投资，同时提升东北地区的投资软环境，降低外商投资成本和商务成本。

（3）边境口岸开放政策。

目前，我国针对沿海沿边地区主要策略是贸易政策，对于边境区域的"走出去"和"引进来"政策比较缺乏。对东北地区而言，目前三省口岸实行的管理办法和政策不一致，对于贸易往来频繁的大连、沈阳、长春、哈尔滨等主要城市，国家每年多会给予相应的建设补贴，用于贸易交流和口岸建设。但是对于一些二类口岸诸如丹东、营口等并没有专项补贴，致使其与一类口岸形成差距，导致贸易商更愿意"舍近求远"到大口岸运输，增加运输成本和贸易负担。另外，黑龙江虽然与俄罗斯比邻而居，但是二者之间的贸易往来并不理想，因为目前国家针对小额贸易仍然进行执照征税的政策，导致边境居民的小额贸易发展缓慢，造成东北地区开放缓慢。

二、东北地区开放发展的制约因素

2018 年 9 月，习近平总书记赴东北三省考察，其后主持召开的深入推进东北振兴座谈会上指出东北经济发展中存在的"四个短板"，即思想观念短板、体制机制短板、经济结构短板和开放合作短板。从东北地区开放发展的角度来看，思想观念、体制机制和经济结构的问题也同样是制约东北地区开放发展的重要因素。另外，东北地区所处的地缘和区位的错综复杂的政治和文化也是制约东北开放合作的主要因素之一。

1. 思想观念

思想观念短板是习近平总书记在深入推进东北振兴座谈会上指出的东北地区存在的"四个短板"之一。习近平总书记的话可谓一语中的。无论是东北振兴还是开放发展，经济发展和产业升级固然是工作重心，但思想观念是这一切的能动力量。观念是行动的先导，经济振兴需要思想的引导，对外开放更需要思想的转变与引导。因此，深入学习和贯彻习近平总书记重要讲话精神，切实解决思想观念问题，尤为重要。

东北地区是我国最早建立的老工业基地，是中国工业的摇篮和中国工业化的发源地。辽宁沈阳曾被誉为"共和国长子"、吉林长春曾经是"亚洲第一大都市"、黑龙江哈尔滨曾是"东方小巴黎"、国家重点布局的"机电工业基地"，这些都深刻表明东北地区为国家建成独立、完整的工业体系和国民经济体系所作出的巨大贡献。但由于东北地区是我国最早实行计划经济、最晚退出计划经济、最彻底执行计划经济的区域。因此，对于东北地区来讲，解放思想并非是务虚的工作，更新思想观念更是东北开放合作的关键。落后的观念是东北地区发展滞后的重要制约因素，转变观念是东北振兴发展的第一项工作。

改革开放后，东北地区受到了市场经济大潮的强烈冲击，大量国有企业停产、破产，大批工人下岗。由于受计划经济影响的深重，东北地区的创新和创业意识不强，还存在着传统国有企业"等靠要"的思想。自国家2003年提出东北老工业基地振兴战略以来，东北地区的整体思想观念有了很大的变化，创新创业意识有所提升，市场经济观念深入人心。但与东南沿海地区相比，东北地区思想观念的短板明显，依旧是制约经济发展和东北进一步开放的主要因素之一。

2. 体制机制

受计划经济影响，体制机制也是东北地区积重难返的难题。虽然老工业基地振兴取得了阶段性成果，但却难掩东北地区存在的问题。2013年以来东北经济的断崖式下滑以及"新东北现象"等都说明东北地区的经济并非依靠基建项目和加强资金扶持就能从根本改善的。诸多问题的矛头都指向了体制机制问题，而东北地区体制机制的主要症结在国企。从东北国有企业和民营企业来看，东北国有企业比重过高且效益不佳，民营经济不发达。从政府和市场关系上看，东北地区政府权力存在越界问题，企业的市场主导地位没有得到充分体现。

自东北老工业基地振兴战略实施以来，体制机制改革和创新就成为振兴战略的重点任务。经过二十年的努力，东北地区体制机制改革取得了明显的成效。从国企改革来看，2003年以来，东北地区有近万家国有企业完成改制，改制比率达到90%以上。通过改革，东北地区的一大批老国企焕发活力，更有鞍钢、本钢、特变电工、沈阳机床等诸多的国企重新成为当时所在行业的领头羊。从民企发展来看，东北地区民营企业得到了较快的发展，已经占据东北经济的一半以上，并且涌现出一批产值超过百亿元和以高新技术为支撑的民营企业，经济发展的活力有所增强。近年来，东北地区的沈阳经济区国家新型工业化综合配套改革试验和黑龙江两大平原现代农业综合配套改革试验进展顺利，大连金普新区、哈尔滨新区和长春新区以及沈大国家自主创新示范区、中德（沈阳）高端装备制造产业园也先后批准设立，这都为东北地区深化改革、探索振兴以及对外开放搭建了新平台。老工业基地振兴以来的体制机制改革推动了东北地区企业增强国际竞争力提升以及开放合作的全面展开。

虽然东北地区的体制机制改革取得了巨大的成效，但在当前国际和国内经济下行压力增大的背景下，体制机制的问题仍然是制约东北地区对外开放进一步提升的关键因素之一。经过多年的改革，东北地区的体制机制问题还表现在国企改革后现代企业制度尚未真正建立、大量"僵尸企业"尚未妥善处理、政府过度干预经济的现象尚未解决、服务型政府亟待建立等。2016年国家发布《关于全面振兴东北地区等老工业基地的若干意见》，进一步推动老工业基地振兴。意见中明确指出"扩大开放是振兴东北老工业基地的治本之策"，而这关键是要"破除体制机制障碍"。习近平总书记在东北考察时也强调坚决破除体制机制障碍，形成同市场完全对接、充满内在活力的新体制和新机制的重要性。因此，东北地区还需从体制机制入手，从根本上解决进一步扩大对外开放的难题。

3. 经济结构

2013年以来，东北地区经济发展经历了断崖式下滑，对外经济发展也遭遇寒冬。为了破解东北地区经济发展难题，诸多的学者都将问题直指经济结构，将调结构作为东北发展的主要出口。东北地区经济结构偏重资源型、传统型、重化工业型经济结构，产业结构以及产品结构不适应市场变化，造成了东北地区发展的主要困难和挑战。因此，建设东北开放合作高地，还需从经济结构入手。

东北地区的经济结构问题表现在两方面。一方面是东北地区三次产业结构。作为共和国老工业基地，东北地区的工业基础和产业集聚优势明显，但工业基础大多是依赖能源和石化产业的重工业。东北地区的诸多城市如鞍山、阜新、辽阳、大庆等都因钢铁、煤炭、石油而兴起，而随着几十年的高强度资源开发，东北地区的资源以及环境承载力都已经超负荷，某些矿物储备已经严重不足。东北地区这种过于依赖工业，导致了东北老工业基地发展出现难以为继的局面。东北各省也已经认识到问题的源头，并在不断地推进东北地区产业结构调整和转型。近年来，东北地区三次产业结构中，第二产业的比重不断缩小，第三产业发展逐年提升。但转型升级还需要持续进行。

另一方面表现为东北地区产业内部，三省的问题各不相同。首先从辽宁来看。2019 第二产业增加值 9531.2 亿元，增长 5.7%；第三产业增加值 13200.4 亿元，增长 5.6%。全年人均地区生产总值 57191 元，比上年增长 5.7%，三次产业结构调整初显成效。然而从第二产业内部结构来看，装备制造业一直是辽宁工业的支柱产业，也是辽宁经济发展的驱动器。但近年来辽宁装备制造业发展不尽如人意，存在的问题突出表现为高端装备制造业比重过低、产业布局分散、龙头企业数量不足、产品附加值低、创新能力不强、关键技术受制于人。因此，辽宁扩大开放发展的关键是深入推进供给侧结构性改革，实现装备制造业转型升级，提升产业国际竞争力。其次从黑龙江来看。2019 年，第一产业增加值 3182.5 亿元，增长 2.4%；第二产业增加值 3615.2 亿元，增长 2.7%；第三产业增加值 6815.0 亿元，增长 5.9%。三次产业结构为 23.4∶26.6∶50.0。但黑龙江的产业结构并非第三产业比重高，而是工业化进程深度不足导致第二产业相对萎缩。在第二产业内部，黑龙江严重依赖能源产业，能源占第二产业的比重高达 70% 以上。因此，黑龙江对外开放发展的重点是加快推进工业化进程，摆脱依赖能源的产业发展现状，优化工业结构以及推进资源精深加工业的发展。再次从吉林来看。同年第二产业增加值 4134.82 亿元，增长 2.6%；第三产业增加值 6304.68 亿元，增长 3.3%，第二产业增加值比重为 35.2%，第三产业增加值比重为 53.8%。与黑龙江的情况类似，吉林第三产业虚高的根源在于第二产业发展相对滞后。在第二产业内部，汽车制造业是吉林的优势产业，但却并未建立起以汽车制造为核心的现代化产业体系。一方面表现为汽车工业转型升级滞缓，产业国际竞争力不强；另一方面表现为第三产业特别是生产性服务业对第二产业的辅助和促进作用不够。

4. 开放合作短板

东北地区地处东北亚区域的核心地带。从对外开放与合作的角度，东北地区在面向东北亚区域的开放与合作中享有得天独厚的地理区位优势。国家"一带一路"倡议规划中也将东北地区定位为向北开放的重要窗口，即将面向东北亚的合作作为东北地区对外开放的主要区域。东北亚各国之间具有地缘区位相邻优势、经济发展互补优势等，开展区域合作的潜力巨大。但是由于受到政治、历史、领土以及经济发展差异等错综复杂的因素影响，东北亚区域合作一直没能取得突破性进展，合作水平和层次显著滞后于北美、欧洲、东南亚等区域。

从政治因素来看。朝鲜半岛政治局势不稳、美国因素的影响、历史遗留问题等给东北亚区域合作造成了诸多的困难。首先，朝鲜半岛一直是政治热点区域，交织着大国难以协调的利益，朝鲜半岛紧张的局势与政治动荡始终是制约东北亚区域经济合作的主要障碍。其次，美国推行的亚太战略对东北亚政治安全形势也产生了重大影响。为了控制东北亚地区以及防止出现排除美国在外的区域合作组织，美国先后构建美日、美韩军事同盟体系，签订韩美自由贸易协定，以此遏制中国、俄罗斯等国家的发展。美国的影响使东北亚区域政治局势更加复杂，难以形成安定的政治环境推进经济的平稳合作。

从经济因素来看。主要是东北亚地区经济发展差异性较大：一是东北亚地区经济发展水平不均衡。既有世界第三大经济体的发达国家，也有最大的发展中国家；既有政治、军事大国，也有发展程度较低的国家。不同的发展水平导致东北亚各国在推进区域经济合作中的目标和措施不同，分歧在所难免。二是东北亚各国经济发展水平呈阶梯形分布。这种分布造成了底层国家一直处于合作的不利地位，区域合作带有依附性和不平等性，对于推动区域合作的热情和积极性不高。因此，东北亚地区始终没有主导者积极推进区域合作。

从制度因素看。主要是东北亚地区合作制度合作松散。目前，东北亚地区合作已经形成多形式、多渠道、多层次、多领域的合作格局，如东北亚合作对话机制、六方会谈、东北亚地区政府首脑会议、东北亚经济论坛、东北亚经济会议、中日韩地方政府交流大会、图们江合作开发等。但这些合作还主要停留在松散的对话阶段，没有制度立法的保护，约束力有限，解决实际问题的能力也存在不足。因此，从长远来看诸多的合作机制反而不利于东北亚区域经济合作。与欧盟、北美相比，东北亚地区缺乏稳定、统一的组织机构从区域整体的利益出发对经济合作进行长远的规划，制约着东北亚地区经济合作的质量和层次。

第三节　加快东北开放发展的政策建议

一、深度融入共建"一带一路"，布局全方位开放新格局

随着国内开放的深入发展以及国际形势的深刻变化，目前不仅东北地区，而且全国对内对外开放合作都面临新的突破。尽管东北地区的外向型经济发展与东部沿海地区还存在一定的差距，但改革开放40多年来，东北地区基本形成了贸易和投资驱动的外向型经济增长模式。2008年全球范

围内的金融危机给东北地区的重要教训是对外开放主要面向欧美发达国家的单边模式风险极大。目前，东北地区企业正处于寻求新的市场、积极扩大开放的新阶段。"一带一路"涵盖了亚洲、欧洲、非洲等60多个国家和地区，与共建国家的合作前景广阔。

从对外贸易和投资来看。"一带一路"框架下与沿线国家的经济合作将推动我国对"一带一路"共建的130多个国家的贸易将出现快速增长。另外，"一带一路"中的对外投资也将呈现较快增长态势。从民营企业走出去来看，"一带一路"所带来的巨大商机将使越来越多的企业，特别是民营企业加入到"一带一路"建设中去，我国的民营企业将于"一带一路"共建国家加强投资与合作。从合作的领域来看，我国在国际合作中的传统产业为机械制造、农业合作、基础设施建设、矿产和能源开发等。"一带一路"框架下，传统产业将逐渐向信息产业、航空航天产业、高铁、旅游等合作领域发展，合作的领域拓展，合作空间增大。从合作层次来看，"一带一路"框架下共建国家的合作除了在经贸行业，还将在文化、教育、科技、卫生、体育等更多更广的领域发展，将与沿线国家进行多层次全方位的合作。因此，"一带一路"是我国全方位对外开放的突破，中国不仅可以全面对接东盟、欧盟，还包括与非盟、阿盟等合作的全面推进；不仅将推动与相关国家和地区签订双边协议，还能够促进区域性多边贸易和投资协议的达成。

东北地区是"一带一路"框架下我国向北开放的窗口，"一带一路"所形成的全方位、宽领域、深层次、高水平的合作格局也有利于东北地区与沿线国家巨大的市场需求联系起来，扩大贸易往来，深化经济合作，推动东北全方位开放新格局的构建。

二、推进中日韩经济合作，突破东北亚区域合作困局

日本与韩国是整个东北地区对外开放与经济合作的主要国家，这一方面是由于地缘优势，东北地区与日韩两国区位临近，人文相近，开展合作地利人和；另一方面是由于产业互补优势，东北地区与日韩产业的互补性较强，开展合作前景广泛。因此，中日韩经济合作是推进东北地区开放合作的主要平台，而且以中日韩合作为基础推进东北亚区域合作将有助于东北地区打开对东北亚区域开放合作的新局面。但由于中日韩三国历史原因、政治原因、安全原因等一直没能展开有效的合作。而且，中日韩是东北亚区域的核心国家，中日韩三国合作的滞缓直接造成整个东北亚区域合作的困局。目前国际经济形势深刻变化，全球范围内的逆全球化暗流涌动，中日韩三国加强合作不仅是三国自身发展的需要，也是全球经济发展的重要推动力量。

中国、日本、韩国三国最初于 1999 年在东盟与中国、日本、韩国（10＋3）的框架下开始接触与合作，2008 年 12 月首次在 10＋3 框架之外进行单独的中日韩领导人会议。但是三国之间的合作并不顺利，受到国际的外部影响以及三国外交关系影响，中日韩合作机制时有间断。2012 年第五次中日韩领导人会议后，时隔三年才再次召开 2015 年的第六次会议，时隔近三年才召开 2018 年的第七次会议。中国、日本、韩国三国是东北亚区域的核心国，三国合作机制的缺失也是造成东北亚区域合作滞缓的主要原因。进入 2018 年以来，中国、日本、韩国三国曾迎来推进合作机制形成的诸多利好。但三年疫情及国际形势又给东北亚区域合作带来诸多不确定因素。因此中俄关系、中朝关系的变化也给东北地区面向东北亚的合作带来了新的机遇。东北地区应积极借助于这一机会推进东北亚区域合作，进而构建东北地区面向东北亚开放合作的新格局。

三、创新东北地区区域协调发展机制，构建向内开放合作高地

改革开放以来，我国国民经济迅速发展，但由于国内不同区域的经济发展基础和比较优势的差异，区域经济发展差距不断扩大。对此，2003 年党的十六届三中全会提出了区域协调发展战略，即积极推进西部大开发、振兴东北地区等老工业基地、促进中西部地区崛起、鼓励东部地区率先发展。2017 年党的十九大又再次将区域协调发展上升为国家发展战略，指出强化举措推进西部大开发形成新格局，深化改革加快东北等老工业基地振兴，发挥优势推动中部地区崛起，创新引领率先实现东部地区优先发展，建立更加有效的区域协调发展新机制。2021 年党的二十大提出深入实施区域协调发展战略。从国家经济发展的整体来看，区域协调发展是经济进一步提升的关键；而从区域内部发展来看，区域内的协同发展同样是区域发展的关键。作为一个区域，东北地区我国区域经济发展亟待补齐的短板；作为一个整体，东北地区内部同样存在着区域发展不协调的问题。东北老工业基地振兴战略实施以来，由于东北地区内部不同的区位条件，自然禀赋以及外资政策的侧重不同，东北三省经济发展呈现出较大的差异。区域内部的不协调同时也是造成东北地区整体经济发展滞后的主要原因。

东北地区内部发展不协调的根本因素是现有行政机制下的地方经济利益分配问题。东北地区国有经济比重较高，政府对资源控制能力较强，对企业干预较大。因此，东北各省发展缺乏市场观念，缺乏区域合作概念，

人为造成了市场分割和地方保护的问题，阻碍了经济资源在东北三省的自由流动和跨区域合作，使东北地区的合作机制难以形成。另外，东北地区产业结构重复，低水平竞争现象严重，区域内缺乏产业分工机制。目前，东北地区的区域产业链没有建立起来，区域内没有形成合理的分工，存在产业结构雷同、低水平无序竞争的现象。而且，东北地区产业发展的梯度落差大，产业链断层严重，如沈阳和大连两大城市的产业发展水平较快，产业定位较高，但其他地区相对较低，难以形成有序发展的整体。

作为一个比较完整的地域经济单元，东北地区存在着不可分割的内在联系和彼此的依赖性，只有积极的促进各省之间的经济合作，发挥各自的比较优势，以一个整体加强与周边国家和地区的经济贸易合作才能使东北地区经济发展质量发生质的变化，从而提高东北地区整体的竞争力。因此，建设东北地区开放合作高地还需要增强前沿意识、开放意识，从东北地区内部区域协调发展入手，提升对内对外开放合作水平。

四、提升产业发展质量，建设开放合作产业动能

改革开放以来，我国的对外开放事业取得了丰硕的成果，开放格局从无到有、开放局面由点及面、开放层次由浅及深。如果说 2013 年之前，我国的对外开放是单纯的高速开放，是基于外部市场需求快速将中国推向国际市场的对外开放。那么 2013 年以后，我国的对外开放正逐渐转变为全方位高质量开放，是基于国内市场需求促进产业结构升级、优化产能分配的对外开放。从这一角度来讲，进一步扩大开放的基础是高质量的产业发展。

对于东北地区来说，东北地区的进一步开放是在东北地区生产能力过剩、经济增长下行情况下，东北地区向外谋求市场、转移产业、提振经济增长、扩大发展空间的重要战略选择。因此，东北地区应将提升产业发展质量作为进一步扩大开放与对外合作的动能，而东北地区实现高质量产业发展就是要谋划高新技术产业、先进制造业等战略性新兴产业的战略布局。目前，东北地区传统产业比重过大，战略性新兴产业和高新技术产业发展缓慢，产业结构升级迟缓。东北老工业基地曾大规模改造技术以提升产业发展水平，但是由于技术创新活动开展不够，尤其是对引进的技术消化吸收地不充分，使得产业技术水平提高并不显著，甚至还影响了企业的效益。东北老工业基地在振兴过程中，产业发展质量不足，主要表现在以下几个方面：一是规模性不足。在市场化资源配置，打破区域界限，培育具有国内外知名的大企业集团方面，成效并不是很显著；二是盈利性不

强。东北老工业基地很大程度上由于没有很好地获得科技价值；三是结构性问题。东北老工业基地的振兴过程中，在选择主导产业和战略新兴产业缺乏魄力，结构性比较差；四是科研成果转化不力。东北老工业基地由于难以促进自身创新成果产业化，关键技术得不到突破和集成，导致核心技术相对缺乏，转化性不力。因此，以开放发展深入推进东北振兴的重点内容是提升产业发展质量，以产业发展质量为动能进一步东北地区对外开放水平。

第四节　建设东北地区开放合作高地的政策措施

一、解放思想，创新开放合作体制机制

《中华人民共和国国民经济和社会发展第十四个五年规划和 2035 年远景目标纲要》明确提出要推动东北振兴取得新突破。当前东北老工业基地在体制机制方面存在的突出矛盾和问题，建设东北地区开放合作高地必须以全面深化改革为引领，通过深化改革推进对外开放的扩大，形成良性发展的体制机制，走内生发展的新路，激发区域发展的活力。破除制约东北地区进一步开放的体制机制障碍，则要以政府职能转变、国企改革、支持民营企业发展、解决历史遗留问题等为重要抓手，促进东北地区加快形成同市场完全对接、充满内在活力的新体制和新机制。

1. 着力优化营商环境

以转变政府职能作为体制机制改革的突破口，进一步理顺政府和市场的关系，着力加快转变政府职能，营造有利于东北地区产业结构调整、创新创业的环境。进一步推动简政放权、放管结合、优化服务，努力建设法治政府、创新政府、廉洁政府、服务型政府。同时，东北地区应重视深化行政审批制度改革，尽最大可能减少前置审批事项，持久地为企业发展创造良好的环境，促进各类市场主体迸发出发展的活力。

2. 深化国有企业改革

完善国有企业治理模式和经营机制，确立企业的市场主体地位。在推进改革的进程中，按照不同国有企业功能类别推进，以产业转型升级为引领，改组组建国有资本投资和运营公司，扎实推进国有经济布局战略调整，创新发展一批国有企业，重组整合一批国有企业，促进国有资产保值增值。优化产业链布局，引导产业链关键环节留在国内，强化中西部和东

北地区承接产业转移能力建设。

3. 以发展民营企业作为体制机制改革的重点

政府应制定规则进一步放宽民间资本进入的行业和领域，促进民营经济公开公平公正参与市场竞争。加快数字化产业转型，数字技术与数字经济所蕴含的创新潜力和发展动能，是真正能够成为实现东北工业基地经济振兴的着力点。数字要素可以通过直接或者间接的方式作用于其他生产要素，加速创新转型发展。此外，创新对中小企业、对民营经济的管理方式，变管理为服务，持续营造浓厚氛围积极鼓励和引导创业，培育壮大一批主业突出、核心竞争力强的民营企业集团和龙头企业。

二、深度融入共建"一带一路"，建设开放合作高地

1. 推进中蒙俄经济走廊，建设"一带一路"核心区域

东北地区是面向俄罗斯和蒙古国开放的前沿。以中蒙俄经济走廊建设为契机推动对俄罗斯和蒙古国的跨境合作区建设，将东北地区建成中蒙俄经济走廊的核心区域，推进中蒙俄成为"一带一路"的核心区域是东北地区形成新的对外开放增长点的重要任务。在扩大对俄罗斯和蒙古国的合作方面，东北地区应着力提升东北地区加工贸易能力，培育适合海路和陆路运输的出口加工产业集群，提升加工贸易在进出口贸易中所占比重。加强中俄、中蒙口岸基础设施建设，增加口岸通关能力。推动珲春出口加工区升级为综合保税区，加快推进珲春—扎鲁比诺跨境经济合作区建设，对边境自贸区建设进行先行先试。扩大东北地区对蒙贸易规模，完善贸易结构，扩大汽车、机械、轻工业品、日用品等产品的贸易。在传统贸易基础上，大力发展互联网经济，促进对蒙跨境电子商务发展。以二连浩特—扎门乌德跨境经济合作区建设为样板，加快推进中蒙跨境经济合作区建设，为推进自贸区和物流中心建设奠定基础。

2. 加强互联互通，形成开放合作新格局

推进东北地区与东北亚周边国家的互联互通工程，不仅是东北地区参与"一带一路"建设的重点，也是东北地区形成对外开放新格局的重点。东北地区内部的互联互通应加快加大东北地区内部高速铁路、高速公路、支线机场的建设，建设大连新机场。东北地区与外部的互联互通应加快推进中俄输油管线、天然气管线、输电线路建设，提升边境口岸基础设施条件和通关能力，改造和提升陆路口岸边境桥梁，扩大空中国际航线和陆海联运航线的建设。这些互联互通工程，东北地区与周边国家，特别是东北亚区域国家的地方政府合作提供新的机遇。

3. 开拓"走出去"境外产业园，推进国际产能和装备制造合作

东北地区在电力、机床、钢铁、汽车等产业拥有较强的优势产能和众多领军企业，应大力推进国际产能和装备制造合作，积极向全球拓展和进行互利合作，积极参与境外新兴市场建设，拓展东北地区产业创新发展空间。大力支持优势产业和领军企业走出去，协同配套产业、协作企业以产业链形式抱团走出去，助推东北产业升级和转型发展。高水平建设一批境外东北地区产业园。大力发展保税加工、海外仓、国际物流基地、转口贸易等配套平台，建立东北地区产品制造及营销的海外支撑点。建设松辽清洁能源基地、加快辽河储气库群建设，稳定渤海湾、松辽盆地老油区产量。组建东北地区国际产能合作企业联盟，搭建走出去综合服务平台，

4. 抓好开发开放平台建设，打造新的经济增长极

东北地区当前对外开放格局的形成离不开现有的诸多开放平台的建设和发展。东北地区开放合作高地的建设同样应以开放平台的建设和完善为基础，打造对外开放的新增长极。应推进现有的国家级平台进一步放活体制，建立精简高效的管理体制、灵活的用人分配机制、市场化的开发运行机制。进一步做优环境，将辽宁自由贸易试验区、黑龙江自由贸易试验区建设形成的经验率先在东北地区进行复制和推广，加快构建开东北地区开放型经济新体制。在搭建对外开放平台的过程中，立足于自身的特色，进行高起点定位、错位发展，引进一批关联度高、带动力强的大项目，打造产业集聚、经济发展的主阵地。同时，按规定全面实行准入前国民待遇加负面清单的外商投资管理制度。

5. 开发"冰上丝绸之路"，构筑陆海双向发展带

"冰上丝绸之路"规划是"一带一路"倡议的再延伸，东北地区有着大量优质港口，且东北出海口是北极航道的起点，因此东北地区应在"冰上丝绸之路""东北航道"建设中发挥重要作用。随着国家层面战略的推进，东北地区将承担"近看东北亚、远观北冰洋"的重要战略纵深职能。依托东北地区现有的陆海联运和铁海联运航线的常态化运营，择路北极航道将真正实现"一带一路"贯通并环绕欧亚大陆。"东北航道"（俄罗斯称"北方航道"）可使东北亚到欧洲的距离缩短40%，运输成本减少20%~30%，每年可节省500亿~1300亿美元海运成本。东北地区的对外开放也将展开新的局面。其自身的振兴计划进程也将得到加速。东北地区应积极开发"冰上丝绸之路""东北航道"，支持大连、营口等主要港口稳定运营"辽海欧"北极东北航道，夯实东北地区港口经北冰洋至欧洲新的海上运输通道。大力推进与俄罗斯、东盟等国海洋航运、海上生态牧

场、远洋捕捞、海洋旅游、海工装备、船舶制造等领域国际合作。加强与俄罗斯远东地区基础设施、经贸投资、资源开发合作，共建"冰上丝绸之路"陆海双向发展带。

三、推进中日韩自贸区建设，构建东北亚经济走廊

1. 积极参与中日韩自贸区建设，助推东北地区产业升级

东北地区虽然与日本和韩国处于不同的发展阶段，但在某些领域存在竞争的同时，经济上和产业上的互补性仍将长期存在。因此，日本和韩国是东北地区开展对外合作的重点区域，同时对日本和韩国的合作也是东北地区积极推进产业升级的重要途径。东北地区应深度参与对日本和韩国的合作。在对日和对韩合作方面，东北地区应以中日第三方市场合作机制和中日双边服务贸易合作机制为抓手，以中韩第三方市场合作机制和中韩产业园区合作协调机制为抓手，深化高端装备制造业、新能源汽车、金融、旅游等领域合作，助推东北地区产业升级。

2. 高标准建设"引进来"集聚发展区，打造具有国际竞争力的跨国企业集团

"引进来"是我国构筑对外开放格局的重要战略措施，东北地区对外开放过程中，日本、韩国、中国香港等国家和地区的外资发挥了积极和重要的作用。因此，东北地区建设开放合作高地离不开高水平和高标准的"引进来"。东北地区应积极参与全球产业链中高端分工及转型，开展全链条、集群式精准招商，引进一批引领性、标志性大项目，努力在东北地区形成内资外资加快涌入、央企加快入驻、国有民营竞相发展的良好势头。主动参与中日、中韩国家层面经济合作机制，创建辽宁传统装备制造产业升级发展新平台，打造芯片、软件等高科技产业创新合作制高点。鼓励东北地区与海外科技型企业合作，打造一批具有国际竞争力的本土跨国企业集团。

3. 积极借助区位优势，建设东北亚经济走廊

从地缘优势的角度，东北地区应积极借助于东北亚区域核心的区位优势，以扩大东北亚区域合作为基础建设东北地区开放合作高地。从东北地区内部来看，打造辽宁沿海经济带，建设长吉图开发开放先导区，提升哈尔滨对俄合作开放能级。东北地区的辽宁、吉林、黑龙江以及内蒙古应积极互联互通，同时东北地区整体同山东半岛及环渤海地区合作，构筑东北经济走廊的中国核心通道。从东北地区对区域外合作来看，东北地区应积极把握东北亚国际局势向好趋势和重大机遇，立足东北亚开放大门户优

势，深度融入中蒙俄经济走廊，参与中日韩自贸区建设，对接朝鲜，推动东北地区与俄罗斯、日本、韩国、朝鲜、蒙古共建"东北亚经济走廊"，携手打造东北亚命运共同体。

四、推进区域协调发展，构建全面振兴新格局

1. 加强东北三省经济合作，推进区域经济整合发展

自东北老工业基地振兴以来，东北地区的整体产业发展状况、对外合作情况得到了很大改善。但是由于行政体制原因，辽宁、吉林和黑龙江三省始终存在各自为政、市场分割的问题。因此，东北老工业基地要加快实现振兴，建设东北地区对外开放高地必须走区域经济协调发展、合作共赢的道路，全面加强东北三省的经济合作已经迫在眉睫。首先，完善东北地区协调机制建设，彻底打破行政分割与垄断，减少各省之间的政策差异。其次，加强产业合作。《中华人民共和国国民经济和社会发展第十四个五年规划和2035年远景目标纲要》提出要改造提升装备制造等传统优势产业，培育发展新兴产业，大力发展寒地冰雪、生态旅游等特色产业，打造具有国际影响力的冰雪旅游带，形成新的均衡发展产业结构和竞争优势。由于东北各省之间相关产业的差异性，关联度差，东北地区应加强关联性强的产业整合发展，促进相关产业在空间上的集群式发展。再次，有效整合东北地区通道、产业、贸易、机制协调等开放要素一体化发展，形成东北地区整体开放合作局面。

2. 加强与国内主要区域的战略对接和交流合作，推进区域互动

受国际国内经济形势深刻变化的影响，我国进一步对外开放面临着诸多的发展瓶颈。因此，国家先后提出了京津冀协同发展、长江经济带发展、粤港澳大湾区建设等战略构建对外开放新格局。东北地区应积极对接京津冀协同发展、长江经济带发展、粤港澳大湾区建设等国家重大战略。这一方面是抓住当前国家战略建设的重要契机，另一方面也是推动形成南北互动的开放格局。习近平总书记视察东北时也提出了推进东北地区与上述国家重大战略对接的思想。因此，东北地区应以辽宁自贸试验区、黑龙江自贸试验区、东北地区的开放载体、推动机制创新等作为合作为重点，引进复制上述地区的开放经验，与其加强深层次交流借鉴。

3. 加强省际对口合作，优化区域互助机制

《中华人民共和国国民经济和社会发展第十四个五年规划和2035年远景目标纲要》提出，深化与东部地区对口合作。在新一轮东北老工业基地振兴的战略部署中，加强东北地区与东部地区部分省市的对口合作是发挥

我国制度优势促进跨区域合作的创新举措。对此，东北地区的辽宁、吉林、黑龙江应以此为契机加强与江苏、浙江、广东的省际对口合作，优化区域互助机制。东北地区应深化对口合作，推进在机制借鉴、国企改革、功能区对接、创业创新、园区共建、港口联动、人才交流等领域合作，携手开拓东北亚市场。

第七章　以共享发展深入推进东北振兴

习近平总书记指出，深入推进东北振兴要"更加关注补齐民生领域短板，让人民群众共享东北振兴成果"①。共享是中国特色社会主义的本质要求，是中国迈向现代化强国的奋斗目标，让广大人民群众共享东北振兴成果，是深入推进东北振兴的重要任务。因此，必须坚持共享发展理念，以共享发展深入推进东北振兴。

第一节　东北地区共享发展的理论分析

一、新时代对共享发展内涵和规律的研究

2015 年，党的十八届五中全会明确提出共享发展的理念，强调必须坚持发展为了人民、发展依靠人民、发展成果由人民共享。通过建立更有效的制度，实现保障民生和增加公共服务供给，确保全面进入小康社会目标的实现。主要包括四个方面的内容：一是实现精准扶贫。加大对连片贫困地区的支持力度；二是推动教育的均衡发展。特别是教育对家庭困难学生的资助；三是实施就业优先战略。实施更积极的就业政策和劳动力市场开发项目；四是实施全民参保计划。建立更加公平和可持续的社会保障制度。党的十九大报告中，在提出坚持新发展理论中强调包括共享发展在内的五大发展理念，其中共享发展理念体现为在发展中补齐民生短板，开展脱贫攻坚，加强和创新社会治理。党的二十大提出增进民生福祉，提高人民生活品质。

2020 年，党的十九届五中全会通过的《中共中央关于制定国民经济

---

① 习近平在东北三省考察并主持召开深入推进东北振兴座谈会 [EB/OL]. 中华人民共和国中央人民政府，2018 - 09 - 28.

和社会发展第十四个五年规划和二〇三五年远景目标的建议》中对共享发展的内容有了新的扩展。在就业方面，强调实现更加充分和更高质量的就业；在公共服务方面，提出明显提高基本公共服务均等化水平，提升全民受教育程度，健全和完善多层次社会保障体系与卫生健康体系等目标。针对实现精准脱贫后的农村经济发展问题提出巩固拓展脱贫攻坚成果，全面推进乡村振兴的战略。与此同时，继续强调了从宏观上改善分配结构，保持居民收入增长和经济增长基本同步的重要目标。① 党的二十大进一步提出优化人口发展战略，实施积极应对人口老龄化国家战略。

共享发展理念提出后，在理论上需要进一步深化对共享发展内涵和规律的研究。对共享发展的研究，主要来源于马克思主义理论的唯物史观和辩证法的思想，突出体现在历史唯物主义的人民主体观，是生产力和生产关系统一的内在要求，是社会主义生产目标和基本经济规律的体现，是对马克思主义公平公正原则的发展。共享发展主要包括全民共享、全面共享、共建共享和渐进共享四个层面，其中全民共享是强调发展成果覆盖全民。是人人享有，各得其所，不是少数人共享或一部分人共享②。共享发展要求保护每个成员的正当利益，特别是弱势群体的利益。同时不能以牺牲其他成员的正当利益为代价。否则，势必会扩大不同群体之间的差距，形成社会分割，加剧社会矛盾，不利于和谐社会的构建。全面共享强调在共享发展过程中，并不只是在某一个领域实现共享，而是需要实现经济、社会、政治、生态、文化等的全面共享，如果只片面强调经济领域实现共享发展，而忽视其他领域的作用，最终将不利于社会整体的发展和共享目标的实现。各个领域在发展过程中具有不同的功能和作用，需要实现发展的协调和平衡，并形成合力推动经济社会的功能的充分发挥。各个领域既是相对独立的，同时各个领域的发展又不同脱离整体，如果脱离整体发展将导致社会无法全面进步。因此全面共享在发展内容和范围上应该是包括经济、社会、政治和文化等各个方面在内的各领域的共同建设和协同发展。共建共享是指共享的成果由全体人民共同创造，是社会成员在发展中的权利与义务的统一。不同的社会成员在享受发展成果的同时必须承担共同建设的义务，只有通过共同建设创造丰富的物质财富和精神财富，才能为社会成员提供共享所需要的成果，才能提升社会的发展水平。由

① 习近平等.《中共中央关于制定国民经济和社会发展第十四个五年规划和二〇三五年远景目标的建议》辅导读本［M］. 人民出版社，2020.
② 中宣部. 习近平总书记系列重要讲话读本［M］. 人民出版社，2016.

此，国家建设是全体人民共同的事业，国家发展过程也是全体人民共享成果的过程①。脱离共同建设，不能解决人民日益增长的美好生活需要和不平衡不充分的发展之间的矛盾，难以实现真正的共享。共建义务既要求社会成员积极参与，形成共建的合力，又要求社会成员不能脱离共建义务而享有发展成果。如果不能形成共建合力，或在共享共建中存在"搭便车"的现象，则会影响共享发展的实现。共建共享从共享发展的实现途径角度使社会成员在共享发展中承担权利和义务及其相互作用，相互制约的关系更为明晰。共享是共建的目的，共建是共享的前提，共享对共建具有激励和促进作用，离开共享的目标，会失去共建的动力。② 同时共享和共建又是相互促进的关系，在共建中实现共享，在共享中促进共建。也就是使全体社会成员在共建中各尽所能，在共享中各得其所。③ 渐进共享强调共享发展是一个渐进的实现过程，需要创造更高质量的物质和精神产品和服务，来满足社会成员追求美好生活的需求，这些物质财富和精神财富的创造和生产是一个渐进的实现过程。与此同时，社会成员在发展机会获取，发展过程参与和发展结果分配上实现共享也是一个渐进的过程。④ 在此过程中，通过改善民生，促进社会的公平公正能够进一步激发和调动社会成员的积极性。通过渐进共享的实现，有利于合理分配社会财富。通过提高居民的消费能力和释放居民的消费潜力，促进经济增长动力的转化。同时渐进共享也有利于避免出现由于收入的贫富差异扩大而产生的经济社会矛盾。强调共享发展通过渐进共享来实现，是社会主义初级阶段发展的需要，也是有效处理公平和效率之间关系的需要。既不能以牺牲公平为代价换取效率，也不能以牺牲效率为代价换取公平。如果在共享发展过程中，过分强调公平，由此可能会助长平均主义倾向，违背市场经济规律，从而阻碍经济发展和共享发展的真正实现。共享发展的上述四个层面通过共享发展机遇、共享发展权利、共享发展过程和共享发展成果使社会成员在获得感、幸福感提升的过程中，不断推动共享发展向更高层次转化。

二、共享发展对东北老工业基地振兴的重要作用

东北地区具有老工业区域发展的一般特征。这些区域曾经达到较高的

① 习近平．在庆祝"五一"国际劳动节暨表彰全国劳动模范和先进工作者大会上的讲话［N］．人民日报，2015 – 04 – 29．

② 庞元正．论五大发展理念的哲学基础［J］．哲学研究，2016（6）．

③ 董振华．共享发展理念的马克思主义世界观方法论探析［J］．哲学研究，2016（6）．

④ 李雪娇，何爱平．政治经济学的新境界：从人的全面自由发展到共享发展［J］．经济学家，2016（12）．

经济发展水平，但伴随传统产业的衰退而进入调整期，经济发展停滞，各种经济社会问题突出。如德国的鲁尔区、英国中部工业区、意大利西北部工业区、美国东北部工业区、俄罗斯的欧洲工业区等。共享发展对于老工业基地的振兴具有重要作用。习近平总书记在东北三省考察时指出就业与再就业、保障性住房建设、社会保障服务建设等问题的重要性。强调资源型城市转型发展中的民生问题，突出共享发展在东北老工业基地振兴过程中的重要作用，强调让人民群众共享东北振兴成果的重要意义。关键是要补齐民生领域的短板，在社会保障体系建设方面，特别是保障城乡生活困难人员的基本生活，完善针对非正规就业群体等弱势群体的社会保障体系和社会救助体系。针对集中连片特困地区存在的主要问题，按时完成脱贫任务。在公共服务供给上，加大东北地区公共基础设施领域的投资和建设力度，特别是轨道交通、集中供热和网络宽带等交通和信息基础设施建设。主要解决扶贫、社保和就业等重点民生问题。共享发展在"十四五"时期东北全面振兴工作部署中被赋予新的意义。在继续立足新发展阶段，贯彻新发展理念、构建新发展格局更好地保障和改善民生的同时，根据新发展格局和高质量发展的需要，东北地区需要不断扩展就业空间和推动教育、养老和医疗等公共服务的高质量建设。① 在"十四五"时期，扩展就业空间需要加大对中小微企业的稳岗支持，推动创业创新拓展就业空间，并积极灵活就业，保障灵活就业人员的基本权益。加强教育、医疗、养老、托育等公共服务的高质量发展需要加大中央财政的支持，中央财政专项转移支付支持要向这些领域倾斜。

2003～2013 年，第一轮东北振兴在解决"东北现象"方面取得了重要进展。但在 2014 年之后出现了"新东北现象"，其主要原因是传统产业需求不足导致投资拉动减弱，表现为国内投资和利用外资增长率大幅下降，在投资构成中比例降低。以辽宁为例，工业和房地产业的增长速度明显降低，工业总产值增长速度由 2012 年的 17.4% 降低到 2019 年的 8.3%；②房地产投资增长速度由 2012 年的 19.3% 降低到 2019 年的 8.1%。

东北老工业基地在发展过程中，需要克服路径依赖的影响，需要解决转型过程中所面临的就业、社保、扶贫和住房等问题。这些民生领域的突出问题成为制约东北地区经济发展和社会和谐的重要因素。因此在深入推

---

① 李克强主持召开国务院振兴东北地区等老工业基地领导小组会议强调加快推进改革开放，着力保障和改善民生推动东北全面振兴迈出新步伐 [EB/OL]. 新华网，2021 – 08 – 24.
② 资料来源：作者根据《辽宁统计年鉴2020》相关数据计算得到。

进东北振兴座谈会和《中共中央、国务院关于全面振兴东北地区等老工业基地的若干意见》中，提出解决好社保、就业、扶贫等重点民生问题，具体来看，需要加快构建更加完善的社会保障体系，建立普惠、均等和便捷的基本公共服务体系；重视结构调整过程中的就业问题和青年群体的就业创业；实现连片特困区的扶贫问题。通过提高公共服务的均等化水平，使城乡居民普遍享受义务教育、公共文化服务，包括基本医疗服务在内的社会保障服务，实现共享式发展。

上述目标与"十四五"规划中提出的健全覆盖全民、统筹城乡、公平统一、可持续的多层次社会保障体系和强化就业优先政策等内容是一致的。未来东北地区共享发展仍需要通过健全就业公共服务体系、劳动关系协调机制、终身职业技能培训制度等来扩大就业容量和提升就业质量，在千方百计稳定和扩大就业的同时，保障劳动者待遇和权益。东北地区应更加注重缓解结构性就业矛盾和促进零就业家庭等重点就业群体就业。对于新就业形态下的灵活就业人员，应完善促进创业带动就业、多渠道灵活就业的保障制度。东北地区在"十四五"时期推动共享发展，需要结合地区的人口特征和经济发展阶段特征，健全基本养老、基本医疗保险筹资和待遇调整机制，发展多层次、多支柱养老保险体系，健全重大疾病医疗保险和救助制度和长期护理保险制度。健全灵活就业人员社保制度和退役军人的保障制度，健全分层分类的社会救助体系。针对东北地区人口老龄化问题，应积极推动养老事业和养老产业的协同发展，健全基本养老服务体系，发展普惠型养老服务和互助性养老，支持家庭承担养老功能，培育养老新业态，健全养老服务的综合监管制度。①

第二节　东北地区共享发展的现状及存在的主要问题

一、东北地区共享发展的演变和现状

新中国成立至改革开放前，东北地区受国家重点支持，投入较大，国有的大中型企业较多都建立在东北区域，是我国名副其实的工业基地。并且在从"一五"时期到改革开放前，东北地区为新中国工业体系的建立及

---

① 中华人民共和国国民经济和社会发展第十四个五年规划和二〇三五年远景目标纲要[M]. 人民出版社，2020.

经济建设作出不可磨灭的贡献。

2003 年，《中共中央、国务院关于实施东北地区等老工业基地振兴战略的若干意见》颁布，此后的十年间是东北发展的"黄金十年"，出现一个短暂的逆势增长期，其中的大部分年份东北三省的经济增速都明显高于全国平均水平。表 7 - 1 中可以看出，2002～2020 年东北三省 GDP 占全国比重在 5%～9% 徘徊，整体保持稳定水平。

表 7 - 1　　　　　　　　　2002～2020 年东北三省及全国发展水平

年份	辽宁		吉林		黑龙江		全国		东北三省 GDP 全国占比（%）
	GDP（亿元）	GDP 增长率（%）	GDP（亿元）	GDP 增长率（%）	GDP（亿元）	GDP 增长率（%）	GDP（亿元）	GDP 增长率（%）	
2002	5458.2	—	2043.1	—	3242.7	—	121717.4	—	8.8
2003	5906.3	8.21	2141.0	4.79	3609.7	11.32	137422.0	12.90	8.48
2004	6469.8	9.54	2455.2	14.68	4134.7	14.54	161840.2	17.77	8.07
2005	7260.8	12.23	2776.5	13.09	4756.4	15.04	187318.9	15.74	7.90
2006	8390.3	15.56	3226.5	16.21	5329.8	12.06	219438.5	17.15	7.72
2007	10292.2	22.67	4080.3	26.46	6126.3	14.94	270092.3	23.08	7.60
2008	12137.7	17.93	4834.7	18.49	7134.2	16.45	319244.6	18.20	7.55
2009	12815.7	5.59	5434.8	12.41	7218.9	1.19	348517.7	9.17	7.31
2010	13896.3	8.43	6410.5	17.95	8308.3	15.10	412119.3	18.25	6.94
2011	16354.9	17.69	7734.6	20.66	9935.0	19.60	487940.2	18.40	6.97
2012	17848.6	9.13	8678.0	12.20	11015.8	7.56	538580.0	10.38	6.97
2013	19208.8	7.62	9427.9	8.64	11849.1	7.56	592963.2	10.10	6.82
2014	20025.7	4.25	9966.5	5.71	12170.8	2.71	643563.1	8.53	6.55
2015	20210.3	0.92	10018.0	0.52	11690.0	-3.95	688858.2	7.04	6.09
2016	20392.5	0.90	10427.0	4.08	11895.0	1.75	746395.1	8.35	5.72
2017	21693.0	6.38	10922.0	4.75	12313.0	3.51	832035.9	11.47	5.40
2018	23510.5	8.38	11253.8	3.04	12846.5	4.33	919281.1	10.49	5.18
2019	24855.3	5.72	11726.8	4.20	13544.4	5.43	986515.2	7.31	5.08
2020	25115.0	1.04	12311.3	4.98	13698.5	1.14	1015986.2	2.99	5.03

资料来源：《中国统计年鉴》（2002～2021 年）。

但从 2014 年以来，东北三省经济增速突破性下降，成为中国省份中经济总体指标最低的区域，甚至被称为断崖式下跌。从图 7 – 1 中可以清楚看出，东北三省从 2013 年经济增速明显低于全国水平甚至出现"负增长"，并且东北三省 GDP 总量已跌破 7%。这一阶段被称为"新东北现象"，主要表现在经济结构不合理、体制机制不健全，甚至政府行为不规范等问题上，传统产业结构以及遗留的计划经济体制机制问题等深层次矛盾进一步凸显，使得东北区域整体的经济增长呈现明显下降趋势。

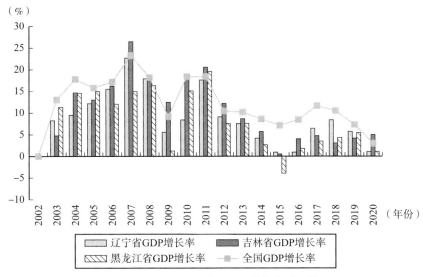

图 7 – 1　2002 ~ 2020 年 GDP 增长率对比情况

资料来源：《中国统计年鉴》（2003 ~ 2021 年）。

东北的经济发展问题使得党和国家又相继出台了一系列发展举措来力促东北地区的再次振兴，2014 年《中共中央、国务院关于全面振兴东北地区等老工业基地的若干意见》的发布，提出要贯彻落实发展新理念，来加快实现东北地区等老工业基地的全面振兴。"五大发展理念"中，最终落实到坚持共享发展。习近平总书记曾提出"共享发展是人人享有、各得其所，不是少数人共享、一部分人共享"。对此，必须结合东北实际进行深入分析。主要有以下方面。

1. 人口变化

人口自然变化方面的指标一个是年末总人口的变化，再一个是人口自然增长率的变化。这不仅是对地区经济状况的一个侧面的反映，同时也是对地区社会综合状况的一个综合的长期反映。因此考察东北地区人口的自然变化不仅是对东北地区经济状况的研究，更是对东北地区社会状况的一个综合反映。图 7 - 2 是 2001 ~ 2020 年东北三省的年末总人口的变化情况，图 7 - 3 是 2001 ~ 2020 年东北三省与全国的人口自然增长率的变化对比：

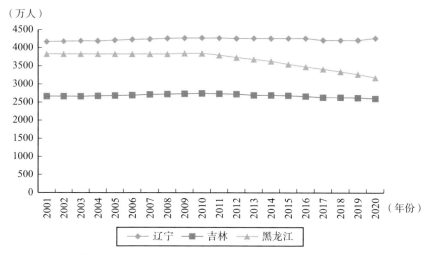

图 7 - 2　2001 ~ 2020 年东北三省年末总人口变化情况

资料来源：黑龙江省、吉林省、辽宁省、中国统计年鉴和国家统计局分省年度数据（2002 ~ 2021 年）。

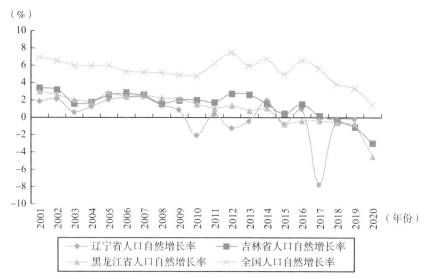

图 7 - 3　2001 ~ 2020 年东北三省与全国的人口自然增长率对比

资料来源：黑龙江省、吉林省、辽宁省、中国统计年鉴和国家统计局分省年度数据（2002 ~ 2021 年）。

从图 7-3 可以明显地看出，东北三省的人口自然增长率长期以来一直低于全国的平均水平，并且辽宁省早在 2010 年左右就已经进入了人口负增长阶段，黑龙江省在 2015 年左右也进入了人口负增长阶段，吉林省在 2015 年左右人口自然增长率已经趋于零，也就是说整个东北地区现在已经全线进入了人口自然负增长。严重的人口问题给东北地区的经济状况带来的是雪上加霜的效果。

2. 就业状况

就业状况不仅是对经济状况的现实反映，而且也反映了劳动力参与生产状况，而劳动力是经济增长必不可少的重要源泉。图 7-4 和图 7-5 分别是 2001~2020 年全国年末新增就业人数和东北三省年末新增就业人口总数的情况。

从图 7-4、图 7-5、图 7-6 的对比情况可以清楚地看到，东北地区的就业情况在 2015 年出现了大的变化。这也可以看出其就业人数是随着经济形势的变化而变化的，虽然整个东北地区的经济形势在 2010 年左右就已经开始出现下滑趋势，但是直到 2013 年前东北地区的经济仍然是高于全国的平均水平，这体现在东北地区的年末新增就业人数在 2010 年到 2013 年是逐年增加的。而到了 2013 年以后，东北地区的经济增速低于全国平均水平，东北地区的年末新增就业人数在 2014 年出现了大的回落，并且在 2015 年出现了较大的负增长。

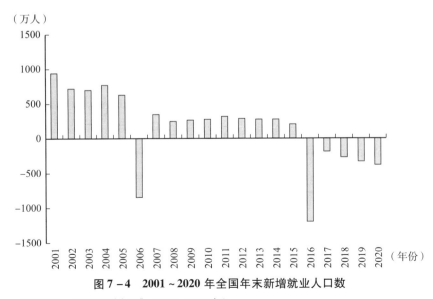

图 7-4　2001~2020 年全国年末新增就业人口数

资料来源：《中国统计年鉴》（2002~2021 年）。

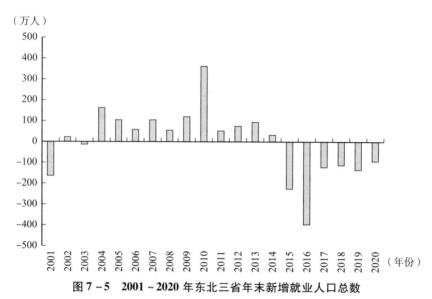

图 7 − 5　2001 ~ 2020 年东北三省年末新增就业人口总数

资料来源：黑龙江省、吉林省和辽宁省统计年鉴（2002 ~ 2021 年）。

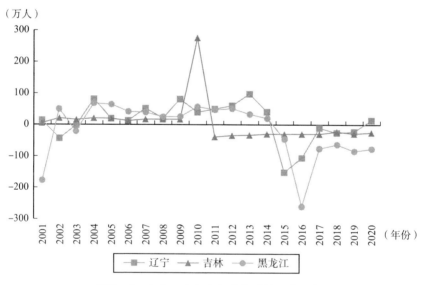

图 7 − 6　东北三省各自年末新增就业人口数

资料来源：黑龙江省、吉林省和辽宁省统计年鉴（2002 ~ 2021 年）。

就黑龙江省、吉林省和辽宁省各自的情况来看。在 2001 ~ 2020 年黑龙江省的年末新增就业人口数波动最大，其次是辽宁省，而吉林省的波动相对较小。对于辽宁省来说，其在 2002 年、2003 年以及 2005 ~ 2019 年都出现了就业人数负增长的现象，尤其是在 2015 年，辽宁省的年末新增就业人口数比上一年减少了152.3万人,而就业是对经济好坏的反映,这充分说明了辽宁省的经济波动在此期间比较严重。但是从经济增速上来看,辽宁省在2002年、2003年以及2005年的增速都是比较稳定并且比较高,这与西方经典经济增长理论相悖。

3. 居民的收入和支出

通过图7-7及表7-2可以看出东北三省人均GDP和城乡人均可支配收入与全国平均水平的优势和差距。从人均GDP水平来看,2003~2015年辽宁省平均水平超过全国水平,并且仅有辽宁省城镇居民可支配收入几乎接近全国水平,也侧面显示出辽宁省作为东北三省城市化水平最高的省份,其经济规模大于吉林和黑龙江两省经济规模的历史格局并没有发生变化,这也意味着辽宁省在东北振兴中的重要作用。反观吉林省、黑龙江省,情况不尽乐观。

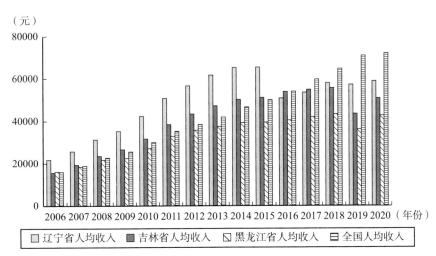

图7-7　2006~2020年人均GDP对比情况

资料来源:《中国统计年鉴》(2007~2021年)。

表7-2　　　　　　2017~2020年全国四区人均可支配收入对比情况　　　　　单位:元

地区	2017年	2018年	2019年	2020年
东部地区	33414.0	36298.2	39438.9	41239.7
中部地区	21833.6	23798.3	26025.3	27152.4
西部地区	20130.3	21935.8	23986.1	25416.0
东北地区	23900.5	25543.2	27370.6	28266.2
全国地区	25973.8	28228.0	30732.8	32188.8

资料来源:《中国统计年鉴》(2018~2021年)。

表 7-2 人均可支配收入水平说明进入第四阶段，虽然整体略微低于全国平均水平，但相比中西部地区，东北的状况表现尚好。

但根据图 7-8 中劳动者报酬占国民收入的比重来看，东北三省都呈略微下降的趋势，这跟全国近年来劳动者报酬占比不断攀升是相违背的。根据收入分配的流程，可以将居民的可支配收入分成劳动者报酬、总营业盈余、财产净收入和经常转移净收入四部分，而劳动者报酬作为居民可支配收入的主要来源，对调整收入分配结构，切实提高居民收入具有关键作用。

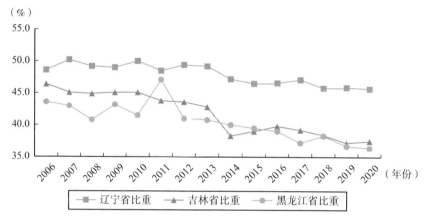

图 7-8 2006~2020 年东北三省劳动报酬占国民收入比重情况
资料来源：《辽宁省统计年鉴》《吉林省统计年鉴》《黑龙江省统计年鉴》（2007~2021 年）。

图 7-9 显示东三省城乡居民恩格尔系数变化情况。除去辽宁省城镇居民恩格尔系数 2009 年前高于全国平均水平，辽宁省农村系数以及吉林和黑龙江两省的城乡恩格尔系数一直低于全国标准。表明东北三省消费结构的升级包括耐用消费品供给增加并伴随着价格的下跌，以及服务业等第三产业的整体发展状况处于相对较好的阶段。但只根据恩格尔系数判断略显片面，城乡二元结构、地区发展不平衡等复杂因素仍然影响民生发展，从城镇及农村的人均可支配收入差距可以看出当前东北及全国城乡二元结构依然很突出，共享发展理念体现着社会主义要求分配正义的内在本质。分配正义不仅有利于增进民生福祉，提升人们的生活获得感，更是对人民在社会发展主体地位的集中体现。

4. 社会保障

保障和改善民生是东北地区经济发展的根本目标，经济发展是保障和改善民生的重要保障，两者相辅相成。而社会保障是东北地区的突出问题。《中共中央 国务院关于全面振兴东北地区等老工业基地的若干意见》

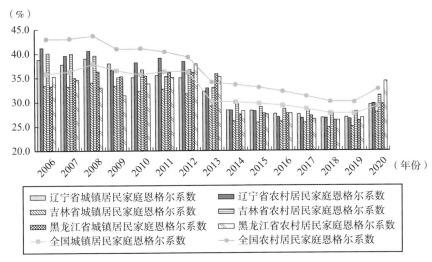

图 7 - 9　2006 ~ 2020 年东北三省及全国恩格尔系数对比情况

资料来源:《辽宁省统计年鉴》《吉林省统计年鉴》《黑龙江省统计年鉴》《中国统计年鉴》。

提出要坚持把保障和改善民生作为推动东北老工业基地振兴的出发点和落脚点,并对解决好社保、城乡公共服务、就业、住房等方面提出了具体要求。

从表 7 - 3 中可以显示出,东北地区财政社会保障支出由 2002 年的 338.27 亿元增长到 2019 年的 3242.35 亿元,18 年仅仅增长了 9.6 倍,是四大区域中增长幅度最低的区域。从各区域社会保障支出占社会保障总支出比例来看,东北地区则是变动幅度最大的区域。相比其他三个区域,东北地区的社会保障支出比例呈现出总体下降的趋势,由 2002 年的 16.6% 低落至 2019 年的 11.52%,也成为四个区域变动率最大的地区。这在一定程度上说明东北地区老龄化程度较高,社会保障压力相对比较大。中央财政对社会保障的投入应继续向东北地区倾斜,进一步改善该地区的社会保障问题。

表 7 - 3　　　　　　　2002 ~ 2019 年中国四大区域社会保障支出情况

年份	总量	东部地区		中部地区		西部地区		东北地区	
		支出(亿元)	占比(%)	支出(亿元)	占比(%)	支出(亿元)	占比(%)	支出(亿元)	占比(%)
2002	2037.2	683.29	33.55	398.89	19.58	616.75	30.27	338.27	16.60
2003	2417.0	734.48	30.40	587.34	24.30	706.19	29.21	388.99	16.09
2004	2817.0	873.51	31.02	675.41	23.97	794.70	28.21	473.38	16.80

年份	总量	东部地区		中部地区		西部地区		东北地区	
		支出（亿元）	占比（%）	支出（亿元）	占比（%）	支出（亿元）	占比（%）	支出（亿元）	占比（%）
2005	3357.9	1072.32	31.94	775.16	23.08	926.47	27.59	583.95	17.39
2006	4005.5	1289.90	32.21	967.29	24.15	1077.93	26.91	670.38	16.73
2007	5104.5	1735.42	34.01	1228.83	24.07	1365.85	26.75	774.40	15.17
2008	6460.0	2101.06	32.54	1547.78	23.96	1912.72	29.60	898.44	13.90
2009	7851.8	2412.22	30.74	1868.59	23.79	2462.84	31.36	1108.15	14.11
2010	8680.3	2814.24	32.43	2067.67	23.82	2659.13	30.63	1139.26	13.12
2011	10606.9	3469.55	32.72	2469.02	23.27	3319.93	31.30	1348.40	12.71
2012	11999.8	3960.82	33.02	2795.31	23.29	3753.60	31.28	1489.91	12.41
2013	13849.7	4508.69	32.57	3294.55	23.78	4319.91	31.19	1726.55	12.46
2014	15268.9	4959.17	32.49	3619.36	23.70	4801.58	31.44	1888.79	12.37
2015	18295.7	6188.04	33.84	4321.49	23.62	5600.06	30.60	2186.11	11.94
2016	21591.0	7123.31	33.00	4815.74	22.30	6395.26	29.62	2375.49	11.00
2017	23490.2	8330.67	35.46	5263.52	22.41	7076.16	30.12	2819.89	12.00
2018	25827.5	9082.84	35.17	5953.40	23.05	7669.54	29.70	3121.76	12.09
2019	28147.59	10119.53	35.95	6497.64	23.08	8288.07	29.45	3242.35	11.52

资料来源：《中国财政年鉴》（2003～2020年）。

表7-3及表7-4表明，2007～2019年东北三省财政社会保障及就业支出由774.4亿元增长到3242.35亿元，13年增长4倍。从社保就业支出占财政支出比例来看，辽宁省从支出占比由2013年15.9%上升到2019年的25.1%，说明中央和地方政府都在积极解决辽宁省在社保资金的问题。

东北三省社会保险基金的覆盖人数逐年增多。选取五项保险中养老、医疗以及失业保险的参保率来看，养老保险在10年左右呈现大幅上涨态势。原因是2010年国家鼓励城乡居民参加社会养老保险，参保人数大幅增加。医疗保险人数也呈现明显递增趋势。相比养老和医疗保险，失业保险变化幅度不太明显，失业保险的领取率仍犹可观，吉林省和黑龙江省均降至1%左右浮动。

以辽宁省为例，2002～2020年辽宁省参加养老保险人数由1039.2万人增至3107.4万人。其中，参加城镇企职工基本养老保险人数由1039.2

表 7 - 4

2007～2019 年东北三省社会保障支出情况

省份	指标（亿元）	2007 年	2008 年	2009 年	2010 年	2011 年	2012 年	2013 年	2014 年	2015 年	2016 年	2017 年	2018 年	2019 年
辽宁	社保就业支出	403.0	470.0	518.1	579.8	657.4	727.7	824.0	895.9	995.1	1145.5	1340.5	1463.6	1441.3
	财政预算支出	1764.3	2153.4	2682.4	3195.8	3905.9	4558.6	5197.4	5080.5	4481.6	4577.5	4879.4	5337.7	5745.1
	占比（%）	22.8	21.8	19.3	18.1	16.8	16.0	15.9	17.6	22.2	25.0	27.5	27.4	25.1
吉林	社保就业支出	154.4	199.9	250.4	253.4	299.0	304.0	360.1	390.2	462.3	497.6	550.8	634.1	687.8
	财政预算支出	884.0	1180.0	1479.0	1787.0	2202.0	2471.0	2745.0	2913.0	3217.0	3586.0	3725.3	3789.6	3933.4
	占比（%）	17.5	16.9	16.9	14.2	13.6	12.3	13.1	13.4	14.4	13.9	14.8	16.7	17.5
黑龙江	社保就业支出	217.1	228.6	339.7	306.1	392.1	458.2	542.3	602.7	728.7	732.4	928.6	1024.1	1113.3
	财政预算支出	1187.3	1542.3	1877.7	2253.3	2794.1	3171.5	3369.2	3434.2	4020.7	4227.3	4641.1	4676.8	5011.6
	占比（%）	18.3	14.8	18.1	13.6	14.0	14.4	16.1	17.5	18.1	17.3	20.0	21.9	22.2

资料来源：《中国财政年鉴》（2008～2020 年）。

万人增至 2049.0 万人，参加城乡居民社会养老保险人数由 2006 年的 219.6 万人增至 1058.4 万人。

从全国水平来看，以 2020 年全国社会保险参保率为标准，全国基本养老保险参保率达 70.72%，基本医疗保险参保率为 96.40%，失业保险参保率达到 15.36%。东北地区中除了辽宁省的基本养老保险参保率及失业保险参保率与黑龙江省基本养老保险参保率达到全国平均标准外，其余参保率仍有较大差距（见表 7-5）。当前在社会保障上仍有经济支撑力相对不足的问题下，东北地区社会保障与民生压力仍然较大，因此根据规划东北三省把社会保障及民生工作当作"政府工程"来优先发展。

表 7-5　　　　　　　　2002~2020 年东北三省社会保险参保情况

年份	基本养老保险参保率（%）			基本医疗保险参保率（%）			失业保险参保率（%）			失业保险领取率（%）		
	辽宁	吉林	黑龙江	辽宁	吉林	黑龙江	辽宁	吉林	黑龙江	辽宁	吉林	黑龙江
2002	25.0	13.8	16.1	14.9	6.7	10.3	14.2	10.7	12.2	13.9	8.6	5.6
2003	25.7	16.1	17.4	16.8	8.7	11.4	15.0	11.0	12.6	10.8	5.5	2.6
2004	26.4	16.5	19.3	18.8	10.1	14.3	14.8	10.6	12.5	13.3	4.3	2.0
2005	28.5	17.1	20.1	20.6	10.6	15.8	14.5	7.5	12.0	7.7	3.8	2.2
2006	34.9	18.2	25.7	22.8	14.0	18.5	14.6	8.4	12.0	4.2	4.5	3.9
2007	35.9	18.9	26.7	25.7	15.9	19.7	14.7	8.5	12.1	3.2	6.1	3.3
2008	38.3	19.7	27.4	28.5	17.4	20.6	14.7	8.6	12.1	2.5	7.1	2.2
2009	39.2	20.7	28.0	31.7	17.9	22.3	14.7	8.9	12.3	2.1	5.9	2.0
2010	38.7	25.2	31.5	33.1	20.2	22.8	14.7	9.0	12.3	1.8	3.2	1.9
2011	54.3	36.9	33.7	35.2	20.4	23.0	14.9	9.1	12.4	1.5	2.1	1.5
2012	62.6	44.2	49.1	37.4	16.7	22.6	15.6	9.3	12.4	1.1	1.8	1.6
2013	65.5	48.5	49.0	38.3	21.5	22.6	15.6	9.7	12.4	1.1	2.1	1.5
2014	66.0	49.8	49.9	38.9	21.5	22.8	15.7	9.7	12.5	1.3	0.9	1.0
2015	66.5	51.0	51.1	39.0	21.6	22.9	15.7	9.8	8.2	1.5	0.8	1.2
2016	67.1	51.9	52.2	38.6	21.8	23.1	15.7	9.9	8.6	1.6	1.1	1.2
2017	69.2	58.7	60.2	52.8	52.8	85.1	15.8	10.1	9.3	1.5	1.1	1.3
2018	70.7	62.3	66.0	92.5	99.9	87.4	15.8	10.3	9.6	1.6	0.9	1.1
2019	72.1	64.7	70.1	91.1	97.9	87.2	15.6	10.5	10.0	1.9	0.9	1.0
2020	73.0	67.6	73.2	90.9	95.5	89.2	15.9	10.5	10.3	2.7	0.9	1.1

资料来源：《辽宁省统计年鉴》《吉林省统计年鉴》《黑龙江省统计年鉴》《中国统计年鉴》。

民生领域的突出问题制约东北地区整体竞争力的提升，逐渐影响着东北区域的改革发展稳定。因此，为有效促进东北地区实现产业结构优化以及城市转型升级，培育形成新的区域经济增长点和经济发展的内生动力，新一轮的东北振兴必须从改善民生抓起。《中共中央 国务院关于全面振兴东北地区等老工业基地的若干意见》中也提出要牢固树立并切实践行共享的发展理念，着力保障和改善民生的总体思路，切实实现人民生活水平和质量普遍提高，城乡居民收入增长和经济发展同步，基本公共服务水平大幅提升的发展目标。

二、东北地区共享发展面临的主要问题

习近平总书记在东北调研时在分析东北地区共享发展的形势及主要任务时，强调东北地区共享发展面临的突出问题集中在扶贫、社保和就业三个方面①。

1. 集中连片特困区的扶贫问题

在《中国农村扶贫开发纲要（2011—2020 年）》中，明确将集中连片特困区的全面脱贫作为扶贫政策的重点，提出到 2020 年实现全面脱贫的目标。连片特困区是中国 14 个发展相对滞后，扶贫开发任务艰巨的集中连片特殊困难地区，包括大兴安岭南麓山区、六盘山区、秦巴山区、武陵山区、乌蒙山区等区域和明确实施特殊扶贫政策的四省藏区、新疆南疆三地州和西藏地区等，是中国脱贫攻坚的主战场。这些区域的农民人均纯收入低于全国平均水平的一半，在全国收入最低的 600 个县中，有 521 个县在这一区域内，约占 86.8%。其中东北地区集中连片特困区为大兴安岭南麓山区，覆盖了黑龙江、吉林和内蒙古自治区的 19 个县（旗），包括兴安盟、白城、齐齐哈尔和大庆的部分地区。"十三五"时期既是全面建成小康社会的决胜期，也是连片特困区全面脱贫的攻坚期。自 2011 年实施连片特困区扶贫政策以来，宏观层面的扶贫开发政策与微观层面的精准扶贫实践相结合，取得了重要的成果，

但集中连片特困区面临的脱贫任务仍十分艰巨。其中，内蒙古自治区的兴安盟，2016 年贫困人口 8.1 万人，占全区贫困人口的 15%，少数民族贫困人口占 80%。是内蒙古自治区贫困面积最广、贫困人口最集中、贫困程度最深、脱贫难度最大的地区。白城市于 2012 年被整体纳入大兴安

---

① 习近平在东北三省考察并主持召开深入推进东北振兴座谈会 [EB/OL]. 中华人民共和国中央人民政府，2018 - 09 - 28.

岭南麓片区，是吉林最贫困地区之一。2016 年，白城市贫困发生率为 8.9%，是吉林省平均水平的 2.7 倍，全国平均水平的 1.6 倍。大兴安岭南麓片区还包括齐齐哈尔市的龙江县、泰来县、甘南县、富裕县、克东县、拜泉县和大庆市的林甸县。其中，齐齐哈尔是黑龙江省重点扶贫地区，2016 年有贫困村 310 个，共有贫困人口 25.6 万人。

2. 农民工等非正规就业群体的社会保障问题

东北地区在解决农民工等非正规就业群体社会保障问题时面临两个特殊性：一是改革开放过程中的国有企业下岗职工形成的非正规就业群体；二是城市化过程中，由乡村向城市迁移的农民工群体形成的非正规就业群体。这些群体的劳动安全保障、失业保险和社会保障等缺失，会引发社会排斥、劳资冲突、贫困化及居住条件恶劣等严重的经济社会问题。同时，农民工等非正规就业群体由于工作性质的特殊性，导致难以获得劳动法等相关法律的保护，从而在产生劳动纠纷时缺少法律的保护，会加剧劳资矛盾。而且在非正规就业群体中有较高比例的贫困群体，社会保障的缺失会加剧贫困群体面临的各种风险，如失业风险、疾病风险、因工导致的伤残风险和养老风险等，由于贫困群体及其家庭相对脆弱的经济能力，难以有效应对上述风险，从而引发经济社会问题。如根据 2014 年对全国农民工群体的抽样调查数据显示，有一半以上的农民工没有签订正式的劳动合同，参与公共服务保障体系的比率低于30%，特别是女性农民工群体获得生育险的比重低于 10%。

这些劳动者在遭遇上述风险时，往往会由于社会保障的缺少，导致农民工群体生活陷入困境，或难以在城市立足。公共服务保障的缺失还会导致非正规就业群体面临较严重的安全威胁，主要是因为非正规就业群体的工作场所通常工作环境较差，劳动强度较大，且劳动者在工作过程中可能会接触到有毒物质。非正规就业部门的雇主缺少对劳动者的保护和劳动者本身缺少对职业安全和健康风险的重视，会对劳动者的健康造成损害，甚至导致劳动者的伤残或死亡，对劳动者及其家庭造成严重影响，从而将引发较严重的社会问题。

对于非正规就业群体来说，公共服务保障缺失的另一个主要影响是由于频繁从事不同的工作岗位，导致劳动者缺少职业技能的提升，从而使非正规就业群体陷入流动频繁，工作持续时间短暂的循环过程中。对于非正规就业群体来说，难以形成职业生涯规划，不利于劳动者建立稳定的家庭和为子女提供适宜的成长环境。从长期来看，人力资本积累的缺失会造成非正规就业群体的社会地位的固化，劳动者将缺少激励，长期停留在城市的社会底层，带来大量的社会问题，并通过对其子女生活条件和观念的影响，容易产生代际传递。

3. 东北地区结构调整和企业重组下的就业问题

就业是共享发展的根本问题。由于近年来东北地区经济结构调整和国有企业重组，加之民营经济和中小企业发展相对缓慢，就业形势非常严峻。主要表现为劳动力总量供过于求，就业岗位严重不足；结构性就业矛盾较为突出，有人无岗、有岗无人的现象严重；企业下岗职工仍然存在；农村剩余劳动力向城镇转移规模加大，进一步增加了城镇就业压力。东北地区在今后相当长时期内就业形势仍将十分严峻，已经成为对老工业基地振兴产生全局性影响的重大经济和社会问题。

失业、下岗职工普遍存在着年龄偏大、文化水平偏低、技术能力差等不足。据辽宁省统计局对 1500 名国有企业失业、下岗人员进行抽样调查，在下岗人员中，30~40 岁年龄段的占总人数的 71%；女性占 61%，其中30~49 岁的中年女性占女性的 52%；初中以下人员占 67%，无技术等级者占 84%；16~30 年工龄的占 63%。这一部分人是就业困难群体。由于大多数下岗职工文化偏低、技能单一、就业机会少，局限于从事技术要求较低、临时性、季节性的工作，因此，目前的就业稳定性也不高。

特别是经济全球化导致对外开放水平的提高、劳动力流动的增加以及第四次工业革命和由此引发的经济和社会变革，加剧了老工业地区的就业压力。外部冲击在不同劳动群体间的影响是不对称的，其中青年群体，特别是女性青年群体在劳动力市场中处于弱势，受经济增速减缓的影响较大。青年劳动者的失业率远高于成年劳动者的失业率，尽管教育的质量不断得到改善，但青年劳动者失业率较高的情况是普遍存在的，并由此引发一系列社会问题。尽管政府高度重视青年群体的就业问题并采取缓解问题的政策，但青年群体在经济增长调整期仍面临大量的就业问题或不利条件。

第三节　东北地区共享发展的制约因素分析

一、连片特困区扶贫的制约因素分析

研究中以大兴安岭南麓集中连片特困区的 19 个县为研究对象，运用2006~2017 年的统计数据，探究了包容性金融对贫困减缓的影响。样本数据来源于《中国统计年鉴》、《中国金融年鉴》、内蒙古、黑龙江、吉林三省市的统计年鉴及金融年鉴、《中国区域经济统计年鉴》、《中国县市社会经济统计年鉴》。

1. 变量选取

（1）贫富差距（wpg）：贫富差距问题一直是各国研究者关注的热点，其测度指标有基尼系数和贫富差距比值，但此二指标都忽略了城乡人口数量对贫富差距的影响，且基尼系数主要对中等阶层的收入变化敏感，对两极阶层的收入变化较迟钝，这与贫富差距这一指标的测量本意有出入。泰尔指数恰恰弥补了这一不足，泰尔指数主要反应两极阶层的收入变化，故此处选择泰尔指数测度贫困减缓指标。具体计算公式如下：

$$WPG_{i,t} = \sum_{m=1}^{2} \left[\frac{G_{i,m,t}}{G_{i,t}} \right] \times \ln \left[\frac{G_{i,m,t}}{G_{i,t}} \Big/ \frac{S_{i,m,t}}{S_{i,t}} \right] \tag{7.1}$$

其中，$m=1$ 代表城镇，$m=2$ 代表农村。$WPG_{i,t}$ 为第 i 个省份在 t 时期的泰尔指数。$G_{i,m,t}$ 为第 i 个省份在 t 时期的城镇或农村总收入。$G_{i,t}$ 为第 i 个省份在 t 时期的城乡收入总额。$S_{i,m,t}$ 为第 i 个省份在 t 时期的城镇或农村总人口数。$S_{i,t}$ 为第 i 个省份在 t 时期的城乡总人口数。该指标越大，说明贫富差距越明显。

（2）教育水平（edu）：从教育水平这一指标可以看出各地区的人力资本差异。鉴于我国已普及九年义务教育，且财政拨款是筹集教育经费的主要途径，因此以教育支出/财政支出来计算。

（3）金融发展水平（fin）：国外相关文献早前提出过一些测度方法，如 Honohan（2016）用开办银行账户的家庭数占总家庭数的比率来测度这一指标。考虑到大兴安岭南麓片区的实际情况，本文引入金融发展深度（fd）和金融发展宽度（fs）这两个子维度。其中，金融发展深度以银行业务的利用度表示，即用存贷款总额/GDP 来计算；金融发展宽度以非银行业务的覆盖率表示，即（国内债券余额 + 股票市值 + 保费收入）/金融总资产来计算。

（4）农业收入水平（agr）：我国集中连片的贫困地区仍然以农村为主，贫困群体的经济来源仍以农业收入为主，因此，以农业总产值/GDP 来计算此指标。

（5）产业结构（ind）：用第二、第三产业增加值占 GDP 的比值来计算。

（6）贸易开放度（open）：用各县对外进出口总额/各县 GDP 总额来计算。

各指标的描述性统一如表 7 - 6 所示。

表 7 - 6　　　　　　　　　　　　各指标变量的描述统计量

指标	观测值	平均值	标准差	最小值	最大值
贫富差距（wpg）	228	0.5771	0.1652	0.1141	0.7592
金融发展深度（fd）	228	4.8791	0.3121	4.1322	5.4552
金融发展宽度（fs）	228	1.7768	0.6452	0.7891	2.8946
贸易开放度（open）	228	0.3297	0.2938	0.0312	1.3126
产业结构（ind）	228	0.7793	0.0624	0.5886	0.894
教育水平（edu）	228	2.4327	0.2983	1.7669	3.1102
农业收入水平（agr）	228	3.2251	0.2593	2.7782	3.7923

2. PVAR 估计原理及模型设定

（1）PVAR 模型原理。

向量自回归模型（VAR）在时间序列数据的分析中应用广泛，模型的内生变量即为设置的各个变量，解释变量为设置的各个变量的滞后项。VAR 模型的应用要求数据的年限跨度较长，而由于数据搜寻上的限制，往往无法满足 VAR 模型的使用条件。而面板向量自回归模型（PVAR）则恰恰放宽了这一限制。PVAR 模型在分析研究时综合了时间序列和面板数据的优点：其一，PVAR 模型对数据跨越年限的长度要求较低，只需 T ≥ m + 3（T 为时间序列的年限长度，m 为滞后项的年限长度）即可；其二，PVAR 模型将模型设置的各个变量的滞后项全部考虑在内，避免了内生性问题；其三，通过后续的方差分解，可深入剖析变量间的相互作用。

（2）PVAR 模型设定。

为探究贫困减缓和各因素之间的关系，可将四变量 PVAR 模型设定如下：

$$y_{i,t} = \alpha_i + f_t + \sum_{j=1}^{P} A_j y_{it-j} + \varepsilon_{i,t}; \quad i = 1\cdots19; \quad t = 1\cdots12 \qquad (7.2)$$

其中，i 和 t 分别代表贫困县和年份。

$y_{it} = (wpg_{it}, fd_{it}, fs_{it}, open_{it}, ind_{it}, edu_{it}, agr_{it})$ 为 7×1 维向量。A_j 为 7×7 维系数矩阵，α_i 为 7×1 维个体效应向量，f_t 为 7×1 维时间效应向量，ε_{it} 为随机扰动项，满足均值为零的条件，即 $E(\varepsilon_{it} \mid \alpha_i, f_i, y_{it-1}, y_{it-2}, \cdots) = 0$。

对于模型中的时间效应向量 f_t，应运用横截面均值差分消除时间效应，避免自相关造成的估计偏差；对于模型中的固定效应向量 α_i，应运用"前向均值差分法"消除固定效应，并运用广义矩估计方法获取的 A_j 一致估计量。

3. 单位根检验与格兰杰因果检验

（1）单位根检验。

面板数据非平稳将会产生伪回归，进而影响到后续步骤结果的准确性。因此，首先对数据的平稳性进行检验，本文分别运用 LLC 检验、IPS 检验和 ADF - Fisher 检验这三种方法对面板数据进行单位根检验，结果如表 7 - 7 所示。

表 7 - 7　　　　　　　　　　　面板数据单位根检验结果

变量	LLC 检验	IPS 检验	ADF - Fisher 检验
wpg	- 29. 3327 *** 0. 0000	13. 1229 - 1. 0000	15. 3483 - 1. 0000
fd	- 9. 2237 0. 0000	- 0. 8824 - 0. 2563	142. 7713 *** 0. 0000
fs	- 5. 3823 0. 0000	- 0. 7782 - 0. 3141	136. 9938 *** 0. 0000
open	- 7. 6769 *** 0. 0000	- 0. 7714 - 0. 1889	74. 9923 ** - 0. 0241
ind	- 4. 9838 *** 0. 0000	4. 2236 - 0. 1128	65. 3832 - 0. 6251
edu	- 3. 4467 *** 0. 0000	4. 2256 - 1. 0000	14. 8924 - 1. 0000
agr	- 1. 2318 * 0. 0586	7. 3342 - 1. 0000	12. 8931 - 1. 0000
D. wpg	- 13. 4649 *** 0. 0000	- 5. 7795 *** 0. 0000	- 250. 6781 *** 0. 0000
D. fd	- 3. 2247 *** 0. 0014	- 5. 6562 *** 0. 0000	187. 9231 *** 0. 0000
D. fs	- 5. 4492 *** 0. 0000	- 4. 8758 *** 0. 0000	167. 3325 *** 0. 0000
D. open	- 15. 2315 *** 0. 0000	- 3. 4482 *** 0. 0000	170. 3346 *** 0. 0000
D. ind	- 14. 2931 *** 0. 0000	- 4. 8892 *** 0. 0000	289. 6761 *** 0. 0000
D. edu	- 9. 3932 *** 0. 0000	- 3. 9724 *** 0. 0000	210. 6712 *** 0. 0000

变量	LLC 检验	IPS 检验	ADF – Fisher 检验
D. agr	– 11. 4773 *** 0. 0000	– 4. 5692 *** 0. 0000	189. 7735 *** 0. 0000

注：＊代表显著水平，＊为 10% 以下、＊＊为 5% 以下、＊＊＊为 1% 以下。

由表 7 – 7 可知，不同的检验方法得出的变量平稳性检验结果有所不同。在 1% 的显著性水平下，wpg、open、ind、edu 只在 LLC 检验中平稳，在另外两种检验方法中均显示非平稳。fd、fs 也仅在 ADF – Fisher 检验下平稳。而七个变量一阶差分后，在三种检验方法下均呈现出平稳性特征，故模型中的各个变量满足一阶单整。

（2）格兰杰因果检验。

研究包容性金融与城乡收入差距之间的作用关系时，首先应理清金融包容发展水平是不是影响贫富差距的原因，或者贫富差距是否会导致包容性金融水平的变化，并判断相关控制变量的选取是否合理，是否真正影响贫富差距。格兰杰因果检验可以用于解决上述问题，检验结果如表 7 – 8 所示。

表 7 – 8　　　　　　　　　　格兰杰因果检验结果

	自变量	因变量	F 值	P 值		自变量	因变量	F 值	P 值
1	D. wpg	D. fd	1. 1570	0. 316	15	D. fs	D. edu	0. 0340	0. 853
2	D. wpg	D. fs	0. 0089	0. 924	16	D. fs	D. agr	2. 6136	0. 095
3	D. wpg	D. open	2. 4587	0. 141	17	D. open	D. wpg	1. 1516	0. 334
4	D. wpg	D. ind	4. 2520	0. 044	18	D. ind	D. wpg	4. 1953	0. 045
5	D. wpg	D. edu	0. 6117	0. 434	19	D. edu	D. wpg	5. 5122	0. 025
6	D. wpg	D. agr	0. 6910	0. 409	20	D. agr	D. wpg	4. 6362	0. 031
7	D. fd	D. wpg	6. 1533	0. 021	21	D. open	D. fd	0. 1000	0. 750
8	D. fd	D. open	2. 0646	0. 183	22	D. ind	D. fd	0. 9122	0. 340
9	D. fd	D. ind	3. 6579	0. 056	23	D. edu	D. fd	0. 1527	0. 698
10	D. fd	D. edu	1. 4360	0. 230	24	D. agr	D. fd	3. 4417	0. 066
11	D. fd	D. agr	3. 7617	0. 052	25	D. open	D. fs	0. 0184	0. 892
12	D. fs	D. wpg	3. 9585	0. 047	26	D. ind	D. fs	0. 1889	0. 664
13	D. fs	D. open	0. 8166	0. 366	27	D. edu	D. fs	0. 0572	0. 812
14	D. fs	D. ind	4. 5572	0. 036	28	D. agr	D. fs	3. 5662	0. 059

注：＊代表显著水平，＊为 10% 以下、＊＊为 5% 以下、＊＊＊为 1% 以下。

由表 7-8 可知，在 10% 的显著性水平下，接受 wpg 不是 fd、fs 的格兰杰原因。

这一假设，在 5% 的显著性水平下，拒绝 fd、fs 不是 wpg 的格兰杰原因这一假设。即 fd、fs 均是 wpg 的格兰杰原因，而 wpg 不是 fd、fs 的格兰杰原因。因此，包容性金融水平会影响贫富差距，而贫富差距则不会对包容性金融水平产生影响。而在 5% 的显著性水平下，贫富差距（wpg）与产业结构（ind）两者间互为格兰杰因果关系，教育水平（edu）和农业收入水平（agr）均是贫富差距（wpg）的格兰杰原因。在 10% 的显著性水平下，包容性金融水平（fd、fs）与农业收入水平（agr）两者之间互为格兰杰因果关系，其他控制变量均不能引起包容性金融水平（fd、fs）的变动，而包容性金融水平（fd、fs）能够解释产业结构（ind）的变动。

4. 阶数选择和参数估计

运用建立的 PVAR 模型来推断最佳滞后阶数，并通过广义矩估计得出回归系数。根据 AIC 准则、BIC 准则和 HQIC 准则，此处试探性地分析了滞后 1 阶、滞后 2 阶和滞后 3 阶的情况，如表 7-9 所示。

表 7-9 各准则下的滞后阶数

滞后阶数	AIC	BIC	HQIC
1	22.5761	25.8782 *	23.3421 *
2	21.8214	26.0768	23.7585
3	21.0312 *	26.9218	24.4658

注：（1）表示滞后一期的变量，括号内数值为 T 检验值。
（2）* 代表显著水平，* 为 10% 以下。

表 7-9 给出了 AIC、BIC 和 HQIC 准则下滞后 1 至 3 阶的对应值，标记 * 号的值对应的阶数即为该准则下应选取的阶数。由表中数据可知，BIC 和 HQIC 准则下应选取滞后 1 阶，而 AIC 准则下偏向于选取滞后 3 阶。根据模型选取的简练性原则，BIC 和 HQIC 选择的模型优于 AIC 下的模型选择，故最优滞后阶数为 1 阶。PVAR 模型方程为：

$$y_{i,t} = \alpha_i + f_t + A_1 y_{i,t-1} + \varepsilon_{i,t}; \quad i = 1\cdots19, \ t = 1\cdots8 \tag{7.3}$$

$y_{it} = (D.\ wpg,\ D.\ fd,\ D.\ fs,\ D.\ open,\ D.\ ind,\ D.\ edu,\ D.\ agr)^T$ 是贫富差距，金融发展深度，金融发展宽度，贸易开放度，产业结构，教育水平，农业收入水平的一阶差分值这七个变量组成的列向量。由于一阶差分后会损失一个自由度，故 t 由 1 取至 8。

而后，通过 GMM 方法估计出各变量对 wpg 的回归结果如表 7 – 10 所示。

表 7 – 10   PVAR 模型 GMM 统计结果

变量名称	D. wpg
L1 h_D. wpg	0. 4524 *** （2. 69）
L1 h_D. fd	− 0. 0812 ** （− 2. 13）
L1 h_D. fs	− 0. 0041 ** （− 2. 26）
L1 h_D. open	0. 0116 （1. 32）
L1 h_D. ind	0. 1614 * （1. 72）
L1 h_D. edu	− 0. 1192 （− 1. 65）
L1 h_D. agr	− 0. 1473 ** （− 2. 50）

注：（1）L 表示滞后一期的变量，括号内数值为 T 检验值。
（2）*代表显著水平，* 为 10% 以下、** 为 5% 以下、*** 为 1% 以下。

由前述格兰杰因果检验结果可知，包容性金融能够影响贫富差距的变化，而贫富差距并不是导致包容性金融水平变化的原因，故此处也略去了贫富差距对包容性金融水平的回归结果。

由表 7 – 10 可知，在 1% 的显著性水平下，贫富差距的一阶滞后项对当期贫富差距的作用系数为 0. 4525，即贫富差距的一阶滞后项每增大 1 个单位，会使得当期贫困差距增大 45. 25%。所以，贫富差距作用的持续性较强，其滞后项会对当期值产生显著的影响。

在 5% 的显著性水平下，包容性金融水平的两个子维度（金融发展深度 fd、金融发展宽度 fs）的一阶滞后项均对贫富差距产生了负向作用，即包容性金融水平的不断深化会使贫富差距有所减小。其中，金融发展深度对贫富差距的作用系数为 − 0. 0812，即金融发展深度每增大 1 个单位，会使贫富差距减少 0. 0812 个单位。而金融发展宽度的影响贫富差距的系数为 − 0. 0041，即金融发展宽度每增大 1 个单位，仅会使贫富差距缩小

0.41%，影响效果极其微小。所以，包容性金融对贫富差距的负向影响主要是通过金融发展深度这一维度实现的，金融发展宽度的作用还有待加强。

其他控制变量中，贸易开放度（open）和产业结构水平（indu）对贫富差距的作用系数为正，教育水平（edu）和农业收入水平（agr）对贫富差距的作用系数为正，即进出口总额与 GDP 的比值、第二、第三产业增加值与 GDP 的比值增大会使贫富差距拉大，教育支出与财政支出的比值、农业总产值与 GDP 的比值增大会使得贫富差距有所减小。

5. 方差分解

要测度各个变量对贫富差距作用的相对贡献，则需要进行方差分解。由上述分析可知本文研究方向为包容性金融对贫富差距的影响，故此处表 7 - 11 仅列出了对 wpg 的方差分解结果。

表 7 - 11   wpg 的方差分解结果

	D. wpg	D. fd	D. fs	D. open	D. ind	D. edu	D. agr
1	1.0000	0	0	0	0	0	0
2	0.903	0.012	0.002	0.009	0.029	0.020	0.025
3	0.875	0.025	0.002	0.010	0.033	0.023	0.031
4	0.862	0.029	0.002	0.010	0.035	0.025	0.034
5	0.854	0.031	0.002	0.010	0.035	0.025	0.040
6	0.851	0.031	0.002	0.010	0.035	0.025	0.042
7	0.851	0.031	0.002	0.010	0.035	0.025	0.042
8	0.851	0.031	0.002	0.010	0.035	0.025	0.042
9	0.851	0.031	0.002	0.010	0.035	0.025	0.042
10	0.851	0.031	0.002	0.010	0.035	0.025	0.042

由表 7 - 11 结果可得，贫富差距对自身的作用很强，第一期时 wpg 的变动均由自身变动所致，随着期数的增加，其影响逐渐分解到其他的变量，至第六期稳定时仍对自身有 85.1% 的影响，故贫富差距对其自身的作用具有很大的惯性。金融发展深度对贫富差距的贡献作用在稳定时达到了 3.1%，金融发展宽度对贫富差距的贡献作用仅为 0.2%，即综合起来的包容性金融水平对贫富差距的贡献作用为 3.3%，所以包容性金融水平的分解程度并不大，这一数值大于对外开放程度和教育水平的影响，小于产业

结构水平和农业收入水平的影响。此结果表明大兴安岭南麓集中连片特困区的包容性金融水平仍处于初级阶段，金融发展深度和金融发展宽度的作用力度远远达不到应有的效果，包容性金融体系有待进一步建立和健全，以进一步激发包容性金融的减贫效应。

6. 稳健性检验

上述分析可知所有数据均为一阶平稳序列，且以上分析探究了滞后一阶的变量对当期变量的作用，并没有涉及当期值对当期变量的影响，故此处运用相关数据进一步作出静态面板估计，用以检验上述结论的稳健性。

（1）静态模型的设定。

基于静态面板的回归模型设定如下：

$$wpg_{it} = \alpha_1\,fd_{it} + \alpha_2\,fs_{it} + \alpha_3\,open_{it} + \alpha_4\,indu_{it} + \alpha_5\,edu_{it} + \alpha_6\,agr_{it} + \beta_i + \alpha_t + \varepsilon_{it}$$
$$(7.4)$$

其中，i 代表大兴安岭南麓片区的各贫困县，t 为各时期。wpg_{it} 为第 i 个贫困县在第 t 时期的贫富差距，fd_{it} 为第 i 个贫困县在第 t 时期的金融发展深度，fs_{it} 为第 i 个贫困县在第 t 时期的金融发展宽度，$open_{it}$ 为第 i 个贫困县在第 t 时期的贸易开放度，$indu_{it}$ 为第 i 个贫困县在第 t 时期的产业结构水平，edu_{it} 为第 i 个贫困县在第 t 时期的教育水平，agr_{it} 为第 i 个贫困县在第 t 时期的农业收入水平。各变量的具体计算方法同上。β_i 为不随时间变化的各贫困县的地区固定效应，α_t 为不随各贫困县变化的时间固定效应，ε_{it} 为随机误差项。

（2）静态模型估计结果。

此处分别运用混合面板模型、固定效应模型、随机效应模型这三种方式对数据进行回归，具体结果如表 7 - 12 所示。

表 7 - 12　　　　　　　　　静态面板选择结果

解释变量	混合面板模型	固定效应模型	随机效应模型
fd	0.4729391 *** 0	− 0.0865213 ** （− 0.014）	− 0.0389264 （0.489）
fs	0.0038291 （− 2.57）	− 0.0037424 ** （− 0.023）	− 0.0035592 （− 0.247）
open	0.0098268 （− 2.13）	− 0.0102391 （0.483）	− 0.0113617 （− 0.216）

解释变量	混合面板模型	固定效应模型	随机效应模型
ind	0.3079113 ** （0.039）	0.3281172 ** （0.029）	0.3356185 * （0.098）
edu	0.2968217 （-2.86）	-0.1241285 * （-0.096）	-0.1092863 （-0.295）
agr	-0.1902797 *** 0	-0.1792832 *** 0	-0.1811293 *** （-0.008）
常数项	0.5112946 *** 0	0.8113792 *** 0	0.7968287 *** 0
调整 R^2	0.8921	0.8892	0.8779
F 统计量	386.79	332.18	1247.79
P 值	0	0	0
Hausman 统计量	84.57		

注：*代表显著水平，* 为 10% 以下、** 为 5% 以下、*** 为 1% 以下。

由表 7-12 所示，固定效应模型 F 检验的 P 值为 0，拒绝原假设 H0：所有 $u_i = 0$，结果表明固定效应模型优于混合面板模型，各个贫困县的截距项各不相同。然而，此处并没有使用聚类稳健标准差，故这里 F 检验无效。同样，随机效应模型的 F 检验的 P 值也为 0，也可得出拒绝混合面板模型这一结论。此时，运用 Hausman 检验来判定使用固定效应模型还是随机效应模型，因为 P 值为 0，拒绝原假设 H0：u_i 与 x_{it}，z_{it} 不相关，检验结果表明应选择固定效应模型，故拒绝随机效应模型。

由表 7-12 的第三列数据可知在固定效应模型下各变量的系数。在 5% 的显著性水平下，金融发展水平的两个子维度（金融发展深度和金融发展宽度）都对贫富差距产生了负向作用。其中，金融发展深度的作用系数为 -0.0865，即金融发展深度每增大 1 个单位，会使得贫富差距缩小 8.65%；金融发展宽度的作用系数为 -0.0037，即金融发展宽度增加 1 单位仅会使贫富差距缩小 0.37%。所以综合来看，包容性金融水平与贫富差距是负相关关系，即包容性金融水平的深化有利于贫富差距的缩小，这与前述 PVAR 模型的结果是一致的。

研究中选取大兴安岭南麓集中连片特困区的 19 个贫困县作为研究对象，运用 2006~2017 年的相关数据进行了实证研究，主要得出如下结论：一是在 2006~2017 年，随着包容性金融发展水平的提高，贫困程度有所降低，而且呈现19个县贫困水平普遍降低的特征，可见包容性金融发展有利于实现扶贫由靶向干预逐渐转化为系统推进，由碎片化扶贫转变为系统化扶贫。二是包容性金融水平能够对贫富差距产生负向作用，而贫富差距的变化对包容性金融水平的影响并不显著。且包容性金融水平的两个子维度的一阶滞后项对贫富差距的影响均为负，其中，金融发展深度的影响系数远大于金融发展宽度的影响系数，即包容性金融水平对贫富差距的影响主要是通过金融发展深度这一渠道来实现的，金融发展宽度的作用微乎其微。三是从横向来看，在各类影响贫富差距的因素中，包容性金融水平的减贫效应相对较小，贫困自身持续性、产业结构水平、教育水平和农业收入水平对贫富差距的影响均大于包容性金融水平对贫富差距的影响。

从上述结论中不难得出如下政策启示：一是相比金融发展宽度，金融发展深度减贫效应更加显著。所以，特困区在大力发展银行类金融业务的同时，也应弥补非银行金融业务缺失这一短板，这就需要政府出台相关政策引导和支持非银行金融业务在特困区的发展，从而加强包容性金融发展的减贫效应。二是虽然包容性金融发展的减贫效应较为显著，但作用力度有限。因此，政府应保持金融政策的持续性，为特困区提供一个稳健的金融环境，并整合财政、金融等多方力量，建立健全集中特困贫困区的包容性金融发展体系，使其减贫效果进一步得到释放。三是包容性金融发展有效促进了宏观层面的扶贫开发政策与微观层面的精准扶贫实践的有效结合，推动扶贫由靶向干预转变为系统推进，由碎片化扶贫转变为系统化扶贫。

二、非正规就业群体实现共享发展的制约因素分析

1. 处于利润率较低的传统产业

非正规就业群体是传统经济向现代经济转化过程的产物。在经济演化过程中，传统的经济部门，特别是小商品交易者、规模较小的产品生产者和相对广泛的临时工人被吸收入现代经济部门。但是在这一过程中，出现了分布广泛的不充分就业，特别是在发展中国家，问题更为突出。在这些国家，传统经济部门，特别是上述提到的小商品交易者、生产者和临时工人并没有如预期一样萎缩，相反演化成为小规模的、有利可图的非注册的非正规就业部门企业。非正规就业群体与正规就业群体从事同样的工作，但在工资收入上存在差异，而且很多非正规就业群体是自谋职业者。非正规就业群体的另一个主要特征是其工作岗位的合理程度，即工作岗位是否提供给劳动者以相对稳定和合理的报酬。上述观点又被称为二元论观点，

即非正规就业部门被看做是二元劳动力市场中的次要部分。与正规就业部门之间不存在直接的联系。这一观点主要来源于刘易斯的研究成果。非正规就业部门是发展中国家经济发展演化过程中残存的部门，其存在的原因主要是正规就业部门不能够为一部分劳动者提供就业岗位。而随着经济的不断发展和经济转型的完成，非正规就业部门将彻底地被正规就业部门所吸纳。

2. 难以实现生产的规模经济性

非正规就业部门包含了在现实中存在的各种各样的经济和社会条件下的非正规就业部门，是由小规模的企业和未登记的劳动者组成，与大规模企业之间存在从属关系。正规就业部门和非正规就业部门之间不是简单地一分为二，而是一种竞争的关系。非正规就业部门与正规就业部门之间存在相互依赖关系，且由于生产的分散化导致难以实现规模经济。波特思和卡斯特（Portes & Castells）是这一观点的主要代表学者，他们认为非正规就业部门中的小企业和未注册劳动者为正规就业部门提供了廉价的劳动力和廉价的投入品，因此提高了正规就业部门的竞争力。在该观点中，经济增长不可能消除非正规就业部门，因为非正规就业部门是与资本积累方式存在本质联系的。根据这种观点，现代企业在全球化的过程中会通过引入更灵活的生产体系来提高竞争力，并通过外部采购来最大限度降低企业成本。而只有非正规就业部门能够满足全球产业链所需要的对灵活生产体系的稳定需求。

3. 非正规的经营方式

非正规就业群体是由小微企业家组成，这些企业家更倾向于选择非正规的经营方式来避免因为登记而带来的成本，这一观点的主要建立者是帕卡德和马洛尼（Packard & Maloney）。该观点强调只要注册的成本或其他政府管理费用超过了该正规就业部门的收益，这些小微企业家就可能选择成为非正规就业群体。非正规就业部门对经济增长的影响主要表现为一旦政府实施有利的规制改革或降低税收负担，这些非正规就业部门就会通过转化为正规就业部门，来促进经济增长和劳动者生活水平的提高。与前述观点相比较，该观点指出了非正规就业部门对于非正规就业群体的潜在的吸引力以及这些劳动者离开正规就业部门的主要原因，即遵循成本收益的基本原则。

4. 工资品和分包制度等影响因素

非正规就业部门作为自发的分割市场，可以为城市低收入群体提供就业岗位。同时非正规就业部门生产的商品和服务由于价格较低，可以提供给其他非正规就业部门的劳动者及其家庭。在这种情况下，会形成分割市场，减少了与正规就业部门之间的联系。在产出端，非正规就业部门与正规就业部门的从属关系体现在工资品的销售、分包制度以及个人服务方面。其中工资品是指劳动者在获得工资后必需要购买的商品，这些商品通常是需求价格弹性较低的生活必需品。凯恩斯就业理论认为相对于货币实际价值，工资品的价格上升将出现愿意工作的劳动者数量和劳动需求量都大于现有就业量的情况，而工资品价格的降低将促进就业率提高。工资品也被界定为自身价格可以决定货币工资效用的商品。非正规就业部门向正规就业部门的劳动者出售较低价格的工资品会导致正规就业部门的企业获得更多的利润，这些利润是通过降低正规就业部门劳动者的工资水平获得的，因为正规就业部门通过非正规就业部门可以购买更低价格的工资品。工资品的低价格反过来使过剩劳动力的存在成为可能。如果正规就业部门的工资水平会由于该部门生产力的增长而获得提高，会通过劳动力的流动实现收益的转移。另外由于工资品大部分为食品原材料，会使城市非正规就业部门的经济行为成为一种媒介，而不是廉价食品的主要供货者。

除工资品外，分包制度也是一个重要因素。因为廉价的中间商品的销售使正规就业部门的企业可以在生产过程中通过把部分生产任务外包给非正规就业部门扩大利润率。非正规就业部门将其生产的产品卖给提供分包生产任务的大企业，通常会获得与持续工作岗位工人从事同样工作相比，相对较低的收入。

最后一个重要因素是个人服务。由于劳动力供给的过剩，缺少其他工作机会以及较低的收入弹性导致提供个人服务的非正规就业群体仅能获得较低的，且增长相对停滞的收入。总的来看，非正规就业部门与正规就业部门的从属关系以及对正规就业部门的依赖程度会影响供给的来源和非正规就业部门产品市场以及相应的价格。非正规就业部门由于缺少足够的渠道与可靠的企业建立联系，因此其购买商品的价格通常相对较高。而非正规就业部门出售的商品和服务通常价格较低。在上述两种情况下，价格都将趋向稳定，而在非正规就业部门外，市场会控制价格变化。非正规就业部门对正规就业部门的这种从属关系主要集中的产业是非正规就业部门购买正规就业部门的商品，在零售市场出售，以及提供相应的服务。考虑到市场份额将趋于减少以及由于过剩劳动力使平均收入下降导致非正规就业部门的扩张难以持久，其增长将趋于内卷化，即非正规就业部门的增长表现为无突变式变化，无渐进式增长，长期在一个简单层面上的自我重复，导致非正规就业群体收入难以提高，陷入贫困化的风险增加。同时这种内卷化效应是难以避免的，主要是因为非正规就业群体在与正规就业群体竞争时具有内在的劣势，由此非正规就业群体的贫困风险提高不仅是非正规就业部门的内部因素所形成，而且是核心经济在积累过程中形成的。

三、东北地区青年群体和下岗职工再就业的制约因素分析

1. 产业结构转变和劳动力转移增加城市就业压力

从三次产业的就业构成来看，劳动者由农业部门向工业和服务业部门转移的趋势非常明显，服务业和小微企业发展迅速，对就业的贡献不断增加。2020年第三产业吸纳的劳动人口占总人口的47.7%，第一产业吸纳劳动人口占总人口的比重降低到23.6%，与此相比，在改革开放时的1978年，第一产业吸纳劳动人口占总人口比重为70.5%[①]。当前的就业结构是东北地区产业结构调整的直接反映，在制造业部门的就业相对稳定，农业就业率相对较低，而服务业的就业率不断提高。上述变化与东北地区劳动密集型产业发展和国有企业改革密切相关。产业结构调整也导致劳动力的内部流动加剧，特别是劳动者由乡村转移到城市。工业化和劳动力市场的变化导致就业压力增大，特别是农村劳动力转移加剧了就业压力。

上述转变带来劳动力市场的变化，主要体现为新进入劳动力市场的劳动者、失业群体、正规就业群体和非正规就业群体之间的转化关系。新进入劳动力市场的劳动者、失业群体和非正规就业群体难以获得正规就业岗位，或正规就业群体由于劳动力市场的供求关系和竞争加剧导致其失去正规就业岗位，在劳动力市场中难以获得其他正规就业岗位。

2. 传统产业调整与资源枯竭型城市转型

供给侧结构性改革的深入推进实现了生产要素重组和优化配置，需要提高劳动力市场的匹配效率，以加快促进劳动要素的供求平衡。钢铁、煤炭、水泥等产能过剩行业沉淀成本较高，企业规模相对较大，吸收劳动力较多，客观上不利于劳动力要素的自由流动。同时大多数制造业劳动力具有一定的专用性，转移到其他部门存在再培训成本，这也限制了劳动力自由流动，使劳动力要素滞留在产能过剩部门。为此，公共就业服务需要与相关制度群建设如社会保障制度、人才管理制度和教育制度等实现融合创新。

3. 劳动力市场灵活性的变化

一方面，劳动力市场的灵活性允许更多劳动者获得工作岗位或劳动者在求职过程中更容易获得工作岗位，从行业来看，服务业部门的劳动者与

---

① 根据国家统计局数据计算而得。

制造业部门的劳动者相比，其劳动关系更缺乏稳定性。尽管从数量上来看，服务业部门劳动者的就业人数不断上升，但劳动关系的稳定性在持续下降。另一方面，劳动力市场的灵活性又与工作岗位的稳定性存在负向关系。从长期来看，劳动力市场持续提高灵活性会对劳动者的观念等主观因素产生影响，劳动者会更容易接受工作岗位的变化。

4. 金融危机等外部冲击的影响

经济全球化和"一带一路"经济合作模式的发展，为就业问题的解决带来了新的机遇与挑战。在经济全球化和"一带一路"倡议的推动下，在出口产品生产中被密集使用的生产要素报酬提高，劳动力市场中对技能工人需求的增加，女性劳动者的比重也呈现上升趋势。在后金融危机时期，自主创业、短期劳动契约、季节性工作以及弹性工作在劳动力市场的比重上升，这些工作极易受到外部冲击。为此公共就业服务政策应为促进劳动者不断调整和完善以适应日益激烈的市场竞争提供良好的制度环境。

5. 节约劳动型技术的快速发展

第四次工业革命带来数字化生产和人工智能等变革加快推动就业的转变。一方面自动化生产在极大提高劳动生产率的同时，将会在很多领域中取代传统劳动力生产。另一方面从长期来看，新一轮产业革命将加快产业结构调整，创造及诱生大量新的工作岗位，为此劳动者将需要接受更多的教育与更长时间的再就业培训。公共就业服务政策需要适应经济发展趋势，加快普及并提高劳动者的教育水平和整体的科技水平，帮助求职者使用数字平台来加速研发、市场化和资源收益分配进程，降低成本并不断促进产品和服务质量的提高，促进更多的社会成员融入数字化技术等新技术变革。

第四节　以共享发展深入推进东北振兴的政策建议

一、实施治理型干预政策和积极就业政策，促进相对贫困群体和低收入群体生活水平的提高

1. 实施治理型干预政策，提供金融支持

完善促进长期失业者就业的公共就业服务制度。研究和建立非正规就业群体的社会保障制度，完成脱贫攻坚任务。其中，经济因素是解决低收入群体和贫困群体问题的核心因素，治理型干预政策是以提升低收入群体和贫困群体获取收入能力为目标的政策组合。其中对低收入群体和贫困群

体的金融支持、教育政策、就业培训计划、社会参与援助政策是重要的组成部分。通过实施治理型干预政策，有利于提高相对贫困群体和低收入群体的就业能力，从而提高生活水平。

重视金融减贫作用。一是特困区在大力发展银行类金融业务的同时，应弥补非银行金融业务缺失这一短板，充分发挥非银行金融业务在资金融通、机制创新和经济补偿等方面的功能。这就需要政府出台相关政策引导和支持非银行金融业务在特困区的发展，加大财政对合作金融、小微金融和商业保险的支持力度，鼓励金融机构对贫困地区的金融产品创新，特别推动小额信贷、合作金融和农业供应链金融发展，充分发挥金融工具的杠杆作用，从而加强包容性金融发展的减贫效应。二是虽然包容性金融发展的减贫效应较为明显，但作用力度有限。因此，政府应保持金融政策的持续性，为特困区提供一个稳健的金融环境，防范金融服务上的"精英俘获"，缓解贫困群体由于缺少抵押物或有效担保而形成的"融资难、融资贵"的问题和长期存在的对集中连片贫困地区的金融排斥问题。同时，整合财政、金融等多方力量，建立健全集中特困贫困区的包容性金融发展体系，优化信贷结构和方式，提高贫困人口的信贷可获得性，使包容性金融的减贫效果进一步得到释放。三是包容性金融发展应有效地促进宏观层面的扶贫开发政策与微观层面的精准扶贫实践的有效结合。用于解决由于集中连片贫困地区的金融市场相对滞后造成的资源配置效率低，道德风险高等问题和扶贫过程中存在的目标偏离问题，增强包容性金融的覆盖面，加大金融知识在贫困地区的普及力度，积极创造和诱发金融需求。由于金融扶贫对单个贫困家庭的效果有效，需要与集中连片贫困区贫困家庭的规模化和组织化相结合，推动扶贫由靶向干预转变为系统推进，由碎片化扶贫转变为系统化扶贫。四是加强与金融扶贫相关的制度建设，提高金融机构的服务质量和管理水平。一方面，重视政策性金融在集中连片贫困地区扶贫中的作用，增加政策性金融机构在集中连片贫困地区的业务范围，扩大政策性信贷对贫困地区和贫困家庭的覆盖面。另一方面，发挥小微金融在集中连片贫困地区的优势，重视小微金融的机制创新，建立小微金融的互联网金融服务平台，降低小微金融机构在贫困地区的运行成本。同时，注重贫困地区金融服务过程中的风险防控，推动贫困地区的信用环境建设，提升贷款质量，实现金融扶贫的良性发展，从而形成包容性金融减贫增收的长效机制。

2. 实施针对长期失业者的积极就业政策

长期失业群体的职业介绍服务和小微企业援助项目有利于提升参与的

长期失业群体的就业率，是非常有效的积极就业政策和劳动力市场项目。为使两个政策更好发挥作用：一是扩大政策范围。使政策的目标群体更为明确，利用职业介绍服务在降低长期失业群体失业率方面效果更好的优势，增加长期失业群体参与职业介绍服务的数量。二是注意项目之间的融合。有效降低长期失业群体的失业率需要多种就业政策共同发挥作用。例如参与长期失业群体小微企业援助项目的劳动者同时参与职业介绍服务，可以提高长期失业群体被聘用的可能性近 10 个百分点。三是在开展长期失业群体职业介绍服务和小微企业援助项目。要注意从提高匹配效率出发，特别是利用职业介绍服务对青年长期失业群体和农民工群体的积极影响，以及小微企业援助项目对受教育程度较低的长期失业群体和农民工群体人力资本的正向作用。同时利用小微企业援助项目对受教育程度较高的长期失业群体的信号作用，提高长期失业群体自主创业和被聘用的可能性。四是注意政策目标人群和目标区域的选择，以提升政策效果。例如，职业介绍服务在青年群体和萧条地区开展效果更好。而小微企业援助项目对生活在城乡接合部的长期失业群体开展会取得更积极的效果。主要因为小微企业援助项目会有效提升这些劳动者的能力，扩展这些劳动者对创业机会的认知范围。

3. 根据需要调整和完善青年群体的就业政策

政策和项目的主要目标群体应是大学毕业生，因此需要根据大学生求职的特点和需要有针对性地进行调整。同时注意青年群体公共就业政策对受教育程度较低的劳动者和生活在贫困地区和落后地区城郊和乡村青年群体的影响，避免将这些群体排除在公共就业政策的目标群体之外。应根据参与青年群体知识结构的不断更新调整积极就业政策和劳动力市场项目，在政策和项目制定上，应关注三个主要问题：一是更清楚地把握青年群体在劳动力市场处于弱势地位的原因和影响；二是通过不断创新政策工具来引导青年群体公共就业政策的制定和实施；三是推动进行持续的公共就业政策影响评估。主要关注于给定政策和项目的不同选择带来的影响的差异，也包括不同项目之间的相互关系，以及对青年群体所处劳动力市场的影响。保持积极公共就业政策和劳动力市场项目改革的持续性，目标是使这些政策和项目更具包容性、可以实现成本效应和更负责任。由于青年就业群体具有异质性，其难以获取工作岗位的原因各不相同，因此青年群体的公共就业政策需要考虑这些子群体的不同需要，在政策和项目中对不同群体进行相应地调整。积极公共就业政策和劳动力市场项目需要调整与青年群体相关项目的效果和覆盖范围，并通过建立与利益相关方的持续沟通机制不断完善政策和项目的效果。

二、完善社会保障体系，促进教育的发展和公共服务均等化，建立消除贫困问题的长效机制

1. 扩展社会保障体系，涵盖农民工等长期失业群体

当前的社会保障制度和政策通过改革和调整，具有为长期失业群体提供职业保障和发展、教育和医疗预防服务的能力。但是当前社会保障制度框架为长期失业群体提供社会保障面临约束，主要是因为公共资源不足以支撑为长期失业群体提供社会保障服务，因此在当前社会保障服务的供给计划中，并不能保证在失业保险、教育和医疗预防公共服务中具有为长期失业群体提供社会保障服务的运作空间，也就是在现有的社会保障框架内能够涵盖长期失业群体社会保障所需要的服务，但需要弥补因为增加服务对象数量所带来的相关服务费用的增长。非正规就业部门劳动者所在的企业或工作单位根据自身的情况可以有效地发挥作用来解决上述问题，而长期失业群体社会保障项目在推动过程中需要遵循循序渐进的原则，如果由现有的社会保障框架承担长期失业群体的社会保障服务，则其开始提供的保障范围应该是被限定的，通过融合过程中更多的实践经验，逐步提高现有社会保障体系为长期失业群体提供社会保障的效率，同时需要通过组织化的机构，依存于现有的社会保障制度框架对社会保障部门为长期失业群体提供社会保障的绩效进行有效评估，评估的主体选择可以包括政府管理机构、公共卫生服务机构和接受社会保障服务的非正规就业部门的劳动者自身进行评价和考核。具体在社会保障服务设计上，可以考虑由保险机构提供针对长期失业群体的保障计划。该计划应是依据长期失业群体特点设计的，而不是针对非正规就业部门劳动者的个体特点设计。因此，长期失业群体的保障计划需要根据非正规就业部门群体的特点进行调整，主要体现在保险计划在服务的范围和享受收益的程度上存在差异，同时在保险计划的组织和管理水平上也存在差异。对于针对长期失业群体的具体的保障计划，关键是要根据长期失业群体特点，解决以下几个问题：一是保险计划要相对简洁，便于长期失业群体了解和选择。二是需要考虑保险计划费用在长期失业群体的经济承受范围内，同时需要考虑长期失业群体工作岗位相对不稳定的特点。三是考虑应该尽量为长期失业群体提供便利的保障服务，也就是保障机构在位置上应该尽量接近区域内的长期失业群体，长期失业群体能够较方便地参与社会保障计划，并在符合条件的时候，能够尽可能方便地从社会保障机构领取相关的理赔收益。

2. 促进教育和公共服务的均等化

相对贫困群体和低收入群体与其他群体相比，不仅缺少技能，而且大

多数所接受的教育程度比非贫困群体接受的教育程度低。除对达到劳动力年龄的低收入群体和贫困群体加强职业教育和培训外，从国内外成功经验来看，更重要的是解决相对贫困群体和低收入群体下一代的教育问题，为此，需要促进低收入群体和贫困群体更好地参与学校教育，获得更好的教育资源。促进公共服务均等化，提高相对贫困群体和低收入群体子女的营养水平和获得更好的医疗健康服务也是重要举措，如农村中小学的营养餐试点等。

3. 通过培训和基础设施建设改善劳动环境和增加工作岗位

劳动密集型基础设施有效发挥作用主要取决于基础设施投资政策从地方政府推动实施的政策转变为中央政府推动实施的政策。在这种情况下，劳动密集型基础设施带来的就业岗位的增加将在更大范围内出现，并且从影响程度上看更为明显。在劳动密集型基础设施增加就业的同时，也会提高农民工等城市非正规就业部门劳动者的工作和生活条件，生活条件的改善与工作条件的改善不是相互独立的，对工作条件最重要的和持续时间最长的改善离不开城市贫困群体居住环境的改善。为促进基础设施的持续升级，需要在考虑扩大基础设施的服务范围和提高基础设施水平的同时放宽对非正规就业部门的供给限制，特别是增加非正规就业部门获取资金、技术培训和市场的渠道。

针对农民工等城市非正规就业部门的职业培训和工作岗位技能开发政策需要根据就业部门的变化，在培训内容和培训方法上进行调整和创新。在微观层面上，对城市非正规就业部门的培训需要融入到国家的公共就业服务政策框架中，以实现培训项目的有效性和可持续性。同时要确保针对城市非正规就业部门的职业培训和工作岗位技能开放政策与其他政策相互独立。其他政策主要保证非正规就业部门企业具有能实现自我发展的必要的投入要素，例如非正规就业部门企业和劳动者获取信贷的渠道以及获取基础设施、法律和政策的支持等。这些政策对于非正规就业部门的劳动者在获得新技能的基础上能够有效地使用新技能是非常重要的。

三、为弱势群体提供法律保护，促进失业群体和非正规就业群体向正规就业群体转化

1. 建立和完善服务弱势群体的法律保护体系

劳动保障部门需要研究将相关法律适用范围扩展到弱势群体，由此需要更好地在法律框架内界定和把握非正规就业部门的整体情况，并根据不同的部门特点进行分类，主要考虑其特征和功能。同时需要在现有的法律框架内分析和收集有效提升非正规就业部门劳动者权益的相关信息，把握非正规就业部门劳动者的劳动权益和保障在现阶段面临的主要问题和未来的变化趋势。对于正规就业部门企业和非正规就业部门企业签订的分包契约，政府的规制部门应该结合劳动关系保障法分析采用最好的规制管理形式以使分包合同中的劳动关系不损害弱势群体的权益。与此同时，政府的相关管理部门应该更加关注弱势群体的需要，并且及时发现和调整现有的法规和规制政策中不适用于弱势群体的规定。政府相关管理部门应该根据非正规就业部门劳动关系的特点，考虑制定适用于弱势群体的专门法规和规制政策，并逐步将其融入到现有的法规和规制政策体系中。在相关法规和规制政策制定和调整过程中应该优先考虑女性劳动者的权益，因为在劳动关系争议中，女性劳动者较易受到损害。

2. 建立弱势群体的政策支持体系

宏观政策在导向上更多倾向于促进城市失业群体和非正规就业群体的转化。为满足战略发展的需要和集聚更多的资源和发展契机，需要国家层面通过预算外资金来增加对非正规就业群体和非正规就业部门转化的支持力度和加大支持范围，着重促进弱势群体的能力建设和发挥知识、技能变革在促进非正规就业部门向正规就业部门转化的辐射和带动作用。宏观经济政策，特别是结构调整政策需要考虑政策对弱势群体产生的影响，针对可能出现的负面影响及时评估并拟定相应的对策，从而使经济政策对非正规就业部门造成的影响最小化。从宏观层面来看，政府的相关部门需要关注宏观经济政策对非正规就业部门规制所产生的后果，应着重于促进非正规就业部门生产和经营能力的提升。

城市弱势群体公共服务保障优化和创新的核心问题是政府相关部门和保障机构强化城市弱势群体的劳动生产率和就业潜力，这也是国家和地方政府、相关管理和职能部门和公共服务保障的社会参与者调整和改革的主要依据。但是城市弱势群体公共服务保障的建设和完善仍然是关注的重点，主要是因为尚缺乏足够的关于非正规就业部门劳动者公共服务保障问题的实践经验，在此过程中，需要发挥非正规就业部门雇主、劳动者和相关组织在构建社会保障体系上的积极作用，同时还需要重视经济全球化对非正规就业部门的影响，特别是非正规就业部门中女性和青年就业者易受冲击，其公共服务保障问题更加突出，在城市弱势群体公共服务保障的建设和调整方面应更倾向于女性和青年就业群体。在公共服务保障政策设计上应该充分考虑弱势群体的特点，需要进行更细致的调整以符合弱势群体的利益诉求。政府和相关机构需要重新审视弱势群体在政策制定中的地位，提高其权重，在内部结构和资源分配上调整弱势群体的地位，并给予足够的重视。而且，在公共服务保障项目中应提升非正规就业部门劳动者的权利，在政策上消除阻碍非正规就业部门发展的不合理因素，并将基本的公共服务保障协议扩展到弱势群体。另一重要的对策是增加对弱势群体能力、知识和技能提升的项目和服务，来满足非正规就业部门劳动者的实际需求。由于弱势群体公共服务保障问题的复杂性和多因素性，需要实施更广泛的相关制度群改革来解决城市弱势群体的公共服务保障问题。而且由于弱势群体的公共服务保障问题涉及使用经济、社会和法律等多领域的知识和方法。在弱势群体的公共服务保障实践中，研究该问题和进行相应的政策选择被证明是可行的。在现有的公共服务保障框架内，多领域的合作和协同行为对于完善城市弱势群体基本公共服务保障是非常重要的。

3. 提高对促进非正规就业群体转化的重要性的认识和提高各级政府和企业的支持力度

应根据经济社会发展的变化，采用综合的措施并根据非正规就业群体的变化特征，适度扩宽应用范围。非正规就业群体转化涉及相关部门对三类劳动群体治理水平的提高和支持体系的完善，在推动综合战略实施前需要开展一系列措施，例如确定非正规就业群体向正规就业群体转化的关键领域、正规就业部门扩展的方向以及非正规就业群体向正规就业群体转化的主要方向。系统地培育和推动各级政府和企业对非正规就业群体转化重要性的认识和支持对于战略开展具有重要作用。宣传的内容需要根据环境的不同进行调整，以适应不同受众群体的特点，即根据非正规就业群体、正规就业群体和失业群体的特点来宣传非正规就业群体转化的重要性，以获得三类劳动群体的共同支持，同时吸引大众和社会对非正规就业群体转化问题的关注。推动三类劳动群体和其他劳动组织的合作可以通过内部部门间的合作，社会伙伴关系建立和社会协商组织等方式实现，这些合作网络和组织既包括国家间的组织和伙伴关系，也包括区域层次的组织和次区域层次的社会组织。

四、建立家庭调查统计制度，使相关政策的制定更符合低收入家庭和相对贫困家庭的动态变化规律

通过构建以家庭为单位的统计数据库，掌握辽西北地区低收入家庭和相对贫困家庭的信息，相关部门可以更准确地统计和分析这些家庭的生活状况，为政策制定和调整提供有力的数据支持。与此同时，家庭调查数据增加了可选择指标的范围，例如与收入数据相比，消费数据能够更容易地测算物质形式的福利水平，而收入数据易受到季节性因素的影响，因此消费数据相对于收入数据的结论更准确。以家庭调查数据为基础，可以更准确地进行关于贫困和发展问题的研究和相关的政策制定。

1. 建立权威的家庭调查统计制度

建立家庭调查统计制度可以更准确地掌握低收入家庭和贫困家庭的信息，使相关政策的制定更符合低收入家庭和贫困家庭的动态变化规律。贫困和福利的准确统计是政府、社会和学术界高度关注的问题。家庭调查统计制度及其在贫困和福利统计中的应用有利于政府更准确地测算贫困家庭的数量，了解贫困家庭的福利水平和进行福利水平的比较，以发现存在的问题。政府由此可以更有针对性地制定政策来保障和改善民生，让更多群众享受到发展的成果。尽管辽西北地区贫困人口显著减少，社会保障制度不断完善，但在城市中，由于生活成本高企，居民贫富差距相对较大，贫困群体不仅经济上拮据，也缺乏改善自身生活状况的途径和渠道，同时，他们的生活还更容易受到疾病等因素的影响。因此，家庭调查统计制度及其在贫困和福利统计中的应用为测算贫困和福利水平提供了更坚实的基础。通过构建以家庭为单位的统计数据库，相关部门可以更准确地统计和测算贫困和福利水平，为政策制定和调整提供有力的数据支持。

2. 家庭调查数据中增加可选择指标的范围

因为与收入数据相比，消费数据能够更容易地测算物质形式的福利水平，而且相对于收入数据的结论更准确，因为收入数据易受到季节性因素的影响。以家庭调查数据为基础，可以更准确地进行关于贫困和发展问题的研究。例如，研究收入与营养之间的关系等。家庭调查数据不仅可以用于测算贫困水平，而且可以测算家庭总消费。而在过去的统计中，总消费是通过国民经济账户测算的，增长通常快于家庭消费水平。以家庭调查数据为基础测算的消费和收入水平与以国民经济账户为基础测算的消费和收入水平是存在差异的，主要是因为国民经济账户中的消费不包括不能在市场上交易的服务，而很多的服务倾向于被可以交易的服务替代。当家庭生活改善时，由此测算的消费增长率会被高估。

3. 参考国际通行标准合理调整统计内容

东北的贫困地区在建立家庭调查数据制度时，可以参考世界银行的生活标准测算调查数据（LSMS）。该调查数据是以家庭为基础的调查数据主要是世界银行收集的生活标准测算调查数据（LSMS），为发展中国家研究贫困问题提供了便利。因为与收入数据相比，消费数据能够更容易地测算物质形式的福利水平，而且相对于收入数据结论更准确，因为收入数据易受到季节性因素的影响。以家庭调查数据为基础，可以更准确地进行关于贫困和发展问题的研究。例如研究发展中国家的收入与营养之间的关系等。LSMS 调查数据在统计分析中具有重要作用主要体现在三个方面：一是由于贫困问题的核心可以被看作家庭能否获得足够的营养摄取，因此 LSMS 调查数据可以更准确地提供家庭是否获得足够食物的信息。二是营养与收入的关系是设计扶贫政策的核心。如果营养的获取相对于收入的弹性较高，则促进经济发展的政策会提高贫困家庭的营养情况并能够有效地减少饥饿等问题。与此相反，如果营养的获取相对于收入的弹性较低或接近于零，则经济主体获取营养质量会得到改善，但随着收入的提高并不能获得足够的营养。政策制定者可能需要改变政策由关注经济增长转为提供贫困群体基本的社会保障。三是营养状况与劳动生产率及收入之间的反向关系。在以营养为基础的效率工资理论中，假定劳动生产率由营养状况决定，且两者之间存在正向非线性的关系，如果该理论成立，则不能获取足够食物的劳动者可能不会具有完全的劳动能力，即使其工资低于市场工资水平也不会被雇用。结果会导致这些劳动者陷入失业和长期贫困的陷阱中。从宏观上表现为较低的劳动生产率和伴随着较低的收入水平。例如随着收入增长，食品消费会增加，但家庭会选择用奶制品和肉类食物替代谷类食品，由此家庭获得营养的成本会增长，考虑到该替代效应的影响，促进贫困家庭收入增长的政策会降低营养不良的情况。在以营养为基础的效率工资理论中，营养不良是贫困的原因，而家庭调查数据显示的营养不良与贫困的反向联系表明营养不良是贫困的结果。

4. 扩大贫困家庭调查统计数据的应用范围

贫困家庭调查统计数据除用于经济分析外，还可以用以分析贫困家庭存在的各种社会问题，从而有利于相关政策的制定。例如，贫困家庭内部的歧视问题。家庭内部歧视主要表现为未成年女性从整体来看获得的资源少于未成年男性，但检验家庭内部歧视在实践中是困难的。贫困家庭调查统计数据能够解决上述问题。在统计中，考虑到成年人商品的消费在增加新生儿后会降低，因此调查数据提供了一种间接地估计新生儿成本的方法，如果新生儿为男孩和女孩时存在明显的差异，则可以判定存在对女孩的歧视。家庭调查统计数据还可以用于民政部门、劳动和社会保障部门、教育部门等解决贫困群体及其子女的相关问题的研究和政策制定。

第八章　深入推进东北全面振兴的案例分析：辽宁的实践

　　老工业基地全面振兴，全国看东北，东北看辽宁。以科技创新促进产业振兴需将"制造辽宁"发展成为"数字辽宁、智造强省"。习近平总书记2022年8月在辽宁考察时强调"在新时代东北振兴上展现更大担当和作为，奋力开创辽宁振兴发展新局面"①。党的十八大以来，辽宁振兴发展取得新进展新成效，维护国家"五大安全"能力进一步增强，改革开放呈现新气象，为实现全面振兴奠定了坚实基础。特别是实施全面振兴新突破三年行动以来，全省各项工作呈现多年少有的良好局面，经济运行低速徘徊的态势发生重大转变、干部干事创业的精神状态发生重大转变、辽宁营商环境发生重大转变、外界对辽宁的预期发生重大转变。《辽宁省国民经济和社会发展第十四个五年规划和二〇三五年远景目标纲要》提出建成"数字辽宁、智造强省"，《中共辽宁省委关于深入贯彻落实习近平总书记在新时代推动东北全面振兴座谈会上重要讲话精神奋力谱写中国式现代化辽宁新篇章的意见》又将"加快建设数字辽宁、智造强省"作为"打造国家重大战略支撑地"的任务之一。

第一节　加快辽宁数字经济发展

　　发展数字经济是数字辽宁建设的核心。发展数字经济是推动构建现代化产业体系、促进辽宁高质量发展的重要引擎，是赋能传统产业转型升级、催生新产业新业态新模式的重要抓手，也是推动构建新发展格局和区域动力系统的着力点。为将辽宁建设成为国家数字经济发展高地，应总结

---

　　① 习近平在东北三省考察并主持召开深入推进东北振兴座谈会［EB/OL］. 中华人民共和国中央人民政府，2018 – 09 – 28.

数字经济发展取得的主要进展，分析当前数字经济发展面临的主要问题，借鉴先进省市经验做法，提出加快辽宁数字经济发展的对策建议。

一、辽宁数字经济发展的主要进展

1. 数字经济发展喜中有忧

从数字经济总量看，近年来辽宁数字经济规模不断扩大。据《中国数字经济发展白皮书（2020年）》统计，2020年全省数字经济增加值规模接近1万亿元，位居全国第15位。从数字经济增速看，2020年辽宁数字经济增速约为8%，处于全国中下游水平。从数字经济占比看，2020年辽宁数字经济占GDP比重约为37%（宽口径），其中产业数字化占GDP比重达到30%，而数字产业化占GDP比重不足5%。从数字经济发展水平看，据《2020中国数字经济发展指数（DEDI）》统计，2020年辽宁数字经济发展指数为23.5，低于全国平均值29.6，排名第20位。其中，基础设施指标、产业数字化指标、数字产业化指标、环境指标均低于全国平均水平。

2. 数字基础设施建设不断完善

辽宁不断加快"两新一重"建设，加强投资力度，数字基础设施建设不断完善，为建设"数字辽宁"培植"土壤"。一是加快传统数字基础设施建设。2020年，全省固定互联网宽带接入端口3313万个，宽带接入用户1230万户，千兆宽带网络覆盖全省各市，建成开通4G基站18.3万座，网络覆盖率达94.96%，行政村光纤宽带通达率、4G信号覆盖率达到100%。二是积极推进新型数字基础设施建设。全省累计建成开通5G网络基站2.4万座，基本实现14个市和沈抚改革示范区主城区5G信号连续覆盖，沈阳、大连入选国家5G试点城市。区域云中心不断壮大，建设布局东北能源大数据中心、国家工业互联网大数据中心辽宁分中心等行业大数据中心，建成国家互联网骨干直联点和全国首个区块链"星火·链网"骨干节点，已上线运行2个行业二级标识解析节点和4个综合型二级标识解析节点①。

3. 数字产业化实力大幅提升

数字产业化是数字经济发展的先导。辽宁工业基础雄厚，门类齐全，在工业数据采集、开发、应用等方面，既有基础条件也有市场需求。近年来，辽宁充分利用产业基础优势，数字产业化实力大幅提升。一是产业规

---

① 数字辽宁发展规划（2.0版）[EB/OL]. 辽宁省人民政府办公厅，2021 – 10 – 15.

模不断扩大。据《辽宁统计年鉴（2020）》，辽宁计算机、通信和其他电子设备制造业总产值为732.9亿元，信息传输、软件和信息技术服务业收入为1759.9亿元，电信业务总量为2723.2亿元。其中，集成电路产业处于全国领先水平，与北京、上海构成国内集成电路装备三大重点地区，也是世界最先进的非易失性存储芯片制造基地。二是产业优势逐渐形成。软件和信息技术服务业离岸外包收入居全国首位，东软集团多年蝉联全国软件出口前三强，沈阳国际软件园、大连软件园获得"中国最具活力软件园"称号。三是产业主体不断增加。全省拥有信息领域高校院所30余个，高新技术企业1098家，培育大连华信、文思海辉等"瞪羚""独角兽"企业39家。

4. 产业数字化升级步伐不断加快

产业数字化是数字经济发展的引擎。辽宁围绕产业数字化的场景资源优势和数据资源优势，积极推进智能制造及智能服务试点示范项目建设，打造了一批数字化转型标杆，产业数字化升级步伐不断加快。一是农业数字化持续推进。积极推广物联网技术应用于设施农业、水产养殖等农业领域，大力发展数字农业农村，2019年全省农村网络零售额达357.5亿元，建设淘宝村11个。① 二是工业数字化两化融合水平不断增强。全省规模以上企业数字化研发设计工具普及率达75%，关键工序数控化率达51.8%，上云工业企业超过7000户，已遴选确定15个重点培育的省级工业互联网平台，服务企业近1万户，连接工业设备近10万台，提供工业App 493个，沈阳华晨宝马建成全球首个5G应用汽车生产基地，鞍钢集团与辽宁移动建成国内首个基于5G＋云平台的带钢表面检测系统。② 三是服务业数字化电子商务业发展迅速。沈阳、大连、葫芦岛获批国家电子商务示范城市，全省电商企业近10万家，电子商务交易额突破1万亿元，跨境电商实现出口额超过15亿元③。

5. 数字营商环境持续优化

辽宁坚持以优化营商环境为基础进行全面深化改革，数字营商环境持续优化。一是传统要素保障推出新举措。陆续出台《辽宁省工业互联网创新发展三年行动计划（2021—2023年)》《辽宁省数字经济发展规划纲要》《数字辽宁发展规划（1.0版)》《数字辽宁发展规划（2.0版)》等一系列

---

① 电子商务下乡 优质农货进城［N］.辽宁日报，2020－06－22.
② 辽宁工业加速"数字蝶变"［EB/OL］.辽宁省科协，2022－10－11.
③ 数字辽宁发展规划（1.0版）［EB/OL］.辽宁省人民政府办公厅，2020－12－02.

促进数字经济发展的政策措施。以优化数字营商环境为基础，加大数字招商引资力度，积极与国内外知名企业展开合作，依托华为共建云中心，不断增强财政保障能力，省财政设立 35 亿元专项资金用于数字辽宁建设。二是数据资源保障取得新成效。积极打造"数字政府"，初步建成省级政务云平台，一体化在线政务服务平台上线运行，建成省、市两级政务信息资源共享交换平台，"城市大脑"工程建设等初显成效。

二、辽宁数字经济发展存在的主要问题

1. 制度支撑体系存在一定短板

主要体现在组织领导、政策支撑、营商环境、人才供给、数据安全保护等方面：2021 年刚正式成立省级大数据管理局，尚需进一步建立健全统筹谋划全省数字经济发展的管理运行机制；现行财税优惠政策中关于"数字经济"专用税收减免的相关政策较为缺乏；需要进一步改革完善数字经济市场准入制度；"数字经济"人才储备和引育方面尚显薄弱；缺乏对数字经济数据的统计、分享、监测和安全防护。

2. 数字基础设施具有较大发展空间

与江苏、广东、北京、浙江等第一梯队的发达省（市）相比，辽宁数字基础设施建设水平仍存在较大差距：一是发展规模明显不足。全省信息基础设施、融合基础设施、创新基础设施等新型数字基础设施规模偏小，支撑产业跨部门、跨地区、跨层级的数据共享、业务协同应用的数据平台建设尚显不足，对数字经济发展的支撑力不强。二是发展不平衡问题较为突出。各地数字基础设施发展水平差距较大，仅沈阳和大连入选"2020年中国数字基础百强城市"榜单，其他市、县数字基础设施发展水平仍需进一步提升。

3. 数字经济核心产业结构分化

辽宁数字经济核心产业以集成电路产业和软件产业为主体，在人工智能、虚拟现实、数字文创等新兴产业领域，以及数字经济的新业态新模式上仍处于发展起步阶段，存在体量偏小、发展不均衡等问题；新建数字经济产业园区整体规模不大，缺乏百亿、千亿级集群，急需打造一批特色产业园区；还需进一步提高软件产业等优势产业园对区域乃至全国范围的辐射力和影响力；与发达省份相比，辽宁互联网百强企业、ICT 领域上市企业、独角兽企业数量严重不足，缺少产业龙头企业和重大项目。

4. 产业数字化升级发展滞缓

一是产业数字化融合程度不深。一方面，传统产业的企业生产环节的

数字化、网络化、智能化程度较低。另一方面，中小企业数字化转型意愿不强、数字化改造动力不足，企业技改投入能力和科技创新能力相对较弱，研发投入普遍过低，存在核心技术"卡脖子"的问题。二是产业数字化的场景应用亟待加强。需进一步扩大与相关领域龙头企业的合作，增加重点示范项目的开发与建设。三是还需进一步拓宽农业数字化和服务业数字化发展方向，尤其是需要促进智慧农业、智慧物流、数字金融、数字贸易等领域提质增效。

5. 支撑数字经济发展的生态体系不完备

集中体现在：一是政府、企业、高校、科研院所、中介机构等之间缺乏协同联动。跨部门、跨领域及跨企业的协调融合能力弱，并且企业、第三方机构对于构建数字生态系统的意识淡薄，存在"政府热、企业冷"的问题。二是普遍存在企业孤军奋战现象。导致跨界融合、互通互联存在一定障碍。三是尚未建立起上下贯通、横向联通的数据资源体系。存在"数据孤岛"和数据安全隐患。四是数字经济资源利用水平较低。数字资源要素集聚能力差异较大，协同发展机制有待完善。

三、加快辽宁数字经济发展的对策建议

1. 深化体制机制改革创新

辽宁应围绕"数字辽宁、智造强省"部署任务，完善政策、要素各类保障，深化体制机制改革创新。具体包括：

（1）加强顶层设计。充分发挥"数字辽宁"建设领导小组的统筹协调作用，强化省大数据管理局等部门的辅助管理、督促检查等工作职能。建议借鉴贵州实行"云长制"的做法，建立各市、各省直部门"一把手"牵头的工作推进机制。加快建立数字经济常态化评估机制，完善规划设计、项目投资、产业发展等方面保障措施。抓紧落实《数字辽宁发展规划（2.0版）》等规划方案所确定的目标任务，建议实施"清单化管理、项目化推进、工程化调度"管理，建立年度重点工作台账和任务清单，并分季度、年度梯次推进落实。

（2）强化支撑保障。加快政府职能转变，深化"放管服"改革，促进数字经济发展：一是优化数字营商环境。全面改革数字经济市场准入制度，建立包容审慎的监管制度，防范大型平台企业垄断行为。二是激发数字经济市场主体活力。深化数字技术在实体经济中的应用，不断释放其对经济发展的放大、叠加、倍增作用，增强产业链关键环节竞争力。三是强化相关政策支撑。完善"数字辽宁"政策法规制定，研究推进《辽宁省

大数据发展应用促进条例》等专项立法，研究出台促进数字经济发展的产业政策，加大对数字技术企业税费优惠和政策补贴力度，进一步完善数字经济发展专项资金，充分发挥省、市产业（创业）投资引导基金作用等。四是加强数字经济人才队伍建设。将科学精神、工匠精神、互联网精神与人才引育深度融合，探索建立适应数字经济人才特殊需要的培养、考核、评价机制。建议试点推行"首席数字官"制度，加强数字化人才引进。五是加强外力外脑参与战略研究。组建专家委员会，建立健全重大决策事项专家咨询机制，促进数字经济快速健康发展。

2. 加强数字基础设施建设

辽宁应进一步扩大数字基础设施规模，培育数字经济新动能，筑牢数字经济发展"底座"。对标先进地区经验做法，例如借鉴浙江提出"1+3"软硬结合模式，"1"为建设超大规模云数据中心，"3"为产业和社会应用创新、前沿科技创新突破、自主可控生态建设。具体包括：

（1）加快新一代信息基础设施建设。加快5G产业发展，扩大5G基站规模，推进"千兆城市""百兆乡村"建设，加快推进IPv6升级，合理布局云计算、边缘计算等算力基础设施，加快布局高性能数据中心，推动大数据中心国家枢纽节点在沈阳、大连等地建设布局。

（2）积极发展融合基础设施。大力支持"链上辽宁、工业云城"等工业互联网平台建设，加快推动工业互联网标识解析二级节点项目建设，推进装备制造、石化、冶金、消费品等行业工业互联网平台项目建设。建议以沈阳承办工业互联网大会等活动为契机，扩大产学研合作的广度和深度，支持辽宁加快工业互联网发展。加快传统基建数字化改造和智慧化升级，积极推动移动互联网、物联网、人工智能等新兴技术与传统基础设施运营实景的融合。

（3）大力培育创新基础设施。进一步增加辽宁数字经济领域技术创新中心和重点实验室数量。重点建设智能制造研究中心等重大科技创新平台，组织开展关键核心技术攻关和重大科技基础设施建设，加快发展工业机器人、智能制造、数字医疗等数字经济产业园区（集群）。

（4）统筹传统基建与数字基建协调发展。一是促进传统基建与数字基建相互融合，形成能够及时响应和精准匹配不同结构或场景需求的基础设施供给体系；二是统筹协调空间布局，充分发挥辽宁数字基建示范城市的辐射效应，协调推进全省数字基建发展，统筹解决基础设施建设与利用不平衡、人才和资源分布不平衡以及新兴数字产业发展不平衡等问题。

3. 壮大数字经济产业

注重锻造产业链供应链长板，着力补齐产业链供应链短板，不断壮大数字经济产业规模和提升数字经济产业发展能级。具体包括：

（1）夯实关键基础性信息产业。以集成电路产业和软件产业为突破点，做强做大集成电路产业，加快沈阳国家集成电路装备高新技术产业化基地、锦州半导体基地、盘锦光电产业基地发展，支持拓荆科技、芯源微等行业领军企业加大技术研发力度，提升集成电路芯片、整机装备的研发制造水平，提高零部件配套能力。大力发展软件产业，加快提升产业创新能力，加快推进软件产业高端化，推动工业软件场景应用，发展壮大自主可控的软件生态，增强软件产业核心竞争力。与此同时，加快发展智能家电、地理信息等其他关键基础性产业。

（2）壮大核心引领性信息产业。重点瞄准大数据产业、区块链产业、物联网产业及网络安全产业：积极推动大数据产业园区和产业集群建设；做强物联网产业集群，壮大物联网产业联盟；培育"区块链+"产业生态，抓好大连全国法定数字货币试点城市建设，支持东软集团组建发展辽宁省区块链专业技术创新中心；打造网络安全产业高地，发挥沈阳网络安全示范基地的引领作用，完善网络安全产品和服务支撑体系。

（3）培育战略性新兴信息产业。加快发展人工智能产业、虚拟现实产业等战略性新兴产业：重点推进国家机器人创新中心、华为（辽宁省）人工智能创新中心和机器人未来城等项目建设，努力建成国内最大的机器人研发和制造基地。促进沈阳华为VR云虚拟现实产业发展，加快新松VR产业研究院建设，规划建设数字文创产业园等新兴产业集聚高地。同时，加快发展以数据为核心的服务产业，重点围绕数字化转型打造高端咨询产业。

（4）加快引进、培育龙头企业和重点项目。加强精准招商，积极承接京津冀等数字经济高梯度地区产业转移，引导要素资源流动，激发集聚效应。大力引进重点项目和龙头企业，重点培育智能制造车间、5G全连接工厂、工业互联网标杆等样板企业。引导支持辽宁企业与全国互联网百强企业深入合作，注重扶持、培育辽宁数字经济领域领军企业做强做大，带领产业集群共同提升。

（5）做好"固链、强链、补链"。加快完善产业链图谱分析、产能地图绘制工作，针对产业链缺失环节和空白领域靶向发力，锻长板、补短板，提高产业链供应链自主可控能力，构建高效协同、安全稳定并富有韧性的新型产业链供应链体系，确保关键时刻"不掉链子"。

（6）加快产业园区和产业集群建设。立足"一圈一带两区"空间布局，加快沈阳国际软件园、大连山河智谷产业园、沈抚示范区、鞍山高新区等地的数字经济产业集聚发展，重点建设一批特色化数字经济产业园、数字经济小镇和数字经济小微园区，加快形成数字经济产业生态链，扩大产业园区和产业集群的辐射力和影响力。

4. 加快产业数字化升级

以做好结构调整"三篇大文章"为切入点，以发展工业互联网、智能制造为主攻方向，加快推进农业、工业和服务业数字化智能化升级，培育新业态新模式，积极打造一批具有引领性的数字化应用场景。具体包括：

（1）大力发展农业数字化。加快推动农业生产经营数字化转型，开展农业机械设备、生产设施智能化改造。加快构建农业基础数据资源体系，发展农村电商，搭建大数据农业电商平台，扩大电商运营中心布局。推进农业物联网示范工程建设，着力打造一批数字农业示范样板。加快农村农业数字化转型，充分发挥辽中区、凌源市等国家级数字乡村试点的示范引领作用。

（2）提升工业数字化水平。利用人工智能、大数据、物联网等新一代信息技术促进数控机床、汽车、机械装备、电力装备等"老字号"产业数字化绿色化转型。提升冶金、石化、铝镁、钢铁等"原字号"产业精深加工水平，推动产业向价值链中高端发展。加快提升新能源汽车、集成电路、机器人、航空、生物医药、应急产业等"新字号"产业数字化、网络化、数字化水平。深化制造新模式，推动"5G＋工业互联网""人工智能＋工业互联网"等信息技术融合应用，加快新一代信息技术赋能产业数字化转型。持续推动企业实施"上云用数赋智"行动，建设"企业上云"公共服务平台，建议借鉴"数字化转型＋平台化服务"的"新昌模式"，建设工业互联网平台和数字化转型促进中心。打造一批标志性智能工厂、数字化车间，以及工业互联网标杆平台。

（3）加快服务业数字化转型。促进传统服务业数字化转型，进一步扩大互联网医院、国家信息化教育示范区规模。加快发展数字生产性服务业，加快发展智能商业服务、智慧物流产业、互联网数据服务等行业。继续做强做大电子商务，完善辽宁省跨境电商公共服务平台建设，努力建成东北亚电子商务发展中心区。围绕辽宁沿海经济带高质量发展规划，重点推进数字贸易发展，培育数字贸易重点企业，加快建设智能海空枢纽、口岸大数据中心，加快数字贸易国际枢纽港建设，提高港航服务业智能化水平。发展加快发展数字生活性服务业，推动吃住行及旅游、休闲等生活性服务在线化发展，大力发展数字旅游、数字康养、数字金融、数字文化等产业。

（4）积极发展新经济新业态新模式。积极发展平台经济，创新流量型业态，打造一批平台型龙头企业，培育一批具有行业竞争力的在线产品和服务。积极发展共享经济，加强数字化技术支撑共享共用，发展共享生活、共享生产、数据要素流通等共享新模式。积极发展无人超市、自助售货机、智能便利店等"无人经济"。完善在线新经济就业保障体系，增强居民自主就业。

（5）积极开发产业数字化场景。一是开发建设农产品溯源等农业应用场景。高度重视农村数字化转型，推进农业数字化稳步发展。二是拓展工业数字化应用场景。加强5G、工业AR、数字孪生等技术应用于工业应用场景，重点打造"5G＋工业互联网"应用场景（协同研发设计、协同作业等）、个性化定制应用场景（敏捷产品开发设计、柔性智能生产、精准交付服务等）、数字化管理应用场景（工业设备上云驱动的精准感知、生产优化和远程诊断等）、智能化制造应用场景（以智能工厂为核心）等典型场景。三是深度开发服务业数字化应用场景。推动电商直播、跨境电商等服务业数字化场景开发，加快体育、旅游、展览等线下场景优势产业向线上转移，加快服务业数字化升级步伐。

（6）深化企业数字化转型。企业数字化转型在一定意义上就是智能制造的过程。智能制造的实现需要数字化、网络化和智能化三方面相互衔接，由此形成企业数字化转型的三个基本范式，即数字化制造、"互联网＋"制造和新一代智能制造。三者体现了企业数字化转型的不同阶段，在技术上相互交织、迭代升级，从而体现了智能制造发展的融合性特征。为此，应区分不同情况，有针对性地实现企业数字化转型：一是在实施数字化转型前进行认真分析。引导企业开展数字化转型咨询诊断评估，根据评估摸底情况制定适宜的转型目标、清晰的战略规划和详细的转型路线，建立健全企业内部统一的数据标准体系。二是在数字化转型过程中按照"目标—方案—执行—改进"进行持续迭代。对于数字化基础薄弱或资金投入有限的企业，可采取"单点应用"方式，针对研发设计、生产制造、经营管理等某个环节进行数字化改造。对于具备一定数字化基础的企业，可采取"局部优化"方式，以企业关键业务为核心，对相关多业务环节和流程系统数据进行集成管理。对于数字化基础较好的企业，可采取"体系融合"方式，通过搭建工业互联网平台，推动企业全链条业务的优化和协同共享。三是实现企业数字化转型机制创新。认真处理转型中面临的各种矛盾和困难，实现竞争机制、变革机制、激励机制、技术融合机制、管理机制和商业模式创新。

5. 健全数字经济生态体系

促进政府和市场"和弦共振"，构建共生共赢数字经济生态体系。积极融入"双循环"发展新格局，深化国际国内合作交流。促进数据要素有效流通，完善数字安全发展环境。具体包括：

（1）完善多方协同机制。加快构建和谐共生的生态体系，建议借鉴浙江模式，打造"产学研用金、才政介美云"十方联动模式，促进政府发挥主导和带动作用，鼓励龙头企业通过搭建平台实现集聚效应，推动中小企业广泛参与分工，以激发市场活性。加强开放合作，以参与"一带一路"建设、"东北亚经济走廊"、《区域全面经济伙伴关系协定》（RCEP），以及申请加入《数字经济伙伴关系协定》（DEPA）为契机，以建设高水平自贸试验区为引擎，加强数字经济领域国际合作，加强辽宁数字产品交易和跨境数据流动。深化辽宁与广东、浙江、北京、上海等国内数字经济发达省（市）的战略合作和学习交流，加强数字招商引资。

（2）加快培育数据要素市场。推进数据资源化、资产化、资本化，释放数据要素倍增效应。建立健全数据产权交易和行业自律机制，加强一体化数据资源体系建设，推动公共基础数据、生产要素数据、科技创新数据、供应链数据、消费服务数据的融合应用，提高数据流通交易的安全性，构建新型数字信任体系。强化数据安全保护，完善网络安全保障体系。建立政府主导、多方参与的数据分类分级保护制度，建立健全数据隐私保护和安全审查制度，努力构建数据安全风险管理框架和效果评估体系。

第二节　加快辽宁数字政府建设

近年来，辽宁省聚焦数字辽宁、智造强省建设，积极推动顶层设计，相继出台了《辽宁省政务数据资源共享管理办法》《辽宁省大数据发展条例》等有关政策，初步建立"政府主导＋多主体协同"的治理新模式，不断提升政务服务能力。辽宁数字政府建设取得了积极进展，但对标党中央和国务院的部署要求，对比沿海发达地区，在整体发展水平、基础支撑能力、治理模式、共享开放等方面仍有差距，需进一步创新政府治理理念和方式，加快形成数字治理新格局，提升政府治理体系和治理能力现代化水平。

一、辽宁数字政府建设存在的主要问题

1. 数字政府整体发展水平薄弱

《中国数字政府发展研究报告（2021）》显示，辽宁在省级数字政府发展指数评估中排名第 24 位，仍属于追赶型，与广东、浙江等数字政府建设第一梯队相比仍有较大差距，自下而上、互联互通的政府服务监管体系和回流机制仍需打通。地区之间发展也不平衡，除沈阳大连外，其他地区建设缓慢，网上政务服务能力短板亟需补齐。

2. 数字化基础支撑能力不足

与数字政府建设的先进省份相比，辽宁的政务数字化基础支撑能力偏弱，新型数字基建规模偏小，集约共享思维亟需增强。政务信息化建设治理碎片化、回应群众需求低等现象普遍存在。跨层级建设，尤其是基层信息化纳入省市统建整体布局较为缓慢，省市对接打通和共用基础能力仍需提升，依然存在各自为政、重复建设等问题。

3. 数字共治、数据共享仍需落地

辽宁政府、公众、企业间数据共享协同水平依然不高，数据产权不明确，政务数据共享、数据监管等治理机制不完善，尤其是对数字应用场景挖掘不深，没有建立起上下贯通、横向联通的数据资源体系。政产学研合作形式单一、重复繁杂、圈层化严重。此外，对数字政府治理认知不统一，对数字化改革存在畏难情绪，一些部门仍保留自上而下传统治理观念问题依然存在。

二、加强辽宁数字政府建设的对策建议

1. 构建科学规范的数字政府制度规则体系

一是推进"顶层设计 + 基层创新"。可借鉴广东"省统、市建、共推"、浙江"一地创新、全省共享"等经验，避免重复建设，寻找最佳效益。加强区域协同对口合作，引进、培育相关部门业务专家，进行省际及省内一对一或一对多的定向扶持指导。二是推进开放创新、多元共治的数字政府生态治理。树立数字共治理念，以数字化改革助力政府职能转变，加快实施数字政府共建计划。支持本土数字企业提升自主创新能力，深入开展与头部数字企业合作，探索建立数字企业贡献评价体系，并对接一体化政务服务平台，依据评价结果为企业提供补贴、减税等奖励。三是提升干部数字化履职能力。研究编制数字素养与技能培训大纲，形成完善的培训体系，加大数字素养培训力度，加快建立高素质的数字政务人才梯队。

通过借鉴浙江省项目专班制、干部路演制等形式，推动领导干部从部门思维向用户思维转变。建立数字政务人才考评制度，探索推进聘任制改革，招聘数字化领域高精尖缺人才，释放数字人才红利。四是完善数字政府评价机制。建议将绿色低碳、数字共治等新理念融入评价体系，对照国家文件以及第三方指标，借鉴浙江省数字政府评价体系2.0框架，覆盖顶层设计、数字基建、数据共享、通用能力建设、场景应用与创新、综合保障等，以标准化促进数字政府建设规范化发展。

2. 构建协同高效的政府数字化履职能力体系

一是以数字化治理提升政府经济调控能力。依托辽宁电子政务云计算中心算力资源以及政务信息资源共享交换平台，汇聚财政、统计、海关等各领域经济运行数据，建设全省经济治理基础数据库，实现经济数据的全链条治理。二是以数字化驱动市场监管现代化。将智慧监管融入数字辽宁总体布局，加快双随机、一公开监管工作平台建设，实现与"互联网＋监管"系统互联互通。加快推进跨部门协同监管常态化，实行抽查事项清单管理。完善食品安全、药品安全等民生重点领域监管，加强平台经济等数字经济新业态新模式领域监管，推进智慧能源监管。三是提升基层智慧治理能力。坚持党建引领基层治理，深化智慧党群服务系统建设，加快构建"党建统领＋基层治理"的工作体系。聚焦一老一幼，积极打造数字化社区养老等创新服务模式。鼓励探索政务服务驿站等基层治理模式创新，尽快实现最多跑一次改革在基层落地。四是提高数字化政务服务效能。积极打造不打烊的数字政府，加快建立智能回访体系，形成政务服务闭环。加快推进大数据、数字孪生等数字技术创新应用到政务服务场景中，积极拓展数字政务应用场景，构建平台联通、流程高效、场景统筹的长效机制。

3. 构建数字政府全方位安全保障体系

一是打造数字政府安全屏障。加固数字政府建设安全防线，建立健全数字政府安全评估常态化机制，定期开展网络安全、数据保密等应用检查。借鉴广东组织"粤盾"实战化网络安全攻防演练的做法，加强信息安全统筹规划，为数字政府网络安全和数据安全提供有力保障。二是加快建立政府主导、多方参与的数据治理机制。完善数据安全协同治理体系，压实数字政府安全管理责任，强化多元主体协同监管。鼓励本土企业助推数字新基建升级，加快推进数字政府建设领域关键核心技术攻关，为政务信息化应用提供安全可靠的算力和云储存等服务。积极探索数字治理新路径，建议主办"东北区域网络安全峰会"。三是强化数据安全保护。提升数据治理能力，加强风险识别与防护、数据脱敏等技术应用，推进数据安全管理工作可量化、可追溯、可评估。完善《辽宁省政务数据资源共享管理办法》《辽宁省大数据发展条例》等法规条例，切实加强数字政府建设中数据安全体系的制度和标准，严厉打击危害数字政府网络安全的违法犯罪活动。

4. 构建开放共享的数据资源体系

一是以制度创新推动数据治理。坚持将数据作为新型生产要素，发挥数据的基础资源作用和创新引擎作用，推动数据赋能社会治理与经济发展。建立首席数据官（CDO）制度，建议以沈阳、大连作为首批试点城市，推行首席数据官、数据专员制度，加强公共数据统筹管理，促进数据要素市场化配置改革。二是实现数据高效共享。摸清全省公共数据资源底数，推动公共数据应归尽归、跨地区数据共享，实现全省数据资源一本账管理、一站式浏览。建议尽快颁布《辽宁省省级共享数据目录清单》，推动清单全网互认、动态更新。在此基础上，加快完善辽宁省公共数据开放平台，持续优化数据应用、数据服务等平台模块。建议借鉴浙江"数字资源超市"的做法，将云资源、算法和服务、数据产品资源等"特殊商品"上线，经过搭积木式的模块组装，实现各类应用打造。三是积极探索数据价值化。注重数据价值而非数据本身的共享，鼓励多元主体基于数据的智能化创新，促进数据价值化成果转型落地。根据公共数据的敏感程度、应用场景，差异化制定分级分类的授权机制，促进公共数据跨部门、跨区域、跨行业的安全高效共享，赋能数字政府的"数治""数智"能力。

第三节　加快申建绿色金融改革创新试验区

2022 年 8 月 16 日，习近平总书记在锦州东湖森林公园考察加强生态环境修复情况时，强调良好生态环境是东北地区经济社会发展的宝贵资源，也是振兴东北的一个优势①。为加快辽宁绿色发展，让绿色成为辽宁高质量发展的鲜明底色，为建设美丽中国做出辽宁贡献，应进一步推动绿色金融的全面发展。

2016 年，中国人民银行等 7 部委发布的《关于构建绿色金融体系的指导意见》，标志着中国成为全球首个由政府推动并发布政策明确支持

① 习近平在辽宁考察时强调　在新时代东北振兴上展现更大担当和作为　奋力开创辽宁振兴发展新局面［N］. 辽宁日报，2022 – 08 – 19.

"绿色金融体系"建设的国家。2017 年至今，国务院已先后分三批在全国"七省（市）十地"设立了"绿色金融改革创新试验区"（以下简称"试验区"），这标志着我国绿色金融迈入"自上而下"的顶层设计和"自下而上"的区域探索相结合的新发展阶段。2021 年 5 月，中国人民银行牵头再次启动"试验区"新一轮扩容工作，引致国内众多城市积极响应：2021 年 7 月，北京市委、市政府申建通州"试验区"；2022 年 3 月，河南省信阳市全力申建"绿色金融改革创新"和"气候投融资"双试点城市；2022 年 8 月 19 日，《重庆市建设绿色金融改革创新试验区总方案》得到国务院同意。目前，已批复成立的"试验区"均分布在我国东部、中部、西部地区，唯独东北地区尚属空白。2022 年，辽宁阜新市、大连金普新区已成功获得首批国家气候投融资试点资格，应借此机会更进一步，鼓励并支持辖内有条件的市（区）继续积极申建国家级"试验区"。

一、积极申建"绿色金融改革创新试验区"是发展壮大绿色金融、建设美丽辽宁的重要举措

1. 构筑绿色投融资高地，提供长效融资机制

成功申建"试验区"有利于获得财政贴息和税收优惠的政策支持，更好引导中长期资本投入，扩大融资渠道，降低民营企业债务融资约束。与此同时，可以利用扶持政策，通过设立碳中和基金、债券等方式引导更多社会资本投资绿色产业项目。以江西赣江新区为例，截至 2021 年 12 月末，赣江新区绿色贷款余额 116.5 亿元，较批复之初增长 3.5 倍；新增发绿色债券规模 158 亿元；绿色股权融资总额达 124.7 亿元；设立 19 只绿色产业基金，认缴资金额 527.9 亿元，实际到账 218.3 亿元；2021 年全年累计办理绿色票据贴现 2.16 亿元。2021 年全省绿色贷款余额 3893.79 亿元，创新推出碳排放权质押贷款、林业碳汇账户质押贷款等绿色信贷产品；落地碳中和债、碳中和基金、"绿色赣江"低碳生活小程序等主题产品；首次单设碳达峰碳中和项目库，新增碳中和项目 69 个，金额 623 亿元。碳减排支持工具落地见效，截至 2021 年末，全省在清洁能源、节能环保、碳减排技术三大重点领域贷款 48.79 亿元，预计带动年减排 102.6 万吨二氧化碳当量[①]。

2. 改善金融发展生态，健全绿色金融市场体系

成功申建"试验区"有利于激发更多金融机构参与绿色金融活动的积

[①] 江西省绿色金融发展规划（2022 – 2025 年）。

极性。凭借财政补贴形式的政策优势吸引更多绿色金融机构入驻，同时激励金融机构创新绿色金融产品和服务模式，拓展绿色金融业务范围，丰富信托、城市信用社等金融新业态。以广东广州市为例，截至 2023 年第一季度末，全市绿色贷款余额 6471.52 亿元，居全省、各试验区前列；截至 2023 年上半年，广碳所碳配额成交量突破 2 亿吨，占全国总量 27.70%，累计成交超过 50.92 亿元，居全国首位；广州累计发行各类绿色债券 1123.43 亿元，包括全国首批碳中和债券，并成功在港澳发行境外绿色债券，深化大湾区绿色金融合作，改革成效显著①。

3. 打造绿色城市名片，推动低碳城市建设

成功申建"试验区"可以为辽宁实现"双碳"目标树立城市建设标杆，促进绿色金融、生态修复与城市建设有机融合。这方面已有一些成功案例，如浙江湖州市试验区 5 年来空气优良率较 2017 年试点初期提高 19.2 个百分点，成功入选中国"十大秀美之城"，绿色发展指数连续三年居全省三甲②。与此同时，也有利于提高城市知名度，为招商引资、产业升级、吸引人才等提供有利条件。由于在推动低碳城市建设过程中，绿色基础设施建设、清洁能源供应、绿色建筑、污水固废处理等领域资金需求量巨大，单纯依靠政府配套无疑将导致财政负担过重，而试验区可以通过绿色项目吸引各类社会资本参与低碳城市建设。

4. 为产业低碳转型提供成功经验

成功申建"试验区"有利于为其他城市的低碳转型提供借鉴。如选取典型石油化工城市，通过测度"试验区"成效，可为建设发展条件相似绿色低碳城市提供金融方案和推广经验。为此可学习浙江衢州试验区的做法，秉持"绿色＋特色"理念，致力于探索绿色金融在支持传统产业改造转型的经验，在国内、省内率先开展首创性工作，取得示范效应。此外，由于试点政策具有空间溢出效应，可使绿色金融改革政策的碳减排效应向周边地区辐射，以点带面，推动辽宁"双碳"目标的完成。

二、辽宁相关市（区）可凭借自身优势积极申建绿色金融改革创新试验区

为适应产业转型升级、金融市场发展、建立现代化经济体系的新形势，应鼓励并支持全省具有特殊优势和重大改革任务的市（区）如盘锦

---

① 广东金融大讲堂：广州市绿色金融改革创新试验区建设的总体情况［EB/OL］. 广东省地方金融监督管理局，2023－04－06.
② 刘一闻. 勇当绿色金融改革探路者［J］. 中国金融，2022（10）.

市、锦州市、沈抚新区等城区积极申报。

1. 盘锦市石化产业面临转型压力，发展绿色金融恰逢其时

作为省内典型石油化工城市，盘锦市石化产业集群规模庞大，工业产值占经济总量超过80%，碳排放强度大，资源使用效率偏低，全市高能耗企业占企业总数30%以上，推进石化企业绿色技术创新、产业低碳转型势在必行。在发展绿色金融方面，截至2021年6月，盘锦五大国有银行绿色贷款余额49.06亿元①，增速逐年扩大，贷款用途主要为全市基础设施绿色升级，清洁生产和清洁能源产业等，且无不良贷款情况。盘锦市积极引导全市金融机构开展创新绿色信贷产品和服务，为申报"试验区"打下了良好的基础。

2. 凭借习近平总书记考察东风，打造锦州"绿色"英雄城

习近平总书记在本次锦州考察中主要去了两个地方——辽沈战役纪念馆、东湖森林公园，充分表达了对锦州英雄城的肯定，也显示了对锦州人民生活环境的高度重视。因此，锦州应积极发展绿色金融，为修复生态环境提供重要支撑，为打造"绿色"英雄城赋能助力。成功申建"试验区"可以为锦州打造"绿色"英雄城的新名片，树立城市建设新标杆，促进绿色金融、生态修复与城市建设有机融合，为落实总书记考察的重要讲话精神迈出扎实一步。

锦州市绿色金融市场土壤肥沃，绿色企业融资渠道畅通。光伏、风电等新能源行业发展较早，基础较好，可以为绿色金融发展培育良好的土壤，收获较大的绿色发展边际收益。目前，锦州市已拥有以政策性银行、大型国有商业银行、股份制商业银行等为主导，以保险、证券、政府投融资平台等为补充的较为完备的金融组织体系，企业融资渠道多元化，长效融资机制健全。截至2022年7月，全市13个主要银行业金融机构绿色专项贷余额101.87亿元，虽然规模与沈阳、大连还有较大差距，但仍排在全省第三位②。贷款用途主要为基础设施绿色升级，清洁生产和清洁能源产业发展等提供支持，且无不良贷款情况，有利于绿色产业集聚发展。

此次习近平总书记对锦州东湖森林公园的考察，是申建"试验区"的强大动力。目前，已引起国内外各大媒体重点关注与宣传，尤其总书记重点听取了锦州修复生态环境情况的汇报，而绿色金融与修复生态环境关系密切，所以此时申建国家级"试验区"将会更容易获得相关部委的关注和

①② 资料来源：中国人民银行辽宁省分行2022年绿色金融简报。

支持，同时可为建设辽西融入京津冀协同发展战略先导区做出更大的贡献。

3. 沈抚新区政策资金激励作用强，助力绿色产业集聚发展

"十四五"期间，辽宁为加快建设沈阳现代化都市圈，重点支持沈抚改革创新示范区先行先试，推出更多制度创新成果。沈抚新区以改革创新为着眼点，当前大力发展信息技术应用及装备、新能源（氢能）等六大主导产业，政府鼓励辖内金融机构支持民营企业发展，融资渠道和规模逐步拓宽，逐步形成"硅谷"式产业集聚。依托沈抚新区的入驻政策优惠，有效减轻了绿色企业运营和技术创新的资金压力，试验区内高新技术企业的技术创新活力强。尤其值得指出的是，2021 年 12 月，生态环境部等九部委联合发布的《气候投融资试点工作方案》明确提出，优先考虑在国家级新区和地级市开展试点。因此，沈抚新区极具绿色金融发展的政策优势和产业优势。

三、辽宁绿色金融发展现状及存在的主要问题

辽宁绿色金融虽然起步晚，但发展较快。为全面落实总书记关于加强"生态安全"，牢固树立"绿水青山、冰天雪地都是金山银山"的新发展理念，专门成立了绿色金融工作领导小组，由省领导亲自挂帅，相关部门共同参与，人民银行沈阳分行和省金融监管局承担领导小组办公室职责，工作机制不断健全完善。2022 年 6 月末，中国人民银行沈阳分行、省发展和改革委、省工信厅、省财政厅、省生态环境厅、省金融监管局、辽宁银保监局及辽宁证监局等八部门共同出台了《关于完善绿色金融体系助推辽宁绿色低碳发展的实施意见》，引导资本向绿色领域聚集，促进辽宁绿色低碳发展。该实施意见共十部分、三十九条，明确以习近平新时代中国特色社会主义思想为指导，坚持金融服务实体经济本质要求。设立了完善绿色金融服务体系、打造绿色金融服务品牌、助推绿色低碳发展三大目标，提出确保在三年内，绿色贷款余额达到 5000 亿元，年平均增速不低于10% 的量化目标。从建立绿色制度体系、推动绿色信贷创新发展、支持绿色产业直接融资等九大方面提出具体措施，为辽宁绿色金融发展做出了全面规划。

绿色金融在支持辽宁经济低碳转型和高质量发展方面正发挥着越来越重要的作用。截至 2022 年 6 月末，全省绿色贷款余额 3691.7 亿元人民币，同比增长 17.24%，高于同期各项贷款余额增速 16.7 个百分点，连续11 个季度两位数增长。绿色债务融资工具余额 101.4 亿元人民币，同比增

长79.1%。碳减排支持工具及煤炭清洁高效利用专项再贷款政策工具落地见效，截至2022年5月末，已有15家金融机构的58个项目获得碳减排领域贷款62亿元，加权平均利率3.41%，带动年度碳减排达125万吨二氧化碳当量；4家银行的4个煤炭清洁高效利用项目获得贷款3.2亿元，加权平均利率4.15%，资金来源全部为支持煤炭清洁利用专项再贷款资金。2022年8月5日，辽宁省绿色金融工作推进会议在人民银行沈阳分行召开，省领导出席会议并讲话。会议对进一步深化绿色金融工作、助推辽宁绿色低碳转型和高质量发展作出部署①。

目前，辽宁基层绿色金融实践正在持续推进，由人民银行沈阳分行牵头的地方绿色金融工作试点范围包括大连、鞍山、本溪、抚顺、铁岭和盘锦6个城市。结合地区产业特点、资源禀赋，各试点进一步明确了推进方向。大连人行和大连市生态环境局已连续两年在辖内组织开展了绿色企业和绿色项目申报工作。截至2022年6月，辖内银行业金融机构为项目库内56户企业授信186.67亿元。国电电力发展股份有限公司发行两只共计15亿元的海上风电蓝色债券。启动大连银行、大连农商银行环境信息披露工作。鞍钢集团矿业公司成功发行2亿元绿色中期票据，是我国铁矿行业首单绿色债券。铁岭政府及当地人行出台文件，对绿色低碳企业贷款按年化1%的比例进行贴息。盘锦市将"发展绿色金融"写入2022年《政府工作报告》。阜新市创新"再贷款＋绿贷通"和"再贴现＋绿票通"金融服务模式，单列再贷款、再贴现专项额度，对辖区金融机构绿色贷款、绿色票据给予定向支持，高频组织银企对接活动，达成信贷投放意向25亿元②。

同时应当看到，虽然辽宁绿色金融发展势头良好，但在整体规模、产业转型升级、绿色金融发展基础条件、基础设施建设等方面仍存在一些不足。

从绿色金融整体规模方面来看，一是绿色贷款总量不大。与同样没有试验区的两个省份相比尚有差距：安徽省截至2022年第二季度末，全省绿色贷款余额5582.25亿元，同比增长55.5%；四川省截至2022年第一季度末，全省绿色贷款余额7817.7亿元，同比增长38.97%，两省规模及同比增长均大于辽宁。二是绿色债券全国占比不高。截至2022年8月8日，我国绿色债券发行总和已达到1.03万亿元，同比增长约53%，辽宁绿色债券全国占比只有1%。三是地区发展不均衡。绿色贷款、绿色债券

---

①② 资料来源：中国人民银行辽宁省分行内部研究报告。

及碳减排支持工具等主要集中在沈大地区，绿色金融发展规模均在80%以上，其他地级市发展缓慢[①]。

从产业转型支持方面来看，发展绿色金融任务较重。如省内石化产业集群的碳排放强度大，涉及市场主体广，导致减排难度高，且绿色转型投资需求大，但融资渠道单一，资金使用效率低下，需要健全长期融资机制。以盘锦市为例，一是碳排放速度加快。2021年末碳排放量为3428.2万吨，年均增长34.8%；二是碳排放结构分化。六大石化产业碳排放量合计占比达91.8%；三是碳排放强度高。石化行业碳排放强度为3.1吨/万元，大幅高于全国平均水平；四是石化能源消耗较多。近三成企业综合耗能大于5000吨标准煤/年。在此情况下，全市石化产业绿色低碳转型较为被动，只有不足三成企业制定了低碳行动规划，但因受资金、技术及人才等因素制约，目前产业转型进展缓慢[②]。另外，本地产业转型发展还要面对经济增长动力减弱、劳动力就业问题凸显等压力。

从绿色金融发展基础条件来看，一是现有绿色金融服务主体缺乏。其他非银行金融机构参与较少，绿色金融产品和服务供给不足，融资工具匮乏，较难满足当前绿色企业（项目）多层次、多样化的投融资需求。二是地方政府和金融机构缺乏与高校及科研院所的交流合作。三是绿色金融人才匮乏。绿色金融高素质、复合型人才的不足制约了绿色信用评估认证机构、环境损害修复鉴定机构等第三方绿色中介服务机构的发展。

从绿色金融基础设施建设来看，主要是环境信息披露机制、银企对接的绿色金融综合服务平台建设亟须起步。目前国家发改委已建立了绿色产业指导目录，而辽宁部分地方政府还未制定完善的绿色企业名录。绿色金融政策安排涉及生态环境局、工信局、农业农村局、人民银行等10余个部门，但内部工作机制尚未建立。省内小微企业特别是民营企业对"双碳"、绿色金融政策缺乏清晰认识，缺乏明确的低碳转型行动规划。

四、积极推进绿色金融改革创新试验区发展的对策建议

1. 完善绿色金融政策框架，进一步扩大绿色金融规模

针对辽宁绿色金融整体规模不大的情况，应通过完善绿色金融政策框架，从监管和激励两方面入手，加快绿色金融发展，以保证在三年内完成绿色贷款余额达到5000亿元、年平均增速不低于10%的量化目标。一是

---

① 资料来源：中国人民银行辽宁省分行内部研究报告。
② 资料来源：中国人民银行辽宁省分行2022年绿色金融简报。

优化监管政策。主要以业务考核、风险监督补偿和司法保障为侧重点。切实加强对金融机构的绿色金融业务考核，认真贯彻《银行业金融机构绿色金融评价方案》，建立绿色金融统计数据质量监督问责制度，加强绿色信贷工作进行业务管理。建立风险监督补偿机制，强化风险控制，建设金融风险分析及管理信息系统，实时监控，及时化解。加强司法监管，完善绿色金融主体司法服务及联动保障机制，组建由绿色金融管理部门和专家、学者组成的金融审判专业陪审员队伍。二是加强配套扶持政策。坚持以货币政策、财政政策、产业集聚政策为导向，认真贯彻《关于完善绿色金融体系助推辽宁绿色低碳发展的实施意见》。通过激励政策措施提升辽宁绿色金融发展动力，通过有效监管政策措施保障绿色金融发展。

2. 制定差异化绿色金融政策，支持产业转型顺利进行

针对产业转型任务重的行业及地区，建立再贷款支持绿色信贷专项机制，实施差别化的绿色贷款贴息政策。在支持产业转型发展的过程中，不断丰富绿色金融产品系列。制定财政政策设立绿色金融专项基金，综合运用财政贴息、风险补偿、先进奖励、税收减免、财政性存款存放等手段，降低金融机构发展绿色金融的成本，鼓励企业绿色创新。规划建设绿色产业示范园区或依托沈抚新区等高新技术产业园区，促进产业集聚发展，发挥创新溢出效应，通过绿色信贷、绿色债券和绿色基金等金融产品，集中支持绿色企业与绿色项目。

3. 健全绿色金融基础条件，实现绿色金融人才"引育结合"

一是加强绿色金融产品设计。主要以试验区的装备制造、能源转型等优势产业为导向推广绿色金融，形成以绿色信贷为主导，绿色债券、绿色保险、碳金融等多种绿色金融产品相互补充的绿色金融产品体系。二是创新抵押担保。引导金融机构拓宽绿色项目质押范围，推动库存商品质押、绿色技术创新质押、碳配额质押、排污权质押和合同能源管理等抵押担保形式，合理引导资金流向。三是建立多元绿色金融主体。鼓励银行、保险、证券等金融机构在绿色金融改革创新试验区设立绿色金融事业部和分支机构，在试验区内发展第三方绿色中介服务机构，促进绿色信用评级、绿色资产评估、环境风险鉴定和环境损害评估等行业集聚发展。

为尽快补齐人才短板，应实行绿色金融人才"引育结合"。对于引进人才，各地应纳入相关人才库，制定标准提供相应人才政策。对于本地绿色金融人才培养，应以银行和非银行金融机构、高校及科研院所为主导，以企业、社会机构团体为补充。同时鼓励并支持有一定基础的高校及科研院所建立绿色金融相关研究中心。建立产学研用协调机制，促进绿色金融理论与绿色发展实践相结合。

4. 加快绿色金融基础设施建设

一是建立绿色项目库或发布绿色项目清单。鼓励非绿色项目进行绿色化改造，对入库项目予以绿色金融有关政策优惠支持。二是建立企业信息采集与征信系统。强化完善信息披露机制建设，实时关注企业经济活动，追踪绿色项目资金使用去向，提高项目资金利用效率，开发绿色融资企业和项目认定评价信息化系统，建设企业环境信用信息平台或绿色项目金融信息平台。三是建立绿色金融统计制度。将银行机构的综合评价，作为申请开展再贷款、再贴现业务及开展金融市场业务的重要参考条件。四是运用金融科技应用程序。依托机器学习模型，识别高环境效益的小微绿色企业，解决小微企业融资困境。五是大力支持中小企业低碳转型。从主观上加强对普及低碳绿色转型的宣传，从客观上提供针对性绿色金融转型工具，增强其抗风险经营能力，适时出台针对中小企业低碳转型的规划指导方案，促使其走上良性健康的低碳绿色发展轨道。

5. 申报绿色金融改革创新试验区需要注意的几个问题

一是充分发挥地方比较优势。深入分析申报市（区）的区位优势和资源优势，以及在"双碳"目标下的具体发展规划和主要任务，并综合考虑当地企业、金融机构不同特征与所在地区的异质性，聚焦自贸区、改革创新示范区、石化产业及新能源集群等要素点。二是认真分析绿色金融供求状况。主要是健全环境信息披露相关法律法规与政策体系，统一环境信息披露与使用标准，严格绿色金融信息披露机制，摸清金融机构开发绿色金融产品运营、企业环境信息和城市低碳转型投资需求底数，通过绿色金融资金缺口核算，掌握绿色金融供需状况。三是学习借鉴外地经验。主要是绿色金融政策体系、组织体系、标准体系、监管体系、产品和服务体系建设经验，以及绿色金融综合服务平台建设情况。四是组织编制《建设绿色金融改革创新试验区》方案。确定时限要求，注重长中短期相结合，明确申建的具体措施、创新点并配套出台具体实施意见和实施细则，打造绿色金融发展的"辽宁样本"。

参 考 文 献

中文文献：

［1］北京工商大学世界经济研究中心，遂宁绿色经济研究院，中国对外贸易．中国300个省市绿色经济和绿色 GDP 指数（CCGEI2011）［R］．北京，2012.

［2］北京师范大学科学发展观与经济可持续发展研究基地，西南财经大学绿色经济与经济可持续发展研究基地，国家统计局中国经济景气监测中心．2012年中国绿色指数年度报告——区域比较［M］．北京：北京师范大学出版社，2012.

［3］北京市发展和改革委员会．北京市"十二五"时期绿色北京发展建设规划［R］．北京市发展和改革委员会，2011（8）．

［4］钞小静，任保平．城乡收入差距与中国经济增长质量［J］．财贸研究，2014，25（5）：1－9.

［5］陈群元，宋玉祥．东北地区可持续发展评价研究［J］．中国人口·资源与环境，2004（1）：80－85.

［6］陈曦．创新驱动发展战略的路径选择［J］．经济问题，2013（3）：42－45.

［7］陈雪莲，杨雪冬．地方政府创新的驱动模式——地方政府干部视角的考察［J］．公共管理学报，2009，6（3）：1－11，121.

［8］陈燕飞，魏亚平．文化创意企业管理者特征与研发投资决策研究［J］．财经问题研究，2014（S2）：112－116.

［9］陈勇星，屠文娟，季萍．企业技术创新动力系统及其模型［J］．统计与决策，2013（5）：54－57.

［10］程惠芳，陆嘉俊．知识资本对工业企业全要素生产率影响的实证分析［J］．经济研究，2014，49（5）：174－187.

［11］程郁，陈雪．创新驱动的经济增长——高新区全要素生产率增

长的分解 [J]. 中国软科学, 2013 (11): 26 – 39.

[12] 崔木花. 城市群发展质量的综合评价 [J]. 统计与决策, 2015 (4): 61 – 64.

[13] 戴昶舒, 鲍铁文. 浅析东北地区创新驱动发展视角下的知识产权保护制度 [J]. 法制与社会, 2018 (20): 186 – 187.

[14] 董锋, 谭清美, 周德群, 等. 资源型城市可持续发展水平评价——以黑龙江省大庆市为例 [J]. 资源科学, 2010, 32 (8): 1584 – 1591.

[15] 段婕, 孙明旭. 高技术产业、传统产业与区域经济三系统耦合协调度实证研究 [J]. 科技进步与对策, 2017, 34 (23): 54 – 63.

[16] 辜胜阻, 刘江日. 城镇化要从"要素驱动"走向"创新驱动" [J]. 人口研究, 2012, 36 (6): 3 – 12.

[17] 谷国锋, 王建康, 刘多, 姚丽, 宋庆伟. 东北地区经济发展与环境协调关系的实证分析 [J]. 华东经济管理, 2016, 30 (1): 63 – 70.

[18] 郭媛媛. 当前我国构建"亲""清"新型政商关系研究 [D]. 首都经济贸易大学, 2017.

[19] 国家统计局. 2016 年生态文明建设年度评价结果公报 [R]. 2017.

[20] 韩增林, 张云伟. 东北地区经济综合发展能力时空差异分析 [J]. 经济地理, 2010, 30 (5): 716 – 722.

[21] 郝芳, 王雪华, 孔丘逸. 基于系统动力学的中国绿色增长评价模型研究 [J]. 大连理工大学学报 (社会科学版), 2017, 38 (3): 39 – 45.

[22] 何江, 张馨之. 中国省区收入分布演进的空间——时间分析 [J]. 南方经济, 2006 (12): 64 – 77.

[23] 何秀丽, 程叶青, 马延吉. 东北粮食主产区城乡协调发展综合评价——以长春市为例 [J]. 农业现代化研究, 2010, 31 (6): 724 – 728.

[24] 和军, 牛娟娟. 改革开放以来东北经济研究演进分析 [J]. 辽宁大学学报 (哲学社会科学版), 2018, 46 (5): 58 – 66.

[25] 和军, 张依. 改革开放以来东北地区工业竞争力演变、原因及提升路径 [J]. 中国特色社会主义研究, 2018 (5): 25 – 33, 68.

[26] 和军, 张紫薇. 新一轮东北振兴战略背景与重点——兼评东北振兴战略实施效果 [J]. 中国特色社会主义研究, 2017 (6): 33 – 41, 2.

[27] 洪兴建. 中国地区差距、极化与流动性 [J]. 经济研究, 2010

（12）：82 – 96.

［28］洪银兴．关于创新驱动和协同创新的若干重要概念［J］．经济理论与经济管理，2013（5）：5 – 12.

［29］洪银兴．论创新驱动经济发展战略［J］．经济学家，2013（1）：5 – 11.

［30］洪银兴．深化改革推动新阶段的经济发展［J］．经济学家，2013（12）：7 – 9.

［31］黄国辉，孙剑平．科技创新公共服务平台推进东北供给侧改革［J］．北方经贸，2019（1）：4 – 6.

［32］黄群慧，石颖．东北三省工业经济下行的原因分析及对策建议［J］．学习与探索，2016（7）：100 – 112，176.

［33］黄群慧．"新常态"、工业化后期与工业增长新动力［J］．中国工业经济，2014（10）：5 – 19.

［34］黄悦．东北地区资源型城市资源诅咒效应及协调发展研究［D］．东北师范大学，2016.

［35］江胜蓝，邢文杰．以"最多跑一次"改革撬动各领域改革［J］．政策瞭望，2018（6）.

［36］姜永春．论创新驱动与东北老工业基地再振兴［J］．中国市场，2016（27）：99，101.

［37］蒋玉涛，招富刚．创新驱动过程视角下的创新型区域评价指标体系研究［J］．科技管理研究，2009，29（7）：168 – 169，181.

［38］金碚．中国经济发展新常态研究［J］．中国工业经济，2015（1）：5 – 18.

［39］孔祥浩，许赟，苏州．政产学研协同创新"四轮驱动"结构与机制研究［J］．科技进步与对策，2012，29（22）：15 – 18.

［40］李娟伟，任保平，刚翠翠．提高中国经济增长质量与效益的结构转化路径研究［J］．经济问题探索，2014（4）：161 – 167.

［41］李伟伟，易平涛，刘军，晶晶．兼顾双重发展态势的东北地区创新能力评价［J］．东北大学学报（自然科学版），2019，40（2）：290 – 294.

［42］李政，于凡修．东北地区实现创新驱动发展的动力机制与基本路径［J］．社会科学辑刊，2017（1）：33 – 43，209.

［43］梁振民，陈才，刘继生，梅林．东北地区城市化发展质量的综合测度与层级特征研究［J］．地理科学，2013，33（8）：926 – 934.

［44］林木西．东北老工业基地制度创新［M］．辽宁大学出版社，2009.

［45］林木西，和军．东北振兴的新制度经济学分析［J］．求是学刊，2006（12）：31－36.

［46］刘帆．创新驱动东北老工业基地经济转型升级的探索与思考［J］．黑龙江金融，2018（2）：16－18.

［47］刘克斌，郑学昊，周萍．东北振兴过程中辽沈地区民营企业创新驱动阻力研究［J］．沈阳干部学刊，2018，20（1）：41－43.

［48］刘颖晰．东北老工业基地再振兴与创新驱动发展［J］．淮北职业技术学院学报，2016，15（4）：115－116.

［49］刘宇，程春梅，张征超．新常态下东北工业结构评价及优化研究［J］．科研管理，2016，4（37）：56－61

［50］刘志彪．从后发到先发：关于实施创新驱动战略的理论思考［J］．产业经济研究，2011（4）：1－7.

［51］龙如银，唐敏．江苏省绿色增长水平评价及区域差异分析［J］．生态经济，2017（5）：113－117.

［52］娄成武，张国勇．基于市场主体主观感知的营商环境评估框架构建——兼评世界银行营商环境评估模式［J］．当代经济管理，2018（6）．

［53］娄成武，张国勇．治理视阈下的营商环境：内在逻辑与构建思路［J］．辽宁大学学报（哲学社会科学版），2018（2）．

［54］吕薇．创新驱动战略关键是改环境转方式［N］．学习时报，2014－05－26（007）．

［55］吕晓菲，卢小丽．资源型城市绿色增长能力评价研究［J］．科研管理，2016，37（9）：89－97.

［56］马宝成．深化"最多跑一次"改革：从系统性迈向重构性［J］．中共浙江省委党校学报，2018（3）．

［57］马丽娟．东北老工业基地振兴发展基点是创新驱动——学习习近平总书记视察东北讲话［J］．黑龙江省社会主义学院学报，2016（3）：47－49.

［58］马骥．云南省绿色经济发展评价指标体系研究［J］．西南民族大学学报（人文社会科学版），2018，39（12）：128－136.

［59］潘宏亮．创新驱动引领产业转型升级的路径与对策［J］．经济纵横，2015（7）：40－43.

［60］庞智强，王必达．资源枯竭地区经济转型评价体系研究［J］．

统计研究，2012（2）：73 – 79.

　　[61] 曲鹏. 辽宁营造良好营商环境探析 [J]. 党政干部学刊，2018（5）：64 – 68.

　　[62] 曲伟，曲晓慧，姜春海，徐建中，赵亚楠. 新一轮东北振兴的体制机制、区域合作与资源型城市转型 [J]. 改革，2016（9）：59 – 67.

　　[63] 任保平，葛枫. 内蒙古经济增长质量的测度与评价 [J]. 财经理论研究，2014（6）：76 – 81.

　　[64] 任保平. 经济增长质量：经济增长理论框架的扩展 [J]. 经济学动态，2013（11）：45 – 51.

　　[65] 单薇. 基于熵的经济增长质量综合评价 [J]. 数学的实践与认识，2003（10）：49 – 54.

　　[66] 宋河发，穆荣平，彭茂祥. 区域创新能力及其基于熵变计算的建设政策研究 [J]. 科学学研究，2012，30（3）：372 – 379.

　　[67] 孙平军，丁四保，修春亮. 北京市人口 – 经济 – 空间城市化耦合协调性分析 [J]. 城市规划，2012，36（5）：38 – 45.

　　[68] 孙平军，丁四保，修春亮，魏冶. 东北地区"人口 – 经济 – 空间"城市化协调性研究 [J]. 地理科学，2012，32（4）：450 – 457.

　　[69] 孙平军，修春亮. 东北地区中老年矿业城市经济系统脆弱性 [J]. 地理科学进展，2010，29（8）：935 – 942.

　　[70] 孙平军，修春亮. 阜新市经济系统脆弱性分区研究 [J]. 资源与产业，2010，12（3）：1 – 7.

　　[71] 孙平军，修春亮. 辽宁矿业城市经济系统应对能力分析与脆弱性评价 [J]. 干旱区资源与环境，2011，25（4）：22 – 27.

　　[72] 孙赵勇，任保平. 中国工业生产率区域差异的 R&D 因素研究 [J]. 科学学与科学技术管理，2014，35（10）：116 – 123.

　　[73] 陶锋. 吸收能力、价值链类型与创新绩效——基于国际代工联盟知识溢出的视角 [J]. 中国工业经济，2011（1）：140 – 150.

　　[74] 佟玉华. 东北全面振兴与地方政府治理体制创新 [J]. 党政干部学刊，2018（12）：4 – 7.

　　[75] 汪锦军. "最多跑一次"改革的创新实践和政府治理转型的新命题 [J]. 中共杭州市委党校学报，2018（3）.

　　[76] 王恩旭. 东北地区协调发展的机制与对策研究 [D]. 东北师范大学，2006.

　　[77] 王芳，赵兰香，贾佳. 组织创新对企业模仿与创新绩效的影响

［J］. 科研管理, 2015, 36（12）: 65－74.

［78］王富喜, 毛爱华, 李赫龙, 贾明璐. 基于熵值法的山东省城镇化质量测度及空间差异分析［J］. 地理科学, 2013, 33（11）: 1323－1329.

［79］王维, 金娜, 钟川. 不同所有制下装备制造企业创新驱动要素差异化比较研究——以东北老工业区企业为例［J］. 科技进步与对策, 2015, 32（21）: 42－47.

［80］王勇, 李海英, 俞海. 中国省域绿色发展的空间格局及其演变特征［J］. 中国人口·资源与环境 2018, 28（10）: 96－104.

［81］魏亚平, 贾志慧. 创新型城市创新驱动要素评价研究［J］. 科技管理研究, 2014, 34（19）: 1－5, 20.

［82］巫强, 刘志彪, 江静. 扩大内需条件下长三角提高对外开放水平的新战略选择［J］. 上海经济研究, 2011（10）: 21－28.

［83］肖文圣. 我国创新驱动战略及驱动力研究［J］. 改革与战略, 2014, 30（3）: 35－38.

［84］许庆瑞, 吴志岩, 陈力田. 转型经济中企业自主创新能力演化路径及驱动因素分析——海尔集团 1984～2013 年的纵向案例研究［J］. 管理世界, 2013（4）: 121－134, 188.

［85］颜双波. 基于熵值法的区域经济增长质量评价［J］. 统计与决策, 2017（21）: 142－145.

［86］杨冬梅, 赵黎明, 闫凌州. 创新型城市: 概念模型与发展模式［J］. 科学学与科学技术管理, 2006（8）: 97－101.

［87］杨飞虎, 伍琴. 基于熵 AHP 法的中部六省经济发展综合评价研究［J］. 价格月刊, 2013（6）: 71－78.

［88］杨晶. 构建东北创新发展的人才支撑体系研究［J］. 长春市委党校学报, 2018（2）: 57－60.

［89］杨廷威. 科技创新驱动东北战略性新兴产业发展研究［J］. 理论界, 2017（12）: 7－12.

［90］杨志安, 邱国庆. 东北地区推进装备制造业创新驱动发展的路径选择［J］. 长白学刊, 2018（3）: 92－100.

［91］叶小岭, 叶瑞刚, 张颖超. 区域企业集聚科技创新要素水平及集聚效益评价研究［J］. 科技管理研究, 2012, 32（15）: 112－117.

［92］易平涛, 李伟伟, 郭亚军. 基于指标特征分析的区域创新能力评价及实证［J］. 科研管理, 2016, 37（S1）: 371－378.

［93］于凡修. 东北老工业基地创新驱动发展研究［D］. 吉林大学,

2017.

［94］曾国屏，苟尤钊，刘磊．从"创新系统"到"创新生态系统"［J］．科学学研究，2013，31（1）：4－12.

［95］曾燕南．东北老工业基地优势产业创新发展研究［J］．河北青年管理干部学院学报，2018，30（6）：90－95.

［96］张江雪，朱磊．基于绿色增长的我国各地区工业企业技术创新效率研究［J］．数量经济技术经济研究，2012（2）：113－125.

［97］张银银，邓玲．创新的产业差异与产业结构升级研究［J］．经济问题探索，2013（6）：142－148.

［98］张银银，邓玲．创新驱动传统产业向战略性新兴产业转型升级：机理与路径［J］．经济体制改革，2013（5）：97－101.

［99］张银银，邓玲．以创新推动传统产业向战略性新兴产业升级［J］．经济纵横，2013（6）：54－57.

［100］张志元，雷慧俊，周雪雪．创新驱动东北老工业基地改革振兴［J］．东北亚经济研究，2018，2（1）：88－98.

［101］赵奥，郭景福，武春友．中国绿色增长评价——基于粗糙集、突变级数模型和 Topsis 法的集成［J］．技术经济，2017，36（12）：121－128.

［102］赵冉，韩旭．高等教育、创新能力与经济增长耦合协调发展及空间演进分析［J］．黑龙江高教研究，2019，37（2）：23－29.

［103］郑秉文．"中等收入陷阱"与中国发展道路——基于国际经验教训的视角［J］．中国人口科学，2011（1）：2－15，111.

［104］中国科学院可持续发展战略研究组．2011 中国可持续发展战略报告：实现绿色经济转型［M］．北京：科学出版社，2012.

［105］周红桔，广东专利政策对高新技术企业发展作用研究［D］．汕头大学，2011.

［106］周亚虹，蒲余路，陈诗一，方芳．政府扶持与新型产业发展——以新能源为例［J］．经济研究，2015，50（6）：147－161.

［107］周正，尹玲娜，蔡兵．我国产学研协同创新动力机制研究［J］．软科学，2013，27（7）：52－56.

外文文献：

［1］Czech Statistical Office. Green growth in the czech republic selected indictors［R］. 2011.

[2] Francisco Guillén Martín, Raúl Figueroa Díaz, Irving Luna Cruz, Economic and Environmental Accounting and Green Growth [J]. México: Stiglitz Commission Report, Instituto Nacional de Estadísticay Geografía (INEGI), 2011: 1 - 8.

[3] GGGI, OECD, UNEP, the World Bank. Moving towards a common approach on green indicators [R]. India: Green Growth Knowledge Platform, 2013.

[4] Jouvel P. A. , Perthuis C. Green growth: From intention to implementation [J]. International Economics, 2013, 134 (8): 29 - 55.

[5] Lorek S, Spangenberg JH. Sustainable comsumption within a sustainable economy beyond green growth and greeneconomies [J]. Journal of Cleaner Production, 2014 (63): 33 - 44.

[6] Ministry of Government Legislation of Korea. Framework Acton low carbon, green growth [R]. 2010.

[7] Murgai Rinku. The Green Revolution and the productivity paradox: evidence from the Indian Punjab [J]. Agricultural Economics, 2001 (25): 199 - 209.

[8] National Institute of Statistics and Geography of Mexico (INEGI). Greengrowth indicators for mexico [R]. 2011.

[9] OECD. Declaration on green growth [R]. Singapore, 2009.

[10] OECD. Towards green growth [R]. OECD Meeting of the Council, 2011.

[11] Pierce David William, Anil Markandya and Edward Barbier. Blueprint for a green economy [M]. London: Earthscan, 1989.

[12] Silverman B. W. Density Estimation for Statistics and Data analysis [M]. London: Chapman and Hall, 1986.

[13] Statistics Netherlands. Green growth in the netherlands [R]. 2011.

[14] UNEP. Measuring progress towards an inclusive green economy [R]. 2012.

[15] UNESCAP. Shifting towards "green growth" in asia and the pacific [R]. Souel, 2005.

[16] World Bank. Inclusive green growth: The pathway to sustain-able development [R]. Washington D. C. , 2012.

后　记

本书是我主持的国家社会科学基金后期资助项目《深入推进东北全面振兴研究》的结项成果。党的十八大以来，习近平总书记先后 10 次到东北视察、3 次主持召开东北振兴座谈会。本项目主要根据 2018 年第二次座谈会的要求开展研究。主要围绕新时代东北振兴是全面振兴、全方位振兴，从维护国家国防安全、粮食安全、生态安全、能源安全、产业安全"五大安全"提供战略支撑的角度深入推进东北振兴。2023 年习近平总书记主持召开第三次东北振兴座谈会，本项目根据新时代东北全面振兴的新要求，进一步增加了相关研究内容。

本书主要内容主要分为两大部分：第一部分是 2018 年以来全面贯彻新发展理念，以创新发展、协调发展、绿色发展、开放发展和共享发展深入推进东北振兴（第三章至第七章）；第二部分是新增加的内容，主要分析擘画新时代推动东北全面振兴发展的新蓝图（第一章）、高质量发展、可持续振兴的新时代东北全面振兴道路（第二章），对东北振兴 20 年的历程从理论和实践上进行了认真梳理，并对新时代东北全面振兴道路进行了进一步分析。在此基础上，还对奋力谱写东北全面振兴新篇章进行了案例分析（第八章）。

本书的特色主要表现在：一是坚持问题导向。紧紧围绕东北振兴真实问题深入研究，切实为深入推进东北新一轮振兴提供理论支撑和决策参考。二是做到有的放矢。项目针对具体问题，分别选取适合该问题的科学研究方法进行分析，以保证研究的客观性和准确性。三是坚持与时俱进。围绕党中央的最新部署，对接国家重大战略，利用新方法研究新理论新思路新举措。四是努力贴近现实。由于项目研究成果的结论和政策建议具有较强的实践意义，多次得到省委、省政府主要领导肯定性批示，部分成果在中央"三报"和核心期刊发表。五是强调可持续性。力争使项目成果内容不仅对破解东北振兴亟待解决的问题有重要意义，对于东北高质量发展的可持续性也具有重要的参考价值，并能为未来的研究提供基础和支持。

本书编写是集体智慧的结晶。和军、王璐、张华新、李丹、张紫薇、张欣钰、何地、关钰桥、王聪、刘理欧、肖宇博、牛娟娟等参与了本书部分章节的编写工作。

在本书付梓出版之际，谨向关心帮助课题研究的校内外专家、结项鉴定的匿名评审专家、经济科学出版社的领导和编辑表示衷心感谢。由于水平所限疏漏不当之处在所难免，恳请大家批评指正。

林木西

2024 年 6 月